成人(网络)教育系列规划教材

CHENGREN（WANGLUO）JIAOYU XILIE GUIHUA JIAOCAI

劳动经济学

LAODONG JINGJIXUE

主　编　晏华　吕鍠芹

副主编　张潇川

西南财经大学出版社

Southwestern University of Finance & Economics Press

成人（网络）教育系列规划教材
编 审 委 员 会

总 序

随着全民终生学习型社会的不断建立和完善，业余成人（网络）学历教育学生对教材质量的要求也越来越高。为了进一步提高成人（网络）教育人才培养的质量，帮助学生更好地学习，依据西南财经大学成人（网络）教育人才培养目标、成人学习的特点及规律，西南财经大学成人（网络）教育学院和西南财经大学出版社共同规划，依托学校各专业学院的骨干教师资源，致力于开发适合成人（网络）学历教育学生学习的高质量系列规划教材。

西南财经大学成人（网络）教育学院和西南财经大学出版社按照成人（网络）教育人才培养方案，编写了专科及专升本公共基础课、专业基础课、专业主干课和部分选修课教材，以完善成人（网络）教育教材体系。

由于本系列教材的读者是在职人员，他们具有一定的社会实践经验和理论知识，个性化学习诉求突出，学习针对性强，学习目的明确，因此，本系列教材的编写突出了基础性、职业性、实践性及综合性。教材体系和内容结构具有新颖、实用、简明、易懂等特点；对重点、难点问题的阐述深入浅出、形象直观，对定理和概念的论述简明扼要。

为了编好本套系列规划教材，在学校领导、出版社和其他学院的大力支持下，首先成立了由学校副校长、博士生导师丁任重教授任主任，成人（网络）教育学院院长唐旭辉研究员和出版社社长、博士生导师冯建教授任副主任，其他部分学院领导参加的编审委员会。在编审委员会的协调、组织下，经过广泛深入的调查研究，制定了西南财经大学成人（网络）教育教材建设规划，明确了建设目标，计划用两年时间分期分批完成。其次，为了保证教材的编写质量，在编审委员会的协调下，组织各学院具有丰富成人（网络）教学经验并有教授或副教授职称的教师担任主编，由各书主编组织成立教材编写团队，确定教材编写大纲、实施计划及人员分工等，经编审委员会审核每门教材的编写大纲后再编写。

经过多方的努力，本系列规划教材终于陆续与读者见面了。在此，我们对各学院领导的大力支持、各位作者的辛勤劳动以及西南财经大学出版社的鼎力相助表示衷心的感谢！在今后教材的使用过程中，我们将听取各方面的意见，不断修订、完善教材，使之发挥更大的作用。

西南财经大学成人（网络）教育学院

2009 年 6 月

前 言

劳动经济学并非一门新的学科，人们对劳动力和劳动力市场的探讨已有一段历史。《庄子让王》中曾有论述：“春耕种，形足以劳动。”在西方，早在古希腊时期就对劳动力和劳动力市场进行了研究。而确切的劳动经济学的诞生时间也就是经济学的诞生时间。亚当·斯密关于劳动分工对劳动生产力增长的影响、工资性质及决定工资差别的因素、劳动力供给与需求和工资率变动状况等方面的论述，系统地奠定了劳动经济学的基本理论框架。此后，大卫·李嘉图通过对工资性质和工资决定问题的研究，提出了著名的工资理论，成为劳动经济学关于工资运动的规律以及劳动供给决定工资观点的直接基础。

现代市场经济是在劳动力、资本、商品三大基本市场构成的市场体系基础上运行的。在完全市场经济国家，劳动力市场中体现着劳动者与资本家之间的关系、企业行为与劳动力供求之间的关系，以及制度、组织等复杂因素的互动与变迁。因此，可以说劳动力市场在整个市场经济中起着基础性的决定作用。劳动力市场的有效运行是其他生产要素市场有效运行的前提和基础。失去这个前提和基础，无论是企业的生产经营，还是国家的宏观经济运行，都不可能真正做到资源的合理有效配置，也不可能实现社会经济的稳定发展。

如果仍然有人要问为什么我们有必要学好、学懂这门劳动经济学，我们可以从两个方面来回答：

一方面，研究劳动经济学对社会发展的重要性不言而喻。劳动经济学所研究的问题，直接影响着企业及各类用人单位的生产经营活动，影响着政府相关政策的制定与实施，影响着整个社会经济生活。随着社会经济的变化与发展，劳动力市场的变化与问题越来越引起广大专家学者、政府部门工作人员和社会公众的广泛关注。另一方面，学习和掌握劳动经济学，对我们个人而言，也是十分必要的。劳动经济学是一门迷人的学科，它的研究范围从微观层面的劳动力市场运行和企业内部人力资源的配置，到宏观层面的失业和收入分配问题。从劳动经济学这门学科入手，我们可以触及有关经济运行的一些本质问题。同时，从这门学科开始，我们还触及一些有关社会和人的更为深刻的问题，比如人生的目的和人类社会的未来——这些问题是重要的，但经济学并没有提供这些问题的答案。作为这本教材的作者，我们期望读者在阅读本书之后，不仅能够学会基本的经济学分析方法，还能够由此而关注人与社会。

目前国内以“劳动经济学”为名的教材有不少，但这次我们结合成人教育受众的特点，做了一些工作，让一本比较适合当前成人教育特点的教材得以问世。为此，我们在借鉴与参考国内外有关理论与著作的基础上，结合我国改革开放以来的实际情况，组织编写了这本《劳动经济学》，对劳动经济学基本理论、市场经济条件下劳动力市场运行方式等进行了较为全面的阐述和介绍。每章后附有基本概念和思考题，既可作为普通高等院校的教材（特别是成人教育），也可作为广大爱好者自学的参考读物。

本书由晏华、吕鍠芹任主编，张潇川任副主编。全书由晏华、吕鍠芹拟定框架结构，并负责全书统稿；张潇川编写第1、8章，吕鍠芹编写第2、4、9章，晏华编写第3、5、6章，张一华编写第7章，雷醒编写第10章，许廉菲编写第11章。

本书在编写过程中，借鉴和参考了国内外专家、学者和实践者的研究成果，在此表示真挚的谢意。劳动经济学本身有一个不断发展和完善的过程，在我国也有一个不断被加深认识的过程。随着社会经济的发展，许多有关的理论问题和实践问题都有待做进一步研究和探讨。由于编者知识、经验、能力的局限，本书还存在不少缺陷和不足之处，欢迎专家、学者及广大读者批评指正。

编　者

2010年12月

于光华园

目 录

1 绪论

本章学习目标

了解劳动经济学的形成与发展过程；了解劳动经济学的多种研究方法；掌握劳动经济学的研究对象。

1.1 劳动经济学的产生

劳动通常是指能够对外输出劳动量或劳动价值的人类运动，劳动是人维持自我生存和自我发展的唯一手段。人类在劳动中产生和发展，劳动是人类社会最基本、最普遍的活动。同样，劳动经济学也是随着人类劳动经济和劳动管理活动的发展而逐步发展起来的。

1.1.1 劳动经济学的起源

劳动经济学，作为一门在经济学基础上分化出来的独立学科，其形成和发展与经济学密不可分。但是，在市场经济成为社会主导的经济体制以前，系统的经济学理论尚未形成，因此劳动经济学也就无从谈起。在这一时期，西方古代和中世纪的思想家们对劳动问题的论述与哲学、经济学、法学、伦理学、农学等混杂在一起。

1.1.1.1 古希腊和古罗马时期的劳动经济思想

人类社会如何生存并发展下去，自古以来都是人们关注的焦点，一些在当代也很有意义的思想其实早在古代就已经产生。如在世界上最古老的典籍之一《荷马史诗》中，记载了原始社会末期的社会劳动，描述了人的劳动分工，歌颂了人的劳动能力。生活在公元前430—公元前355年的著名思想家色诺芬（Xenophon），在其著作《经济论》中就已经开始了对劳动中社会分工问题的考察和研究，肯定了社会分工的必要性。与色诺芬处于同时代的思想家柏拉图（Plato），也曾在其著述《理想国》中表述了关于社会分工的思想。此外，他还首先注意到了劳动力资源与国土资源的关系，提出“一国的人口数量应该与国土保持相应的比例”。亚里士多德（Aristotle）是柏拉图的学生，他的《经济论》与色诺芬的《经济论》内容大体相同。不过，亚里士多德承认社会分工的必然性是想以此证明奴隶制度是自然的、合理的。

古罗马的经济思想散见于那个时代的法学家、哲学家和农学家的著作之中，而劳动经济思想则主要表现在农学家的著述中。古罗马的农学家主要有克尤斯加图（公元前234—公元前149年）、马尔库斯铁伦提乌斯瓦罗（公元前116—公元前27年）、柯鲁麦拉（公元前1世纪—?）。他们的著作类似古希腊思想家论经济的著作，其内容主要是论证各种管理奴隶制经济和关于农业耕作技术的问题。需要特别指出的是，柯鲁麦拉在其《农业论》中创造性地提出应该注意提高奴隶的劳动兴趣、劝告奴隶主改变对待奴隶的态度等观点。

1.1.1.2　欧洲中世纪的经济思想

从5世纪末到10世纪末是西欧封建社会的早期，反映这一时期劳动经济思想最重要的史料是《萨利克法典》和《庄园核令》。《萨利克法典》说明了5~6世纪刚步入封建社会初期的法兰克王国的经济制度及编写者的主要经济观点，它十分重视对于主要生产者的自由法兰克人的人身自由及个人财产的保护，规定了劳动所得应归农户个人所有。《庄园核令》是8世纪末查理大帝为整顿领地而下的一份调令，它对农作物的耕作、收割，对农奴的监督、耕畜的使用等都做了详尽的规定。与《萨利克法典》不同的是，《庄园核令》把如何有效地剥削农奴作为一个核心问题，它要求庄园管事充分利用土地和劳动力，督促农奴“勤于耕种”、不要“虚度工作日”，更具有劳动经济管理的倾向。

西欧世界从11世纪起进入封建社会的极盛时期，西欧的经济思想也进入了一个新的发展阶段。行会就是在这样的历史条件下形成的。行会制度中所反映的劳动经济思想主要是：公开规定男女平等的原则，行会管理机构负责举办集体福利事业，并对某些专业匠师人数以及取得匠师身份所需的公民资格、财产状况、投资水平做出种种规定。

1.1.1.3　重商主义的劳动经济思想

重商主义是在西欧封建社会瓦解和资本原始积累时期产生的，它是对资本主义“现代生产方式的最早的理论探讨”。与其重商主义主张相适应的劳动经济思想主要包括：①贵金属是一国财富的主要形式，而财富源于天然的禀赋和劳动创造两方面；②立法保护本国的熟练技工、培训本国技工和吸引外国技工都可以增加国家的财富；③以高报酬刺激劳动的发展，增加国家的财富；④低利率可促使技工勤劳以及熟练度的提高，物价上涨对固定收入者的危害最大。

1.1.1.4　中国古代的劳动经济观点

中国古代春秋时期，管仲第一次将人们按职业划分为士、农、工、商，强调“四民分居”的观点。同时他还对四民分别提出了职业要求。他认为，战士要尚武，作战时要团结一致，视死如归；农民要根据农时耕作，使用适当的工具；工匠要根据季节的需要，制造适用的工业品以满足社会需要；商人要根据季节的要求，了解本地产品的贵贱有无，来往于各地。此外，墨子、荀况对当时的劳动经济也提出了相应的观点。尽管古代思想家们对劳动经济的论述是质朴的、零散的和不成体系的，但从他们的论述中，我们也能够体会到先哲们对劳动经济的强烈关注。

1.1.2 劳动经济学的形成

随着资本主义生产方式的产生和发展，劳资雇佣关系扩展到社会生活的各个领域。与此相联系，劳工问题日益突出，劳动经济和管理活动日趋独立化。作为独立的经济学科，劳动经济学就此形成。

1.1.2.1 古典学派

这一学派以亚当·斯密（Adam Smith）和大卫·李嘉图（David Ricardo）为主要代表。亚当·斯密从劳动分工对劳动生产力增长的影响、工资性质及决定工资差别的因素、劳动力供给与需求和工资率变动状况等方面进行论述，奠定了劳动经济的基本理论框架。此后，大卫·李嘉图通过对工资性质和工资决定问题的研究，提出了著名的工资理论，成为劳动经济学关于工资运动的规律以及劳动供给决定工资观点的直接基础。

古典学派中较有影响的还有市场法则论和工资基金学说。让·巴蒂斯特·萨伊（Jean Baptiste Say）的市场法则论对劳动力市场的均衡分析、微观经济学及其后劳动经济学说的进一步发展奠定了直接基础。而由重农主义者提出、亚当·斯密发展、约翰·斯图亚特·穆勒（John Stuart Mill）定型的工资基金学说在受到众多经济学家攻击的同时，客观上也促进了劳动经济学的成熟。

1.1.2.2 制度学派

在古典经济学向新古典经济学发展时期，制度学派在美国经济思想界得到发展。19世纪70年代，美国资本主义迅速发展，劳资矛盾极为尖锐。在这种背景下，制度学派以劳资关系、劳动力市场的竞争和制度结构为对象，撰写了大量论著。其中，埃利·理查德（E. Richard）在1886年出版的《美国劳工运动》一书中，考察了工会运动的发展，分析了工会在劳动力市场、劳动条件的决定方面的地位与作用等问题，开创了对劳动力市场现象进行制度与组织系统分析的先河。

制度学派一般不涉及正规模型或对劳动力市场的数量分析，主要侧重于对劳工运动的历史研究以及对当时劳工问题的调查研究。市场的力量“被软化、限制，甚至被社会及其他非经济因素所替代”，标志着该学派以制度性因素和社会性因素来解释市场运行的结果。

1.1.2.3 马克思主义的劳动经济学说

马克思主义的政治经济学对社会劳动和劳动管理活动做了全面大量的研究，其中包含了大量的劳动经济思想和理论。马克思关于劳动价值论的研究，关于价值、劳动二重性、生产价格理论的研究，关于剩余价值的研究，关于利润、地租、工资理论和劳动与劳动力的科学区分，关于资本积累理论的研究，关于有机构成的理论、劳动力商品的存在而产生的劳动力市场社会关系问题的研究，等等，实现了对古典学派经济学的一场深刻的革命。

1.2 劳动经济学的新发展与问题

1.2.1 劳动经济学的新发展

1.2.1.1 新古典学派的劳动经济理论

在当代劳动经济学领域中，新古典学派是公认的主流学派。新古典学派源自于亚当·斯密、大卫·李嘉图所开创的古典经济学传统以及古典经济学在19世纪后期的扩展。新古典学派对劳动经济学的发展大致可以分为三个阶段。

第一阶段是19世纪末。阿尔弗雷德·马歇尔（Alfred Marshall）堪称新古典劳动经济学的代表。他在微观经济理论及其与劳动经济有关的论著中，将劳动问题的研究纳入了竞争的市场供求框架，强调了市场性供求的竞争作用是形成劳动力市场运行结果的主要因素。马歇尔的经济学体系为劳动经济学的发展奠定了坚实的基础。今天流行于世界的“当代劳动经济学”或“西方劳动经济学”，都是以此为基础的。

第二阶段是20世纪30年代。继马歇尔之后，阿瑟·赛斯尔·庇古（Arthur Cecil Pigou）、经济学家约翰·希克斯（John Hicks）和芝加哥大学的保尔·H.道格拉斯（P. H. Douglas）进一步把新古典劳动经济学推向了一个新的高度。

庇古的贡献在于他的著作促进了劳动问题与经济原则更加系统的结合。在其著作《财产与福利》中，庇古把劳动经济学问题放到了一个包括工资、工时、报酬、劳动力的职业和区域分布，以及劳动力流动的更为广泛的经济学论述中。此外，庇古对劳动力质量问题做了深入的研究，他强调了教育和培训对提高劳动生产率的贡献。

希克斯则在其著作《工资理论》中创立了一系列关于劳动力需求和供给的关键性理论概念。他也试图把工会纳入新古典经济学的研究范围，尤其是在运用边际生产率理论进行劳动力需求分析的时候。此外，他还提出了劳资双方都认识到分歧代价的前提下如何解决劳资纠纷的办法，并对集体谈判条件下的工资决定体制进行了纯理论的分析。

与希克斯沿袭新古典主义推导公式截然相反，道格拉斯以统计结果来验证边际生产率理论。他曾用统计方法测量了美国在1889—1922年间经济中资本与劳动力的增长的情况，而且分别计算了它们各自对生产的相对贡献率。道格拉斯把经济理论与计量方法相结合的尝试，被熊彼特称赞为“在经济学研究中一次极具想象力的探索”。

第三阶段是20世纪50年代中期以后。因20世纪30年代的“大萧条”而逐渐丧失了其主导地位的新古典学派，在50年代中期又重新崛起，其特别突出的贡献就是提出了工资决定机制理论。首先是工会与工资决定。其中，刘易斯（H. G. Lewis）对于工会究竟在何种程度上影响劳动力市场运行结果的研究尤为值得称道，它为后来的工资集体谈判奠定了理论基础。其次是人力资本理论把劳动经济学理论与实践推向了一个新的高度。著名经济学家、诺贝尔经济学奖得主西奥多·W.舒尔茨（T. W. Schultz），最终发现了通过发展科技、教育等可以极大地提高人的能力，并成为推动经济发展的第一位因素，成功地解释了美国农业生产力飞速提高的原因，从而奠定了他“人力资本理论创始人”的不可动摇的地位。另一位诺贝尔经济学奖得主加里·贝克尔（Gary Becker）在对人力资本投资进行了一般意义上的分析之后，对高等教育所带来的个人收益率和社会收益率进行了实证分析，他还在时间分配和家庭生产方面对消费者行为模式的研究做出了贡献。

人力资本理论开拓了劳动经济学的新视野，与新古典学派共同把劳动经济学推向了一个新的阶段。

1.2.1.2 制度学派的劳动经济理论

这里主要指新制度学派，其劳动经济理论大体也经历了三个发展阶段。

第一阶段是20世纪40~50年代。相对于早期的制度主义者，新制度学派侧重于研究劳动力市场实际运行的理论和实践。他们通过对劳动力市场的案例研究，力图向人们证明工资及就业水平的形成机制与劳动力市场上的实际情况与新古典理论相去甚远。不过好景不长。随着20世纪60年代芝加哥学派学者使古典学派理论再度兴起，新制度主义在劳动经济学领域的影响逐渐衰弱，只在劳资关系的基础研究领域仍然具有较强的影响力。其劳资关系理论在继承早期制度学派的劳动经济学研究成果的基础上，对推动诸如人事管理、组织行为学等新兴领域的发展起了积极作用。

第二阶段从20世纪60年代末开始。米歇尔·派尔·雷（Michèle Pierre - Louis）和皮特·多林格尔（Peter Dollinger）等制度学派的新秀，发展了共同前辈的理论，提出了所谓“二元的”或“分割的劳动力市场”理论（简称为SLM理论），即著名的二元劳动力市场模型，强调工会和公司政策以及社会性因素对于劳动力市场变化的影响。该模型使得新古典理论关于市场竞争性因素起作用的影响萎缩到了更小的范围内。

第三阶段始于20世纪80年代中期。这一时期劳动经济学的研究仍继承了前两个阶段旧制度主义传统，在奥利弗·威廉姆森（Oliver Eaton Williamson）的领导下，新制度经济学派在20世纪90年代获得了迅速发展。新制度学派把旧制度学派的有限理性和新古典学派的竞争效率最大化的方法融合起来，以解释劳动力市场的制度性特征，例如内部劳动力市场的存在和自由雇佣政策。

需要指出的是，尽管新古典学派和新制度学派在理论框架和方法论上都存在着重要区别，但在劳动经济学的历史发展过程中，两个流派的观点相互融合，形成了以新古典框架为基础并兼有制度主义分析方法的当代劳动经济学主流。

1.2.2 劳动经济学的若干前沿问题

近年，劳动经济学的研究又取得了重大突破，获得了令人欢欣鼓舞的新发展。因本书篇幅所限，只就几个问题作一些简要介绍。

1.2.2.1 关于家庭产出与时间配置的研究

其主要研究者有贝克尔、A. 西加诺（Alessandro Cigno）等人。他们通过对单身家庭、婚姻家庭以及劳动力性别分工的研究，提出了家庭产出模型在时间配置尤其在劳动力供给方面的新认识，包括多成员家庭的时间配置、生育决策及其决策对女性劳动参与率的影响，以及男女两性对工资变动的不同反应等。这些新认识在较为传统的分析法中是可望而不可即的。

1.2.2.2 劳动力市场寻访理论

劳动力市场寻访理论模型的重点在于通过工作寻访模型的实证研究，寻访市场的均衡特征及其对宏观政策调整的启示等。目前，在专业性杂志上，它仍是引人入胜的话题。

1.2.2.3 关于工会的研究

工会的存在既影响劳动力市场的运作，又在一定程度上影响了整个国民经济，因此是全球经济学家和管理学家长期以来一直关注的一个问题，尤其是20世纪70年代以来，这方面的研究著述可谓汗牛充栋。集体谈判协议十分流行，要想清楚地解释目前盛行的高失业率现象，就必须准确地理解工会是如何确定工资水平的，这无疑是工会问题研究领域自20世纪70年代以来之所以硕果累累的重要原因。

1.2.2.4 利润分享理论

近年来，流行于欧美国家的“滞胀”现象，也许是劳动力市场难以健康运作的最明显的证据。“久病不祛”，令众多经济学家大伤脑筋。韦茨曼（Weitzman）坚信，变革传统的工资制定方法是祛除此疾的唯一良药。在一系列雄辩有力的论著中，韦茨曼认为，政府应当在整个国民经济中推行利润分享制（Profit - sharing），传统的固定工资制度应当废除。韦茨曼的建议引起了人们极大的兴趣，并成为促进英国政府在1987年度财政法规中对“利润挂钩工资体制”（Profit - related Pay，PRP）提供补贴的一个重要因素。目前，我国很多企业推行的员工持股计划、股票期权等，都可以理解为对这一理论的实际应用。它对劳动力市场的需求和供给具有政策性启示。

1.2.3 我国目前较为突出的劳动经济问题

随着社会主义市场经济的逐步发展，我国的劳动经济问题也出现了新的特点。学习劳动经济理论旨在指导经济建设的实践。当前，我国劳动经济问题最突出的几个方面是劳动就业、工资分配、社会保障、劳动力市场、人力资本投资制度等。

1.2.3.1 劳动就业问题

（1）失业与再就业。近年来，人们对劳动就业感触最深的要数国有企业冗员下岗问题。国家经济体制改革的深入、产业结构的进一步调整，使国有企业的冗员逐渐由隐性变为显性，而“下岗”无疑适应了经济体制改革和产业结构调整。然而，无需赘言，下岗的负面影响也是巨大的，再就业问题日益突出。理论总是应实践的需要而产生的。现在我们已经取消了“下岗”一词，这是源于我们在认识上的一大进步。通过后面的研究我们可以看到，失业问题在我们国家已经成为社会生活中的突出问题。在劳动经济理论界的探索中，“工作分享制”这一全新的用工制度已被提出。此种制度既可促进效率，又可在企业内部增加就业岗位，这对解决我国劳动力过剩条件下的国企冗员问题非常有效。

（2）政府在就业中的地位和作用。西方经济学认为，政府宏观经济管理有四大目标，即物价基本稳定、充分就业、经济增长和国际收支平衡。这四个目标在一定程度上存在相互制约的关系，在一定的时期，政府宏观经济管理的政策着力点存在差异。但是从中外研究与实践可以看出，促进社会就业水平的提高都是重要目标。我国以前长期实行计划经济体制，农村劳动力自然就业，城市劳动力只要进入劳动年龄，就会得到政府的妥善安置，就业问题不用个人担忧。自从体制转轨和实行资源优化配置以来，我国的劳动就业政策从政府安置为主与鼓励自谋职业相结合，转变为发挥市场机制在资源配置中的主导作用前提下，由政府对劳动力资源进行宏观调控。但是，在实践中，政府究竟怎样调控劳动力资源配置，以缓解日益严峻的就业形势，是一个亟待解决的问题，而且中国是一个社会主义国家，就业问题理所当然成为政府经济管理的重要内容。

1.2.3.2　工资分配和社会保障问题

过去，国有企业生产的结果以利润或税收形式全部上交国家，自身没有节余，国家则以投资的形式向企业提供必要的运转资金。体制改革以后，它们全都被推向了市场经济的汪洋大海，失去了依赖。企业的高就业、低工资、高福利的工资政策再也无法维系。职工本人也没有任何积蓄。国家社会保障制度极不完善，加上收入分配制度的缺陷，劳动者之间的收入差距越来越大已成为不争的事实，部分群众生活困难。如何建立一套合理的分配制度，在"效率优先，兼顾公平"的原则下，缩小收入差距，是我们当前必须回答的问题。以"按劳分配为主体，结合按要素分配"已经成为我们分配的原则，如何在实践中体现这一原则，充分反映人力资本的贡献，成为我们设计工资分配方案时必须考虑的因素。

此外，中国的社会保障制度建设长期落后于实践的需要，这也成为制约中国改革深入进行的一个症结。

1.2.3.3　建立完善的劳动力市场问题

目前，我国劳动力市场仍然是不完全的市场。一方面，城乡劳动力仍然在按照原来的方式进行循环，仍然是两个隔绝的市场；另一方面，我国经理市场极不健全。特别是国有企业领导人的选拔，仍然沿袭过去的选拔制度和方式，最多也只是加了一个所谓的"测评考核"。这种制度在很大程度上妨碍了国有企业体制转轨的完全到位，不利于社会主义市场经济体制的完全建立。

1.2.3.4　建立人力资本的投资体制与制度问题

现代企业是人力资源与非人力资本的特别合约。在知识经济时代，企业核心竞争力的源泉在于拥有一批高技术能力的员工。员工的高技术能力需要不断进行人力资本投资。过去，人们习惯于将工资、教育培训等支出当成费用处理。这是不合理的。把它们不作为费用而作为投资的关键，一是要从人力资本理论上认识劳动力商品的异质性特征，二是要从理论与实践的结合上澄清人力资本的产权问题，三是要从实践上解决人力资本的计量问题。

1.3　劳动经济学的研究对象

1.3.1　劳动力资源的稀缺性

为什么阳光、空气和水暂时不具有稀缺性，所以虽然重要却一文不值？为什么黄金、钻石虽非生活必需品却价值连城？要解释这个问题就必须引入“稀缺性”这一概念。人类社会的各种生产劳动均需消费各种资源（如资本资源、自然资源、劳动力资源）才能做到，而人类社会没有足以满足其全部需要的资源。资源的有限性称为资源的稀缺性。或者更准确地说，相对于人类社会的无限需要而言，客观上存在着制约满足人类需要的力量，此种力量被定义为资源的稀缺性。资源的稀缺性被公认为西方经济学研究的起点。

人们的生活就是人们通过消费各种消费资料以满足自身的需要的一个过程。只有消费这些资料，人们的需要和愿望才能得到满足。从经济学的观点看，构成消费对象的消费资料不仅仅是有形的物质资料（如衣物、食物、住所等），而且还包括无形的资料（如劳务、时间和舒适感等）。在现代社会，人们为了获得更多的劳动收入、获得更多的经济物品，对劳动时间的需要是无限的；为了获得更多的享受和发展，对闲暇时间的需要也是无限的。但是，能够用于生产消费和闲暇消费的时间资源对于消费主体而言总是有限的。劳动力资源的稀缺性始终是制约社会和个人需要得到充分满足的基本因素。

劳动力资源与其他资源相比较，虽有其自身的若干特点，但在稀缺性方面与其他资源具有共同属性。劳动力资源的稀缺性具有如下属性：

其一，劳动力资源的稀缺性是相对于社会和个人的无限需要而言的，是相对的稀缺性。在一定时期，社会可支配的劳动力资源无论其绝对量有多大，但总是一个既定的量。任何一个既定的量与无限需要相比总是不足的，即具有稀缺性。

其二，劳动力资源的稀缺性又具有绝对的属性。社会和个人的需要和愿望不断增长、变化，已有的需要和愿望得到了满足，又会产生新的需要。因此，劳动力资源的稀缺性存在于社会历史发展的各个阶段，所以又可以说劳动力资源的稀缺性是普遍的、绝对的。

其三，在市场经济中，劳动力资源稀缺性的本质表现是消费劳动力资源的支付能力、支付手段的稀缺性。消费资料的形成是劳动的结果，是消费各种资源的产物。若消费各种资源的支付能力、支付手段是无限的，那么，消费资料也就是无限的。然而，消费各种资源以生产或形成经济物品的支付能力、支付手段却是有限的，这也正是资源（包括劳动力资源）被闲置的根本原因之一。

现代西方经济学研究的任务是如何使稀缺的资源得到最佳配置。作为分支的劳动经济学是西方经济学的应用领域之一，所以其任务也是要研究如何使稀缺的劳动力资源得到最合理的配置，但又不限于此。劳动经济学是一门研究劳动者行为的经济科学，劳动力在经济中起着两个互相关联的作用：一方面，劳动力作为一种生产要素，与土地、资本一起被用来生产社会所需要的物品和劳务；另一方面，劳动者又是收入谋取者。当我们从生产的角度考察时，我们要研究的是如何实现劳动力资源的最优配置，以实现劳动力使用的最高效率；当我们从分配的角度考察时，我们主要关注的是收入怎样在人们之间进行分割的问题，而其中最重要的又是工资率，即劳动力的价值。

因此，可以这样说，对劳动经济学的研究是建立在劳动资源稀缺性这一根本属性基础之上的，劳动资源的稀缺性也是劳动经济学研究的起点。

1.3.2 效用最大化与选择

在现代市场经济中，市场运作的主体是企业和个人。市场主体的经济行为都有着自己的目标，并以理性的方式追求这一目标。个人追求的目标是效用最大化，即在个人可支配资源的约束条件下，使个人需要和愿望得到最大限度的满足。企业追求的目标是利润的最大化。这里不对"利润"做纯经济学的分析，而仅指把利润定义为企业生产、经营的总收入与总费用的差额部分（利润最大化不过是效用最大化的变形，它突出了效用的货币收益方面，而忽略掉非货币收益方面）。

效用最大化行为的观点，通常作为经济分析的基本假设。它并不是说任一市场主体的每一种经济选择和经济决策行为都达到了效用最大化的目标，而是说主体的行为可以用效用最大化的观点加以分析和预测，主体行为的动机（或主体行为的偏好）可以被放在最大化原则之下来理解。假设其他条件均相同或具有可比性，某个人既可以从事每小时10元的工作，他同时也可以从事每小时20元的工作。那么，依据效用最大化行为的观点解释人们的行为，将会得出人们会选择后一种工作的结论。这一结论并不排斥某人可能去选择前者。最大化行为的观点只是强调选择后者是经济行为主体的一般选择或愿望。又如，当企业面临工资上涨而资本价格不变，且资本替代劳动不存在任何障碍时，依据效用最大化的观点解释企业此时的行为，将会得出企业将用资本替代劳动的结论。

虽然各个组织和个人的目标存在差异，但只要目标确定下来，最大化行为的观点对人们的经济行为都能提供有说服力的分析和预测。社会和个人需要的满足程度受到资源稀缺性的约束，追求效用最大化，人们就要对如何利用资源进行选择。所谓选择，就是指主体关于如何利用资源去生产物品和消费闲暇的决策，从而最大限度地满足主体自身的需要和愿望。通过人们无数次各种各样的选择，将可用于生产经济物品的劳动力资源按一定的工资分配到不同的职业、企业、部门和地区，从而在劳动方面最终回答一个经济社会必须解决的问题，即生产什么、如何生产、为谁生产这些基本问题。

劳动经济学的研究对象说到底是由劳动力资源的稀缺性引起的选择问题，即劳动力资源的配置问题。因此，现代劳动经济学的研究对象可以被初步定义为研究如何配置稀缺的劳动力资源的科学。

1.3.3 劳动力市场

在谈劳动力市场之前，首先说说劳动力。劳动力有广义和狭义之分。广义上的劳动力指全部人口。狭义上的劳动力则指具有劳动能力的人口。在实际统计中，考虑劳动年龄和劳动能力两个因素的指标有劳动年龄人口和社会劳动力资源总数。二者的关系是：

社会劳动力资源总数 = 劳动年龄人口 + 劳动年龄之外实际参加劳动的人数 − 劳动年龄内不可能参加劳动的人数

劳动力（Labor Power），即人的劳动能力，是指蕴藏在人体中的脑力和体力的总和。物质资料生产过程是劳动力作用于生产资料的过程。离开劳动力，生产资料本身是不可能创造任何东西的。但是，在物质资料生产过程中，劳动力要发挥作用，除了必须具备一定的生产经验和劳动技能或文化科学知识外，还必须具备一定量的生产资料，否则，物质资料生产过程也是不能进行的。劳动者在生产过程中运用自己的劳动力和生产工具，作用于劳动对象，既可以创造出物质财富，也可以不断提高自己的劳动技能。

在社会化大生产中，当劳动力与生产资料分属于不同所有者，为使其结合进行社会生产劳动时，必然会发生劳动力与生产资料这两种资源的配置问题，即由谁配置、怎样配置、在什么地方配置等一系列问题。众所周知，市场经济最基本的特征就是一切生产要素都由市场机制进行配置，当然也包括劳动力的配置在内。因此，劳动力市场是通过劳动力供需双方相互选择而自动配置劳动资源的体系，包含了实现劳动力资源配置的机制和形式。劳动力市场是一种投入品市场，即要素市场。在劳动力市场上交易和流通的商品是劳动力。由于劳动力的特殊性，使得劳动力市场与其他市场相比具有重大区别。劳动力具有如下特点：

其一，劳动力与劳动力所有者不可分割。劳动力与劳动力所有者绝不是同一的概念。劳动力，即人的劳动能力，是活的人体中的一种功能，是指每当人生产某种使用价值时就运用的体力和智力的总和。劳动力不能独立存在。作为劳动力市场交换客体的劳动力，只是劳动力的使用权，故劳动力的交换只是劳动力使用权的让渡和租让。寓寄劳动力的只能是人，所以在劳动力的使用权让渡出去之后，劳动力的所有者依然对劳动力使用的所有方面有着全面的联系，如工作条件、环境、安全、职业发展前景，等等。劳动力的使用状况反过来又对劳动者产生全面的影响。

其二，劳动力的形成与再生产是社会劳动的结果。劳动力具有生理性的特征，这一特征具体表现在：①劳动力的形成是通过消费社会劳动为条件的。②劳动力形成周期较长，在现代社会至少需要 16 年。③劳动力不能储存。今天的劳动力不加以利用，随着生命的新陈代谢，就将永远地失去。④劳动力不间断地作为商品交换，其承担者的生命必须得到维持，必须保证每天最起码的维持生命的收入或物质生活条件。⑤劳动力具有生命周期和生理间歇周期。劳动力是有生命的物质实体，因职业不同其生命周期也不同，如体操运动员的生命周期相对较短，而教师、医生等的生命周期则较长。在一天之中，必须保证劳动力一定的休息时间等。

其三，劳动力在劳动过程中起着能动性的作用。任何生产都是与人的劳动息息相关的，离开了人的劳动，就无法形成生产力，也无法形成生产过程。其他资源开发利用的程度，也都受到劳动力资源开发、利用程度的制约。而一切经济活动的最终目标正是劳动者和整个社会福利水平的提高。

由于劳动力具有上述特征，使劳动力市场与其他市场相比具有重大区别。

（1）劳动力市场的影响因素复杂。由于劳动者有思想、有感情、有物质需要和精神需要，因此，劳动力市场除受经济因素的影响外，还要受社会心理、传统文化、意识形态、伦理道德观念、政治斗争等非经济因素的影响。同时，在市场交易过程中，除了工资（酬劳）以外，工作环境、伤亡风险、人际关系、领导方式等非货币因素也将对劳动力转让能否成功产生影响。

（2）劳动力市场的供求要素。在劳动力市场上，雇员或劳动者是劳动力的供给方，雇主或用人单位是劳动力的需求方，通过双方的无数次选择，按照一定的工资率将劳动力配置于某种产品或劳务生产的职业岗位上。劳动力市场上劳动力供求的运动，同时决定了一个经济社会的就业规模和获得的工资量。从生产要素投入的视角观察，我们把劳动力市场的供求运动看成劳动资源的配置；从收入的视角观察，劳动力市场的供求运动决定着工资。对就业量与工资的决定是劳动力市场的基本功能。

（3）劳动力市场受制度结构的制约。劳动力市场的劳动力供求运动，以及就业和工资决定的机制，受到一定制度结构的制约。如工会和雇主组织的出现，以及政府的社会经济政策等，不仅有助于促进经济长期稳定发展，而且还干预市场运行，使之保持某种平衡，对劳动力市场产生重大影响。例如，劳动力脱离生产过程后，仍然要维持劳动者的生计。这不仅涉及劳动力再生产问题，而且涉及人道问题。因此，政府作为中介，就要制定一系列经济政策以实现保障劳动者的目标，使得劳动者如遇工伤、疾病、失业、年老等风险时，能够获得一定的必要补偿。

（4）劳动力市场的分类。劳动力市场可按不同的标准划分为各种类型。如根据相互选择的范围的不同，可将劳动力市场分为全国性劳动力市场与地区性劳动力市场。前者指劳动力的供给方和需求方在全国范围内相互选择，后者指双方在某一区城内相互选择。

通常所说的劳动力市场，是指企业外部劳动力市场。但在一些企业内部，也存在一系列规则和程序，指导企业内部的雇佣关系，如雇员解雇程序、申诉程序、报酬等级、工作量规定以及晋升制度等。这时，人们认为这些企业内部也存在劳动力市场，即企业内部劳动力市场。

劳动要素因劳动的具体内容和具体形式不同，彼此不能完全替代，甚至完全不能替代，于是便形成了不同的职业市场和工种市场。各自有各自的市场需求，各自有各自的市场供给，各自有各自的市场价格，即工资率。职业、工种有某种相似之处，彼此可替代程度较大的职业市场、工种市场，又可归并成诸如熟练工市场、非熟练工市场、人才市场和技术工人市场等独立的市场。

从市场环境上划分，可分为完全竞争性劳动力市场、不完全竞争性或垄断竞争性劳动力市场、垄断性劳动力市场等。总之，劳动力市场是劳动力供求配置的体系，是劳动力资源开发、配置、就业实现和劳动关系建立等机制的总和。

1.3.4 劳动经济学的研究对象

通过上述分析可知，劳动经济学只研究狭义劳动，考察和揭示的是劳动本身或活劳动的经济规律，而劳动力是劳动的前提条件，是经济活动中不可缺少的要素，劳动力供求的配置又离不开劳动力市场。因此，劳动经济学这一研究与劳动有关的经济问题的学科，主要研究的是劳动力和劳动力市场的现象和运行规律，其主要任务就是认识劳动力市场的种种复杂现象，理解并揭示劳动力供给、劳动力需求，以及工资和就业决定机制等对劳动力资源配置的作用原理。总之，现代劳动经济学是研究市场经济制度中的劳动力市场现象及劳动力市场运行规律的科学。

劳动作为生产要素，同资本、土地、物资等一样，对生产活动来说是一种投入，因此，劳动经济学的内容之一就是从劳动力需求与劳动力供给两方面入手，来揭示劳动要素运行机制的基本原理，通过劳动力的合理配置以获得最大的产出效益。同时，劳动还是劳动者谋取物质资料的手段，劳动供给者的收入即工资，也是劳动经济学的主要研究内容。工资水平是如何被确定的、工资与就业机会之间的相互关系等有关工资的理论问题，都是劳动经济学不可缺少的研究内容。

1.4 劳动经济学的研究方法

劳动经济学作为现代经济学体系的组成部分，对它的研究存在众多的角度和方法。但无论从何种角度、以何种方法研究它，都必须用科学的方法，并依照认识客观事物的一般规律，从劳动力市场现象的普遍联系中，概括和归纳出劳动力市场运行的一般原理。一般来讲，将研究方法划分为三种：微观与宏观经济分析的方法、实证与规范分析的方法、静态分析与动态分析的方法。

1.4.1 微观与宏观经济分析的方法

微观的经济研究方法是个量分析，即研究经济变量的单项数值是如何决定的。而宏观经济研究方法则是总量分析，即对能够反映整个经济运行情况的经济变量的决定、变动及其相互关系进行分析。这些总量包括两类，一类是个量的总和，另一类是平均量。

而在劳动经济学对劳动经济问题的分析中，我们将同时运用微观和宏观的经济分析方法。微观经济分析就是分析各个劳动力市场上劳动力供给者和劳动力需求者之间的行为方式，以及由它们的行为所决定的工资率和就业量，它是劳动经济学宏观经济分析的基础。宏观经济分析则是将全社会工资率、工资总量、就业总量作为变量，分析劳动力市场与其他市场之间的关系，以及劳动市场对宏观经济运行、经济周期的影响。

1.4.2 实证与规范分析的研究方法

无论是微观经济分析，还是宏观经济分析，都存在着实证分析和规范分析两种研究方法。

1.4.2.1 实证分析方法

实证分析方法即按照事物的本来面目来描述事物，说明所研究现象“是什么”或者究竟是什么样的。或者说，实证分析就是揭示有关经济变量之间的关系和经济活动的原因与结果，以及各经济变量之间的因果联系，它回答的是如果做出了某种选择，将会带来什么样的后果。实证分析方法的主要特点，是通过对客观存在物的验证（即所谓“实证”）来概括和说明已有的结论是否正确。它的主要作用或者说重点，是说清楚事物的来龙去脉，进而得出事物究竟是什么或者是什么样的结论。

现代劳动经济学研究经济行为中人在劳动力市场上的行为。由于研究对象的特征的限制，试图把所有复杂因素都包括进去，当然是既不现实也不可能的。为此，必须对理论所适用的条件进行设定。当然，所假设的条件有一些是不现实的，但没有这些假设条件则无法进行科学研究。经济行为中人的行为，特别是人在劳动力市场上的选择和决策，不可能带进实验室里，更不可能放在显微镜下或装入试管里加以观察。如同物理学家观察自由落体运动规律时，设定一系列假设条件（如空气阻力如何)，即使这些假设是不真实的，但没有人怀疑其结论的正确性一样，运用实证分析方法研究问题时，也必须正确设定假设条件。

1.4.2.2　规范分析方法

规范分析则是研究经济活动“应该是什么，应当怎么样”，或者说研究社会经济问题“应该怎样解决”等这一类的问题。它涉及伦理标准和价值判断问题。规范分析与实证分析不同，规范分析所要回答的问题是“应当是什么”。规范分析方法的主要特点是在进行分析以前，要先确定相应的准则，然后再依据这些准则来分析判断所研究对象目前所处的状态是否符合这些准则。如果不符合，那么其偏离的程度如何，应当如何调整，等等。将规范分析方法运用于政府经济学，就是要根据一系列准则，来分析和判断现行政府经济活动是否与既定准则相符合。如果不符合，那么应当如何调整。至于如何运用规范分析方法研究政府经济行为，则要视具体的研究对象而定。例如，如果我们将规范分析方法用于对现行税制的研究，就需要根据“效率”、“公平”等税制设置原则，来分析和判断现行税制是否符合这些原则。如果不符合，那么究竟在哪些方面存在偏离，今后应当如何调整税制使之与上述原则要求相一致，等等。

规范分析方法具有以下两个特点：

第一，规范分析方法以某种价值判断为基础，解决客观经济现象“应该是什么”的问题，即要说明所分析的对象本身是好还是坏，对社会具有积极意义还是消极意义。规范分析方法研究经济现象的出发点和归宿点离不开价值判断。这里的价值概念不是仅指经济学中商品的价值，而是指经济现象的社会价值。

迄今为止，人类经济活动方式是沿着自然经济、商品经济的顺序发展的。商品经济取代自然经济并成为社会经济活动的主导方式，交换成为这种活动方式的最重要的外在特征之一。市场主体之间的经济利益一般通过交换来实现。因此，规范分析的价值判断标准是互惠原理。根据互惠原理，只要交易结果符合以下三种情况之一，都被认为是互惠的：①交易使涉及的所有人都受益；②从事交易的部分人受益，但无人受损；③交易涉及的部分人受益、部分人受损，但受益者的收益足以补偿受损者的损失。规范分析方法，就是以上述的价值判断为出发点来研究经济现象，并研究如何实现上述标准的。

第二，规范分析方法研究经济现象的目的，主要在于为政府制定经济政策服务。实现互惠的交换当然对社会有积极意义，但是由于存在种种障碍，使互惠的交换难以实现。其主要障碍包括以下三类：

一是信息障碍。由于信息缺陷或信息偏差，使市场主体不能进行互惠交换。

二是体制障碍。交换本身是互惠的，但实际存在的某种惯例、政策及体制安排，阻碍互惠交换的实现。

三是市场缺陷。潜在的交换是互惠的，但由于市场由身的缺陷，或者参与交换的主体由于观念或习惯的干扰而无法进行交换。

实证分析方法排斥价值判断，规范分析方法却以价值判断为基础，但是这两种研究方法并不是完全对立的。劳动经济学毕竟不能等同于物理学、化学等自然科学，它无法摆脱规范问题，也就是无法回避价值判断问题。实践表明，规范分析方法离不开实证分析方法对经济现象的客观分析；实证分析方法也离不开价值判断的指导。因此，在劳动经济学的研究中，要把两种方法结合起来运用。

1.4.3 静态分析与动态分析的方法

传统经济学的分析方法主要是进行静态分析，不涉及时间因素，因而假设那些在动态中本都是可变的生产要素数量、消费者偏好、生产技术等因素不变。它所研究的只是经济生活的横断面，而不能研究经济发展的整个过程，因而它研究的只是经济生活中某一时点的情况，是状况分析。

但是，需要指出的是，经济生活的现实并不像静态分析方法描述的那样和谐、平静。只要把时间因素引进去，就会发现，经济预测难免会有错误，供求的不均衡是经常存在的，均衡才是难得的特例。各种不均衡几乎无时无刻不在困扰着经济。因此，经济学家们逐渐在静态分析的基础上，导入了时间因素，发展出了一套动态分析的方法。

动态分析所考察的是经济状态随时间变化而演变的过程，它通过研究属于不同时点的各种变量来建立一个反映不同时点的各种变量之间相互作用的流转模型，所以动态分析是过程分析。例如，劳动经济学十分重视对人力资本投资的研究，这种研究就非用动态分析的方法不可。

1.4.4 研究劳动经济学的其他常用具体方法

1.4.4.1 社会调查法

任何科学研究都必须占有足够数量的客观数字和事实材料，开展社会调查是取得这类材料最重要的方法。对于劳动经济问题的研究也必须联系目前的实际，重视对客观事物进行系统周密的社会调查，掌握丰富的实际材料，在此基础上进行理论的抽象和概括，使理论植根于现实生活的土壤之中。

1.4.4.2 实验方法

实验方法又被称为试点法。劳动经济问题反映的是劳动者在劳动中所结成的社会关系，它不能像自然科学的研究那样利用物理、化学等方法，完全排除与研究对象无关的因素，在纯净的实验室中进行，得出假设的结果，而是只能进行社会实验。社会实验又受许多无法消除的社会、心理、文化、宗教等因素的影响，必须经过较长期的调查、分析、研究和试验，才能得出大体近似其发展规律的理论结论。所得的结论可能是劳动经济关系最一般的内部必然联系的概括，长期起作用的规律，也可能只是一定时期、一定条件下产生的相互联系、暂时起作用的形式（甚至是假象）。因此，实验得出的结论必须不断在实验中检验，发现更本质的关系，进行新的概括和总结，以便使之充实、完善和发展。

1.4.4.3 定性分析与定量分析相结合

劳动经济学既有质的规定性又有量的规定性，并且是不断发展变化的。在其发展变化中，劳动关系的性质规定着它们的数量，其数量的多少制约着它的性质。要重视劳动、劳动关系性质的分析，因为它反映事物的本质，使不同的劳动及劳动关系相互区别，并呈现出发展的阶段性。但是，质的变化是由量的积累达到一定程度后引起的。抛弃量的分析，质就失去了依据。然而，劳动关系数量分析也有一个限度，要在一个能够说明问题的范围内进行。超越一定的界限，它就会脱离劳动关系，变成数量关系本身，或是数学科学分析的内容。

1.4.4.4 比较分析法

劳动经济学的研究还应该运用比较分析的方法，包括纵向比较和横向比较两个方面。所谓纵向比较，即从时间序列的角度，从对历史的反思、比较中，寻求合乎规律的东西。所谓横向比较，即从地理空间的角度，通过国与国之间的比较，发现别人的长处和自己的短处，取长补短，借鉴别国的经验，吸取它们合理的有价值的东西，以提高自身的劳动经济理论水平。

1.4.4.5 统计方法

统计方法是收集和整理科学研究资料，使之系统化的一种重要方法。人们通过社会调查方法所获取的资料往往是零散的、不系统的，借助于统计方法，就可以把这些原始资料加工成有明确的时空界限的、易于比较的数字资料。

本章小结

我们从三个维度认识了劳动经济学的研究对象，即劳动力资源的稀缺性、效用最大化与选择、劳动力市场三个维度。在研究方法方面，我们讨论了微观与宏观经济分析的方法、实证与规范分析的研究方法、静态与动态分析的方法等。在劳动经济学的形成与发展方面，比较详细地阐述了不同经济学派关于劳动经济基本理论的基本观点，对劳动经济研究的历史沿革进行了宏观的勾勒。

复习与思考

一、关键概念

劳动经济学　劳动力市场　实证分析方法　规范分析方法　定性研究　定量研究

二、思考题

1. 劳动经济学的研究对象是什么？

2. 什么是劳动力和劳动力市场？

3. 劳动力具有哪些特征？

2 劳动力供给

本章学习目标

了解劳动力供给的相关概念和假设；弄清劳动力供给的构成要素和分类；对比理解个人劳动力供给、家庭劳动力供给和社会劳动力供给这三种劳动力供给类型；把握劳动力供给弹性的含义和主要形式。

劳动力是生产要素之一，劳动力的有效供给是使社会再生产得以正常进行的一个重要条件。一定质量和数量的劳动力供给，对于社会经济的发展，有着极为重要的影响。

2.1 劳动力供给概述

2.1.1 劳动力及其相关范畴

2.1.1.1 劳动力

劳动和劳动力，是劳动经济学中最基本的范畴。马克思在《资本论》第一卷中对劳动力作了如下定义："我们把劳动力或劳动能力，理解为一个人的身体即活的人体中存在的、每当他生产某种使用价值时就运用的体力和智力的总和。"[①] 这主要包含以下三层意思：

(1) 劳动力是人所特有的一种劳动能力。这是劳动者在运用劳动资料作用于劳动对象从而生产某种使用价值或提供某种劳动过程中表现出来的能力。

一方面它将劳动力与自然力区别开来。就是说自然界的任何能力，无论是风力、水力、畜力，还是电磁力、化学力、核动力以及计算机表现出来的人工智能，都不能称为劳动力。这些自然力不管有多么强大、多么精确，无论能够在何种程度上代替人的劳动力，或者模仿人的劳动力，它们都只能是劳动手段，而不是劳动力。

另一方面它将人所具有的劳动能力与其他能力区别开来。人的能力是多方面的，但并非都是劳动力。只有人在生产使用价值或提供某种劳务过程中所运用的能力才被称为劳动力。人在其他活动和交往中运用并体现出来的能力不是劳动力，如一般的交际能力、表达能力、应试能力，等等。

① 马克思恩格斯全集：第44卷［M］. 2版. 北京：人民出版社，2001：195.

（2）劳动力是存在于活的人体中的能力。劳动力的存在是以人的生命和健康为基础的。也就是说，人是劳动力的承担者，但并不意味着任何人都是劳动力的承担者，只有达到一定的成熟程度、具有一定的健康条件、能够参加社会劳动的人，才是劳动力的承担者，才具有劳动力。这种能力具有以下特性：一是受人的意识支配和控制，因此，劳动力的发挥是有弹性的。如何最大限度地调动人的劳动积极性是一个非常重要的研究课题。二是具有再生性。如何保证劳动力的生产与再生产的可持续性，也是人们不可忽视的。三是其存在以人的生命的延续和身体的健康为条件，即人的生命与健康是劳动力存在的基础。

（3）劳动力是人在劳动中运用的体力和智力的总和。劳动力由体力和智力两部分组成。人的躯体活动产生体力，人的头脑活动产生智力，它们相互分工，共同合作。躯体的活动受到头脑活动的指挥和控制，而头脑的活动要通过对躯体活动的支配来反映和实现。因此，劳动力不是一种简单的生理现象，而是包括许多自然、经济、文化因素在内的统一体。一切劳动都要同时耗费体力和智力，没有只耗费体力而完全不耗费智力的劳动，也没有只耗费智力而完全不耗费体力的劳动。

在劳动经济学中，一般将劳动力定义为：在一定年龄范围之内，具有劳动能力与就业要求，能够从事某种职业劳动的全部人口，包括就业者和失业者。没有就业意愿或就业要求的人口不属于劳动力范畴。

2.1.1.2 与劳动力相关的概念

（1）劳动。劳动是指人类使用生产资料创造自身生存和发展所必需的物质财富和精神财富的有目的的活动。这种活动的实现以劳动力的使用为前提条件之一。劳动是人类独有的活动，劳动的起因和动力在于人类要满足自身的需求。

（2）人口。人口是指生活在一定社会和一定区域的人的总和，它包括一切有劳动能力的人和无劳动能力的人，而无论其年龄大小、健康状况以及是否参加社会劳动。人口是向国民经济提供劳动力的源泉，人口的数量和质量决定着劳动力资源及劳动力的数量和质量。

（3）劳动适龄人口。劳动适龄人口是指人口中处于劳动年龄的那一部分人口。并非任何人都是劳动力的承担者，只有在一定成熟程度范围内的人才是劳动力的承担者，这种成熟程度的基本标准就是年龄。人出生后经过生长发育，成长到开始具备了劳动能力的年龄，是劳动年龄的下限；而当人继续成长到逐步衰老，开始丧失劳动能力的年龄，是劳动年龄的上限。也就是说，处于劳动年龄上限和下限之间的人口即是劳动适龄人口。

劳动年龄的上限和下限并不是固定不变的。随着生产的发展、教育水平的提高和对劳动力质量要求的提高，劳动年龄的下限会提高；随着人参与体力劳动的减少和健康状况的改善而使得寿命延长，劳动年龄的上限也会有所提升。经济学把人口中的劳动适龄人口划分为劳动力人口和非劳动力人口。

（4）劳动力资源。劳动力资源是指能够从事各类工作的劳动力人口，它是劳动力人口的数量和其平均素质的乘积。劳动力资源有数量和质量两个方面，所以，判断一国劳动力资源量的大小，不应只考虑它的数量，还应考虑劳动力人口所具有的平均素质。

劳动力资源还可分为潜在的劳动力资源和现实的劳动力资源。它是指一个国家或地区在一定时期内拥有的具有劳动能力的人口的总体。在劳动力适龄人口总体中，丧失劳动能力的人，如残疾人、精神病人等都不算是劳动力资源。劳动年龄以外的未成年人和退休老人，一般不属于劳动力资源。但那些虽未达到劳动年龄而实际参加劳动的人，以及超过劳动年龄却仍在从事工作的人，也算是劳动力资源，即未成年工、重新被聘用的退休职工、农村中的半劳动力和辅助劳动力等都是劳动力资源。因此，潜在的劳动力资源等于劳动适龄人口中具有劳动能力的人口和劳动年龄以外实际从事劳动的人口之总和。

现实的劳动力资源是指一个国家或地区实际可以动用的劳动力资源。它等于从潜在劳动力资源中减去那些虽具有劳动能力但由于种种原因没有从事社会劳动的人，如从事家务劳动的妇女、在校学习的青年学生等。

劳动力资源是人力资源的一部分，人力资源还包括尚未成为劳动力但未来能够成为劳动力的人口（主要指未达到劳动年龄的未成年人）。在劳动力资源中还有由一些在某个工作领域中已经或未来有很大的可能做出较大贡献的人群所组成的人才资源。劳动力资源不等于劳动适龄人口，后者的划分标准只有一条，即劳动年龄的上下限，凡处于劳动年龄上下限之间的人口均属于劳动适龄人口；而劳动力资源除了劳动年龄这一标准以外，还有是否具有劳动能力这条标准。虽在劳动年龄的界限之内但不具备劳动能力的人口，不包括在劳动力资源概念范围之内。此外，在劳动年龄之外实际从事劳动的人虽属于劳动力资源，但不属于劳动适龄人口。

劳动力资源也不同于社会劳动力。社会劳动力是指一个国家或地区实际从事社会劳动的人口。显然，劳动力资源较为广泛，而社会劳动力的范围较为狭窄。在西方国家，把社会劳动力称为经济活动人口，是指参与生产各种产品和提供各种服务等经济价值的活动的人口。

2.1.2 劳动力供给的基本概念

经济学所说的供给，不是无偿供应，而是一种有代价的供应，这种代价有时表现为物质的——工资、社会保险、福利等，有时也表现为精神的——自我实现、自我创造、自我发展，但主要的代价仍是物质的。劳动力供给，或叫劳动供给，是指劳动者在一定的劳动条件下愿意并且能够提供的劳动能力的总和。

深入理解劳动力供给概念，需要把握下面几个要点：

2.1.2.1 个体决策

无论是全球性的、全国性的、地区性的，还是某个行业的、某个单位的可以获得的劳动力供给，都取决于劳动力供给方在一定条件下的供给决策。这样的决策由劳动力供给主体，即由一个个劳动者个体或家庭单独做出。因为在市场经济体制下，劳动者是寄寓于其身上的劳动力的法定的产权所有者，劳动者有充分的自由使用权和处置权，并有凭借直接提供劳务或出租劳动力使用权来获得收益（即劳动报酬）的权利。任何限制其自由、克扣其收益的行为，法律上都将视之为侵权。由此可见，对劳动力供给的基本分析是建立在对劳动者个体的经济决策分析基础之上的。

2.1.2.2 个体意愿

劳动力是劳动者的私有财产，在固定的社会经济条件下，劳动者是否愿意提供自己的劳动能力，取决于许多因素，因此劳动力供给的意愿性包括以下两个含义：

（1）劳动力供给受到许多因素的影响，比如说当时的工资水平高低、工作时间长短、个人和家庭的经济状况、人口规模与结构等。在现行工资水平条件下，有一部分劳动者可能不愿提供劳动力，使得劳动力供给量不等同于劳动力资源数量，这主要取决于劳动者本人的供给意愿。

（2）劳动力供给量不等同于劳动力的实际使用量或称为实际就业人数，这就是说，在现行工资水平条件下，有一部分劳动者虽然愿意提供劳动力，但因找不到工作而失业。这主要取决于劳动力市场的竞争和用人单位的选择意愿。由此可见，劳动力供给的量与质在很大程度上受到劳动力供给者主观意愿的影响。

2.1.2.3 时间要素

劳动力供给是劳动者在一定条件下愿意提供的劳动能力的总和，这种劳动能力的总和不仅包括劳动力的数量，还包括劳动者愿意提供的劳动时间和强度（包括积极性等）。在理论分析中，一般要进行抽象和简化。劳动经济学家通常假设所有劳动力供给都是满足社会规定的工作时间和工作效率要求的标准供给，即把劳动力供给等同于劳动力数量。

另外，劳动力供给的分析在时间方面也有短期与长期之分。但是，劳动经济学对劳动力供给的短期和长期的划分并没有一个严格、确切的时间概念，二者只是相对而言的。一般来说，考察短期劳动力供给，主要关注某天、某月或某年的劳动力供给数量；考察长期劳动力供给，则侧重于未来，如三年、五年或更长时期的劳动力供给趋势分析和预测。在短期劳动力供给分析中，一般假定人口规模是一定的，劳动力资源数量是不变的。在这样的总量约束下，一方面讨论劳动条件给定后，社会能够获得多大量的劳动力供给，各用人单位能够获得什么样的劳动力供给；另一方面，人们为了取得最大的效用，如何决定其市场性劳动时间。长期劳动力供给分析，则主要从人口的波动和劳动力资源供给的变化这一角度，预测未来某一时期的劳动力供给数量与结构。

2.1.3 劳动力供给假设

劳动力供给是一个相当复杂的问题。这是因为劳动力供给决策在很大程度上是一种受经济环境影响的决策。经济环境变了，个人乃至家庭的劳动供给决策也会变，即使在相同的环境下，个人和家庭的劳动供给决策也未必相同。如果不采取恰当的方法加以简化，就很难分析劳动力供给问题。

简化复杂问题的方式之一是抽象掉某些不重要的因素，为此需要对某些问题做一些假设或假定。在分析劳动力供给时，一般需要做出下列几个方面的假设：

（1）有关劳动力供给主体的目标假设。该假设认为劳动者在做出有关供给决策时，以追求效用最大化为主要目标。其效用来自于两方面，一方面是劳动力供给主体在市场性劳动时间内获得的效用；另一方面是劳动力供给主体从余暇时间中获得的效用。劳动力供给主体既可以通过参加市场性劳动也可以通过不参加市场性劳动获得效用。

（2）有关劳动者出售劳动力的市场环境的假设。这方面的假设主要有两个；一是假定劳动者出售劳动力的市场是竞争性的；二是假定劳动力市场是非竞争性的。在前一种市场中，劳动者面对的是由市场决定的工资率，也就是说，劳动者是工资率这一价格的接受者。在后一种市场环境下，如果是劳动者垄断市场，那么劳动者就能在一定程度上操纵价格，即工资率；如果是买方垄断劳动力市场，那么，买方则是价格决定者，劳动者是这一价格的被动接受者。

（3）有关劳动力是否同质的假设。劳动供给基本模型假设劳动力是同质的，也就是说，劳动力具有相同的质量，其收入水平不会因为其质量差异而有所不同。

2.1.4 劳动力供给的构成要素

一个经济社会所能利用的劳动力数量取决于以下因素：人口的规模和构成（或适龄劳动人口）、愿意工作的人所占比例、工作时间制度、劳动强度、劳动力的教育和训练水平。如果适龄劳动人口不变，其他任何一个要素变动，都会引起劳动力供给规模相应地发生变化。这几个因素的共同作用决定了在劳动力市场上能用于生产商品和提供劳动的人的总供给量。

2.1.4.1 人口的规模和构成（或适龄劳动人口）

这一因素从根本上决定了一个国家或地区劳动力资源的总量，从而也直接影响劳动供给的人员数量。不过这个供给量不是固定的，即使在一个短期内，它也是有变化的。在现实生活中，有些特殊行业存在提前退休的群体；也有些尚未达到劳动年龄而实际已参加工作的群体；还有一些已超过劳动年龄而继续在岗位上工作的人，这些均形成供给量。这个供给量里面也包括一些现役军人、服刑的罪犯、因病或其他原因丧失劳动能力的人，这些人不能形成劳动力的有效供给。

2.1.4.2 愿意工作的人所占比例（劳动力参与率）

劳动力供给行为，一方面是由于每个人的兴趣、爱好和受教育程度不同而不同；另一方面，也是社会经济、社会文化以及社会风气作用的结果。比如有些厌恶工作或看重闲暇的人往往选择不工作，而喜欢工作或看轻闲暇的人往往选择参加工作。

2.1.4.3 工作时间制度

工作时间制度即工作周的长度、工作周数与节假周数的规定。在其他条件相同的情况下，工作时间越长，社会劳动供给的总量也越大。因此，这个因素是每一个劳动者在形成劳动供给时必须权衡的。工作周的长度延长、工作周数的增加、节假周数的缩短，一方面，可以给劳动者带来可以购买商品的货币收入；另一方面，用于工作的每一小时，都会使劳动者休息和消费商品的时间减少。

2.1.4.4 社会平均的劳动强度

在劳动者人数和工作时间长度相同时，劳动强度的大小就决定了劳动供给量的多少。劳动强度越大，同一时间所提供的劳动量也越大；反之，亦然。

2.1.4.5 劳动力的教育和训练水平

劳动力的教育和训练水平也影响着劳动力的供给。一方面，劳动者受教育和训练的时间越长，其参加社会劳动的时间也相应越少，劳动供给量也会减少；但另一方面，劳动者的教育和训练水平越高，就会向社会提供更多质量越高的劳动，按照复杂劳动等于加倍的简单劳动的原理，即使他为社会劳动的时间相对少一些，但他为社会所提供的劳动总量也是增加的。

劳动力供给的上述要素，是劳动力作为主观的、能动的生产要素，有别于其他生产要素供给的根本原因。

在市场经济条件下，人们提供的劳动与经济之间的关系，表现为一条劳动力供给曲线。为方便理解起见，我们把每一劳动力供给量都看成取决于工资。当然，还有其他的诸如劳动条件、劳动强度、自我实现等因素。我们暂且用一种简化实际行为的方法，来对劳动力供给这一复杂的经济现象做分析。因而，我们在这里考察劳动供给，主要是研究劳动力供给数量与市场工资率之间的关系。

假设其他条件不变，市场工资率作为影响劳动力供给的唯一因素，以 S 代表劳动力供给，W 代表市场工资率，则可以把劳动力供给函数表示为：

$$S = f(W) \tag{2.1}$$

此种关系可用图 2.1 来表示。图 2.1 中的横轴 L 表示供给的劳动数量（可用工时或人数来表示），纵轴 W 表示工资率水平，S 代表劳动力供给曲线。图中的不同曲线表示的是存在于工资率与劳动力供给之间的四种不同关系。

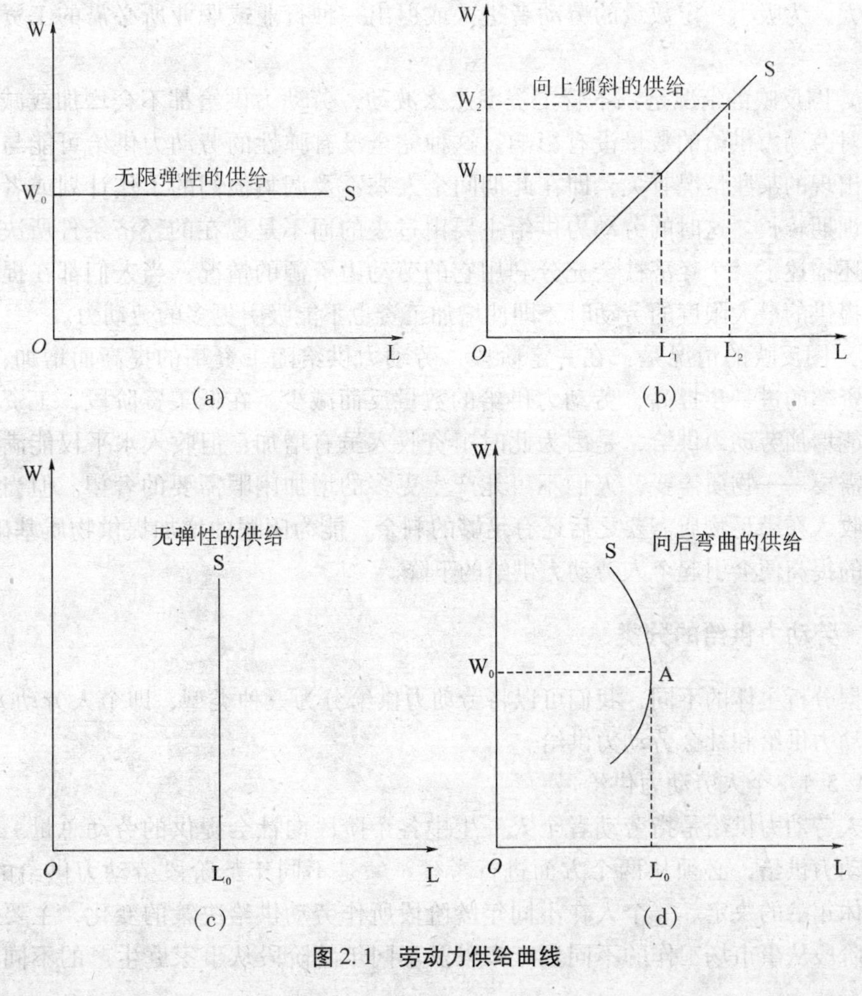

图 2.1　劳动力供给曲线

（a）图中的曲线表示，不论劳动力供给如何变化，工资率恒定不变，在此工资率上厂商可以雇到他想雇佣的任何数量的劳动力；在 W 低于均衡工资率的条件下，厂商不可能雇到任何劳动力；在 W 高于工资率的情况下，劳动力数量也不会增加。

人们一般认为，欠发达国家的劳动力供给具有这样无限的弹性。以普林斯顿大学 W. A. 刘易斯教授为首的许多研究发展问题的学者们认为，在特定条件的工资水平下，发展中国家可为现代工业部门提供充足的劳动力。因为传统的农业、家务劳动或贸易活动中存在着“就业不充分”的人，所以，劳动力供给至少在许多年内是无限制的，这些人只有微薄的收入。因此，当现代工业部门提供就业机会时，他们愿意接受工资为 W_0 的工作。如果以横轴计量向现代工业部门提供的劳动力，那么这个图就描述了这种类型的劳动状况。

另外，人们认为，在一个竞争的市场上，劳动力对单个企业的供给也具有无限的弹性。一个有竞争力的企业能够以“现行的工资率 W_0”雇到它所需要的工人。这种企业规模太小，它难以影响劳动力市场上的工资率。

（b）图反映的情况是：劳动力供给随工资率的提高而增加。而当工资率降低时，愿意工作的人就减少了。此刻的劳动力供给曲线是一条向上倾斜的曲线，具有正弹性，弹性越大，为吸引一定数量的劳动者进入或退出一种行业或职业所必需的工资变动就越小。

（c）图反映的情况是：不管工资率怎么波动，劳动力供给都不会增加或减少，即工资率对劳动力供给的数量没有影响。这种完全没有弹性的劳动力供给可能与在较短时期内出现的某些情况有关，即在此期间个人来不及调整他们的工作计划或者某些职业的培训期较长。这时的劳动力供给主要由过去的而不是现在的经济条件所决定。这一曲线还描述了一个经济社会充分利用它的劳动力资源的情况：当人们都在提供他们所愿意提供的最大限度的劳动时，即使增加工资也不能吸引更多的劳动力。

（d）图反映的情况是：在一定阶段，劳动力供给随工资率的提高而增加；但是，随着工资率的进一步提高，劳动力供给的数量反而减少。在低工资阶段，工资率提高之所以能增加劳动力供给，是因为此时工资收入虽有增加，但收入水平仅能满足个人的基本需要——物质需要，人们不可能产生更多的增加闲暇需要的奢望。但当工资率高到总收入在满足物质需要之后还有足够的剩余，能为闲暇的增加提供物质基础之后，工资率的提高便会引起个人劳动力供给的下降。

2.1.5 劳动力供给的分类

根据分析主体的不同，我们可以将劳动力供给分为三种类型，即个人劳动力供给、家庭劳动力供给和社会劳动力供给。

2.1.5.1 个人劳动力供给

个人劳动力供给是指劳动者个人一生中各个阶段向社会提供的劳动总量。要了解个人劳动力供给，必须从两个方面进行考察：一是不同年龄阶段劳动力供给的差别；二是退休年龄的决定。一个人在不同年龄阶段所作劳动供给决策的变化，主要是受不同年龄阶段从事市场工作的不同生产率以及不同年龄阶段从事家庭生产的不同生产率两个因素的影响。比如对男子来说，青年时工资率低，从事市场工作的生产率低，与此同时，从事家庭劳动和享受闲暇的机会成本也低，也即家庭生产劳动和闲暇的边际效用高，所以，这段时间是劳动力供给较少的阶段；中年时是劳动者个人向社会提供劳动力最多的阶段，因为这时候劳动者的工资率会得到提高，因而市场工作的生产率也高，并且在从事家务劳动和享受闲暇的机会成本提高的同时，随着孩子的成长，需要照料的时间减少，家庭生产的边际效用也降低，因而促使劳动者向社会提供更多的劳动力；临近退休的老年阶段，个人劳动力供给又会逐渐减少，直至为零（即退休），因为进入老年以后，工资率又会降低，市场工作的工资率也会降低，家务劳动和闲暇的机会成本降低，效用提高，因此，劳动者会减少向社会生产提供劳动力。

退休年龄的决定，一方面取决于劳动者个人的收入状况，另一方面取决于工资率的高低。在工资率一定的情况下，如果个人收入增加，则会减少劳动供给量，促进劳动者退出社会劳动；而在个人收入一定的情况下，如果工资率上升，则能吸引劳动者参加社会劳动，退休年龄会推迟一些。当然，在劳动力资源十分丰富或非常稀缺的国家，退休年龄的决定还与国家的劳动年龄规定密切相关，比如在我国，劳动者一般是在退出劳动年龄时退出社会劳动，在绝大多数情况下，个人的决策权比较小。

2.1.5.2　家庭劳动力供给

家庭劳动力供给，是指从家庭成立（结婚）到家庭解体（丧偶或离婚），家庭全体成员向社会提供的劳动量的总和。如果一个核心家庭，夫妻双方直至退休时并未离异，那么，家庭长期劳动力供给等于夫妻二人的个人终生劳动力供给的婚后部分及其子女在家时期（即和父母分家之前）所做的劳动力供给之和。这一劳动力供给总量中，夫妻二人个人终生劳动力供给的婚后部分可用个人长期劳动力供给理论来预测。子女的劳动力供给则受子女人数与子女受教育时间的影响，子女人数与劳动力供给成正比关系，子女受教育时间与劳动力供给成反比关系。子女受教育的决策与不同文化程度青年预期终生折现收入差别有关。不同文化程度劳动者的收入差别越大，则愿意受教育的人越多；差别越小，则愿意受教育的人越少。

家庭有关子女劳动力供给的决策，是通过对生育、养育子女所花费用和所带来的收益进行评价后作出的。养育子女所需费用包括：

（1）从妊娠时起，到子女离家时止，所需花费的直接费用。这种直接支出的费用又包括三个方面：一是用于购买衣、食、住、行等生活资料的费用；二是用于维持子女健康成长所需的医疗保健费用；三是用于开发智力所需的教育和娱乐费用。

（2）间接费用，即放弃的收入。它包括父母为照料子女所放弃的收入，如母亲产期所放弃的收入，为哺育婴儿而停止工作所放弃的收入以及父母为照料子女而请事假所放弃的收入等。同时，间接费用还包括子女为接受更高层次的教育而放弃的收入，即受教育的成本。

（3）心理损失，包括父母因养育子女而带来的艰苦和烦恼。

生育、养育子女所带来的收益也包括三部分：

（1）货币收入，它包括两个方面：一是子女未离家时为家庭挣来的工资和非工资收入；二是子女离家后为赡养父母而返回给父母的货币收入。

（2）劳务收入，也包括子女离家前所做的家庭劳动的效用和子女离家后返家为父母提供家务劳动的效用。

（3）心理收益，即天伦之乐，指父母因为子女所带来的各种欢乐和喜悦。

养育子女所花的费用和所带来的收益与市场工资率和家庭收入水平保持一定的函数关系，对这两种效用进行比较，家庭就可以做出生儿育女的决策，从而完整地做出家庭长期劳动力供给决策。

2.1.5.3　社会劳动力供给

社会劳动力供给，是指劳动者个人及其家庭为社会提供的劳动总量，也就是一个经济社会所能利用的全部劳动力数量。它主要取决于前面所述的适龄劳动人口、愿意工作的人所占比例、工作时间制度、劳动强度、劳动力的教育和训练水平等因素。这些因素共同作用，决定一个国家或地区的社会劳动力供给。在一个经济社会里，社会劳动力供给总量不是固定的，即使在一个短暂的时期内，它也是变化的，每个因素都取决于无数个人和家庭的决定。其中，影响社会劳动力供给总量的一个重要指标就是劳动力参与率。

劳动力参与率是指一定范围内的现实劳动力占该范围的劳动适龄人口（或潜在劳动力）的比例，它反映一定范围内的人口参与市场性劳动的程度，是研究劳动就业状态的重要统计指标。一定范围内的人口可依若干标志进行分类，如总人口、不同年龄组人口或不同性别人口等。以总人口计算的劳动力参与率称为总人口劳动力参与率；以法定劳动年龄人口计算的劳动力参与率称为法定劳动年龄人口劳动力参与率；以某一年龄（性别）计算的劳动力参与率称为年龄（性别）劳动力参与率。其具体计算公式分别为：

$$\text{总人口劳动力参与率}=\frac{\text{劳动力人口}}{\text{总人口}}\times 100\% \tag{2.2}$$

$$\text{法定劳动年龄人口劳动力参与率}=\frac{\text{劳动力人口}}{\text{法定劳动年龄人口}}\times 100\% \tag{2.3}$$

$$\text{年龄（性别）劳动力参与率}=\frac{\text{某年龄（性别）劳动力人口}}{\text{某年龄（性别）人口}}\times 100\% \tag{2.4}$$

劳动力参与率只是测度和反映人口参与劳动程度的指标，其本身并不是影响人口参与劳动的因素，而是社会的、家庭的经济因素影响劳动力参与的选择和决策，再通过劳动力参与率的变化影响劳动力供给。此外，由于劳动参与率指标准确地反映了劳动力参与的变动，故它成为分析劳动力供给变动的工具。

影响劳动力参与率的因素错综复杂，各因素对劳动力参与率的影响程度、影响方向也不一样，即使是同样的因素，对不同的劳动力供给决策主体，其发挥作用的程度和方向也不一致。各因素对劳动力参与率影响程度的准确计量，目前还无法解决。一般说来，影响劳动力参与率的因素包括以下几方面：

（1）宏观经济状况，如经济周期波动、繁荣与衰退的交替对劳动力参与率有重大影响。例如，当经济处于衰退时期，失业者长期找不到职业，就可能丧失寻找工作的意愿，从而退出劳动力市场，使劳动力参与率降低，等等。

（2）产业结构与产业政策。产业结构的变动会引起社会劳动力需求的相应变动，从而引起劳动力供给的变化。第三产业的发展，无疑有利于妇女的就业，从而有助于提高劳动力参与率。

（3）社会经济制度，如工时制度、用工制度、劳动保险和社会保障制度等。灵活的工时制度和用工制度会提高劳动力参与率，健全的劳动保险制度也能提高劳动力参与率。

（4）教育事业的发展状况，如教育年限、教育的直接成本和机会成本等。教育事业的发展状况，对青年人口（15～19 岁年龄组）的劳动力参与率有重大影响。同时，经济发展对劳动力质量要求的提高，也会促进人们受教育年限的延长，从而降低劳动力参与率。

（5）家务劳动的社会化、机械化水平。家务劳动的社会化、机械化水平的提高，能有效地缩短人们进行家务劳动所必需的时间，从而提高劳动力特别是女性的劳动力参与率。

（6）人口的年龄（性别）结构和劳动适龄人口规模。在总人口中，劳动力人口比重越大，则劳动力参与率越高；反之，则低。女性人口的比重越大，则现实的劳动力资源越少，劳动力参与率越低；国家规定的就业年龄越小、退休年龄越大，劳动适龄人口比例越大，劳动力参与率就越高。

（7）工资政策与工资关系。一个社会的工资政策和工资关系越向受教育者倾斜，人们对教育的投入也就越大，从而劳动力参与率也就越低；反之，人们就会提前选择就业，家庭劳动力供给规模就会扩大。

（8）工资水平的高低。工资水平是调节劳动力供给与劳动力需求的经济杠杆，在市场经济条件下，工资水平直接影响劳动力的供给。从市场整体来看，工资水平越高，劳动力参与率越高。

（9）个人非劳动收入。非劳动收入的增加，将会降低人们谋生对劳动的依赖程度，从而降低劳动力参与率。

（10）居民家庭生产率的变化。居民家庭生产率是指居民从事家庭“生产”活动的效率。居民家庭生产率越高，从事家庭生产活动的时间的价值就越高，愿意向市场提供劳动力的数量就越少，劳动力参与率也越低。

（11）其他因素。社会文化、风俗习惯等对劳动力参与率也会产生影响。例如，新中国成立后，我国政府一直鼓励城市人口、妇女人口积极就业，从而使人们形成这样的观念：只有就业，而且要全工时就业，才算是充分实现人生价值。这对我国劳动力参与率的提高是有影响的。

与其他国家相比，中国的劳动力参与率相当高。《2000 年世界劳动报告》提供的数据表明[①]，在 2000 年，中国的劳动力参与率为 84.9%，其中男性为 85.6%，女性为 80.0%。同年，全世界总计劳动力参与率为 73.3%，其中男性为 85.5%，女性为

① 国际劳工局. 2000 年世界劳动报告［M］. 中华人民共和国劳动和社会保障部国际劳工与信息研究所，译. 北京：中国劳动社会保障出版社，2001.

60.7%。中国的男性劳动力参与率与世界平均水平相当，女性则高出近20个百分点。同一资料显示，2000年，在世界各国中，如果从高至低排序，中国的女性劳动力参与率列第9位。

2.2 个人劳动力供给

个人劳动力供给作为一种经济行为，要求以承认劳动力的个人所有制为前提，并在市场交换中充分尊重劳动力所有者的效用最大化目标。劳动力个人所有制，是指人们在占有劳动力资源方面形成的人与人之间的关系。在社会主义社会，劳动力仍然属于个人所有。因此，劳动者必须让渡劳动力，并与生产资料相结合，才能形成现实的生产力。劳动者转让劳动力并不是无偿的，而应考虑其供给以后的效用，达到效用最大化的目标。

2.2.1 效用理论

2.2.1.1 效用

在经济学中，效用是从某种物品或劳务的消费中所得到的满足。这种满足程度越高，效用就越大；反之，则越小。如果从消费中感受到痛苦，则是负效用。效用是一种心理感受，强调消费者对某物品消费的主观评价。而且这一评价具有很大的相对性，它是相对于消费同类其他物品或别人消费同一种物品时的感觉而言的。一个人消费同类其他物品会有不同的效用，而不同的人消费同一商品所得到的效用也可能完全不同。

2.2.1.2 效用函数

个人劳动力供给或劳动力的“消费”，面临着在家庭和社会（市场）之间的选择，也即闲暇时间与劳动时间的选择或分配。闲暇时间和劳动时间会给个人带来不同的效用。以下是分析效用函数时所用的几个重要的假定：

（1）劳动者在供给劳动时，其效用来自两方面：一是劳动者的工作时间，二是劳动者的闲暇时间。也就是说，劳动者把其时间分为工作和闲暇两部分，并且既可以通过工作来获得效用，也可以通过不工作来获得效用。

（2）市场工资率由市场决定，劳动者是工资率这一价格的接受者，因此，劳动者不能通过变更工资率来改变其收入水平和效用水平。

（3）劳动者有充分的决策权，以决定工作多长时间、享受多长时间的闲暇，亦即有充分的自由决定工作与闲暇的配合比率。

在上面我们已经假定劳动者的效用来源于工作和闲暇。在都能为劳动者提供效用这一点上，工作和闲暇是统一的。然而，工作和闲暇又是相互对立的。这是因为，一个人的时间是有限的，在这有限的时间里，如果多工作一点，就必须少享受一些闲暇。由此形成一种局面，即一个劳动者既可通过工作很长的时间从而享受很少的闲暇，亦可通过享受很长的闲暇而工作很少的时间来获得一定的效用水平。在这两个极端配置之间，我们还可以想象出很多的配置比率来达到既定的效用水平。经济学把这种配置工作与闲暇比率来达成某种既定水平之效用的方法称为效用函数。

2.2.2 无差异曲线与预算约束线

2.2.2.1 闲暇—收入无差异曲线

主体对于劳动收入与闲暇的组合的评价或选择，如果出现这样一种情况：A 种组合与 B 种组合对他提供的效用相同，他不能区别何种组合的效用高或何种组合的选择顺序在前，此时，A、B 两种组合对于主体来说是无差异的。那么，将与 A 点所示的劳动收入与闲暇的组合具有相同效用的所有组合点连接起来，得到的曲线即为无差异曲线，如图 2.2 所示。

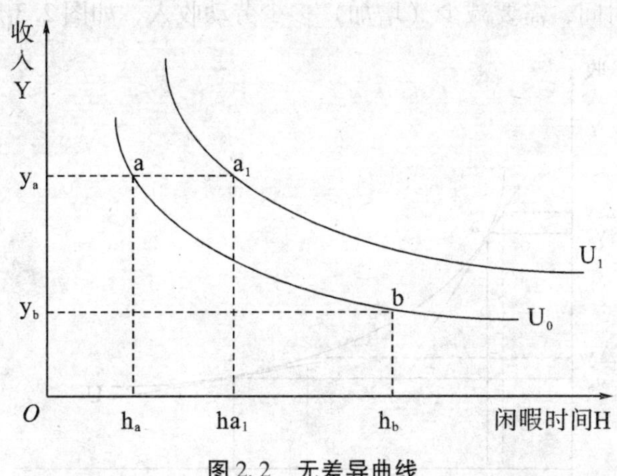

图 2.2 无差异曲线

如图 2.2 所示，纵轴为劳动收入 Y，横轴为闲暇时间 H，点 a 的组合为（h_a，y_a），点 b 的组合为（h_b，y_b）。点 a 与点 b 的组合不同，但对主体的效用相同。把与点 a 效用相同的所有组合连接起来，所得到的曲线 U_0 称为无差异曲线。它表明，在 U_0 曲线上的任何一点所示的劳动收入与闲暇的组合带给主体的效用一样，均使其不能区别何种组合的效用高或选择顺序在前。在 U_0 曲线外的任何一点，例如，处于点 a 右侧的点 a_1，它表示的组合中，收入不变但闲暇却为 ha_1，点 a_1 的组合与点 a 相比较，效用的评价必定比点 a 高，选择顺序也必定优先于点 a，因而也不可能与点 a 无差异。但从点 a_1 同样也可以确定另一条无差异曲线，如 U_1 曲线上所有的点所示的收入与闲暇组合的效用，都比 U_0 曲线上的组合的效用高，也就是具有优先的选择顺序。这样的曲线实际上有无数条，每一条曲线对应于不同的效用水平，这些曲线的全部称为主体的选择偏好系统。

无差异曲线具有如下的特征：

（1）在同一平面上存在无数条无差异曲线，同一条无差异曲线表示曲线上所有点之间的效用相同，不同的无差异曲线效用不同。离原点越远的无差异曲线所表示的效用越高，即选择顺序在前；反之，则效用越低，选择顺序在后。

（2）在同一平面上，任意两条无差异曲线不相交。因为如果相交，那么在交点上两条无差异曲线表示相同的效用，则与前述特征相矛盾。

（3）无差异曲线是一条斜率为负值、凸向原点的曲线。斜率为负值，表明主体为了保持或得到相同的效用，增加一种物品的消费，必须减少另一种物品的消费，两种物品不能同时增加或减少。凸向原点则是由边际替代率递减决定的。关于边际替代率将在后面讨论。

（4）主体的偏好不同，无差异曲线的形状不同，即不同的人具有不同的劳动收入替代闲暇的比率。例如，某人放弃1小时闲暇从事劳动获得10元收入感到很满足，而别人则可能对此不屑一顾。

无差异曲线的斜率，即与无差异曲线上任何一点相切的直线的斜率，也是无差异曲线在该点的边际替代率。它的经济含义是：在主体保持相同效用的条件下，增加（减少）一些闲暇时间，需要减少（增加）多少劳动收入，如图2.3所示。

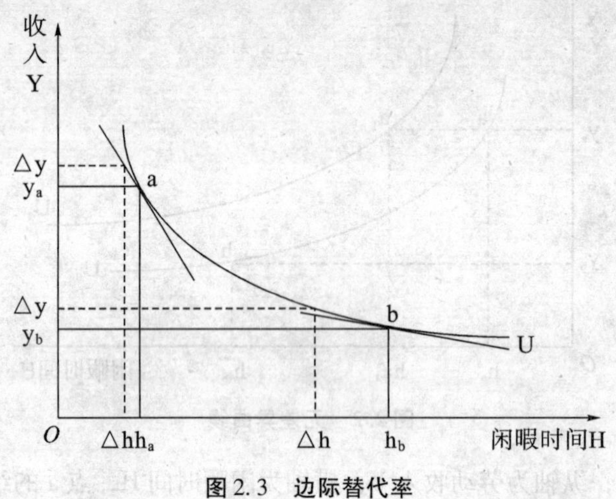

图2.3　边际替代率

在图2.3中，Δh为闲暇时间变动量，Δy为收入变动量。设MRS为边际替代率，则有 $MRS=\dfrac{收入的边际效用}{闲暇的边际效用}=\dfrac{\Delta y}{\Delta h}$。闲暇时间微小单位增加所引起的效用增加（$\partial U/\partial H$）叫做闲暇的边际效用，收入增加时的效用的增加 $\partial U/\partial Y$ 叫做收入的边际效用。

如果Δh无限趋近于零，则边际替代率MRS就是与无差异曲线相切于点a的切线的斜率。从效用的分析中可知，效用水平是闲暇与劳动收入的函数，闲暇和劳动收入是自变量，效用水平是因变量，效用水平依闲暇和劳动收入的变化而变化。如果设H为闲暇，Y为收入，U为效用水平，则有：

$$U=f(H,Y)$$

上式即为效用函数。无差异曲线所示的闲暇—收入偏好实际上是效用函数的几何表示。

在无差异曲线上，设效用水平不变，即：

$$dU=0$$

根据数学中的全微分公式，则有：

$$dU=\frac{\partial U}{\partial H}dH+\frac{\partial U}{\partial Y}dY=0 \tag{2.5}$$

整理得：

$$\frac{dY}{dH}=-\frac{\frac{\partial U}{\partial H}}{\frac{\partial U}{\partial Y}} \tag{2.6}$$

即有：

$$MRS=\frac{dY}{dH}=-\frac{\frac{\partial U}{\partial H}}{\frac{\partial U}{\partial Y}} \tag{2.7}$$

这说明，为了保持效用不变，增加一种物品的消费，就要减少另一种物品的消费，边际替代率恒为负数。无差异曲线向右下方倾斜的原因就在于此。边际替代率通常取其绝对值。

无差异曲线上有无数个点，每个点都有不同的斜率，也就是有不同的边际替代率。边际替代率有无数个变化的值。无差异曲线上的任意一点都表示闲暇和收入的组合，任意一种组合与其他组合相比较，闲暇与收入的相互替代比均不相同。可以看到，从左上向右下移动，无差异曲线的切线由比较陡峭变得比较平缓。这说明边际替代率的绝对值越来越小，也就是边际替代率递减。

以图 2.3 为例，在同一条无差异曲线 U 上，任何一点所示的闲暇—收入的组合虽然其各自的量均不相同，但都实现了同样的效用水平。例如在点 a，闲暇为 h_a，收入为 y_a，则在闲暇—收入组合中，闲暇较少而收入较多，为增加一些闲暇 Δh，就要减少较多的收入 Δy；而在点 b，闲暇较多而收入较少，为增加一些闲暇 Δh，只需减少较少的收入 Δy。反之，亦是如此。这充分说明，越是相对稀缺的物品，其替代能力越大。边际替代率的绝对值递减，是无差异曲线凸向原点的根本原因。

2.2.2.2 预算约束线

在各种个人闲暇—收入无差异曲线中，越在右上方的无差异曲线代表的效用水平越高，右上方的无差异曲线与左下方的曲线相比较，或者闲暇多些，或者收入多些，或者两者都多些。在没有任何限制的条件下，个人都会选择最高的无差异曲线上的闲暇和收入的组合。但由于受到资源的约束，所以，人们事实上无法做出这种选择，其根本原因在于人们受到预算约束线的约束。

预算约束线是个人在时间和劳动能力状况约束下，所能消费闲暇和获得收入的最大组合线。在约束线内的任何一点所示的闲暇和收入的组合，均无法实现效用最大化；约束线外的任何一点所示的组合，在既定的可支配时间和劳动能力的条件下，是不能达到的。

如果将图 2.4 中的直线 HY 与横轴的夹角设为 α，则可以看到直线的斜率为：

$$\tan\alpha=\frac{OY}{OH}=\frac{\text{劳动收入}}{\text{时间}} \tag{2.8}$$

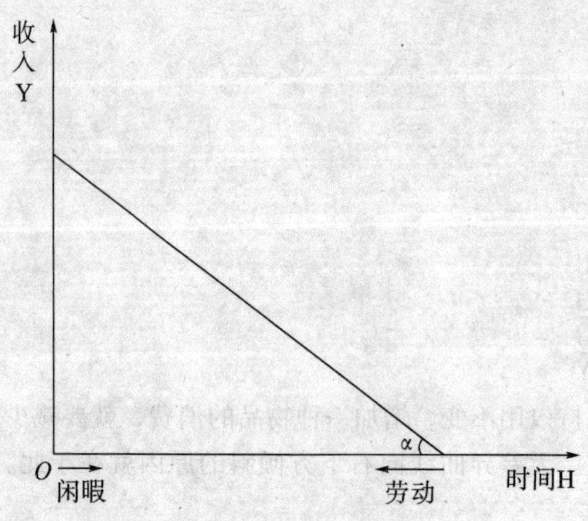

图 2.4 预算约束线

由此可见，预算约束线的斜率即为个人放弃闲暇从而获得收入的比率，即工资率。另外，亦可以看成闲暇的机会成本。

个人可支配的时间不同、劳动能力不同，从而工资率不同，因此个人预算约束线也就不同。

以图 2.5 为例，个人可支配的时间分别为 h_1、h_2 和 h_3，劳动能力相同，从而工资率相同，则在纵轴的截距分别为 y_1、y_2 和 y_3。显然，三条约束线平行；由于 $h_1 < h_2 < h_3$，所以预算约束线 h_1y_1 在横轴与纵轴的截距离原点较低，而 h_3y_3 则较远。如果个人可支配的时间相同，假设同为 h_1，但劳动能力有差异，因而工资率不同，则工资率低者的预算约束线在纵轴的截距即收入为 y_1，工资率高者的收入则为 y_4，显然 $y_4 > y_1$。由此可见，预算约束线的形状取决于个人可支配的时间及劳动能力状况，即取决于个人可支配资源的状况。

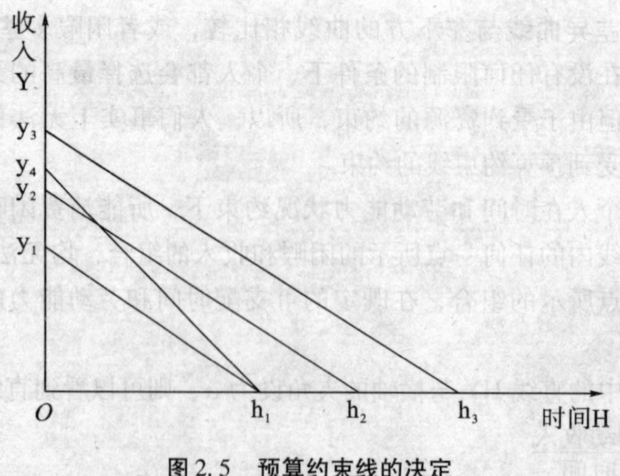

图 2.5 预算约束线的决定

2.2.2.3 约束条件下的效用最大化

闲暇—收入无差异曲线说明了个人的主观愿望，预算约束线则反映了个人的现实条件。从主观愿望和个人偏好而言，个人可以做出各种效用水平的选择。不考虑其他因素，任何个人都愿意选择离原点较远的无差异曲线，以获得更大的满足。但是，个人能否做到这一点，还要受现实条件的限制。从现实条件来说，个人效用水平又必须受资源状况的限制，这种限制由预算约束线来表示。较多的可支配时间和较高的劳动能力使预算约束线远离原点，较少的可支配时间和较低的劳动能力使预算约束线靠近原点。

如何使主观愿望与现实条件结合起来，使主体获得最大效用，或者说，如何在受到限制的资源条件下，在闲暇与劳动时间从而在收入之间作最佳配置，以求最大效用，是主体均衡理论所要研究的问题。

所谓主体均衡，就是在资源约束的条件下闲暇与收入的组合能使主体获得最大效用的状态。主体均衡的分析工具，主要是利用闲暇—收入无差异曲线和预算约束线。如图 2.6 所示。

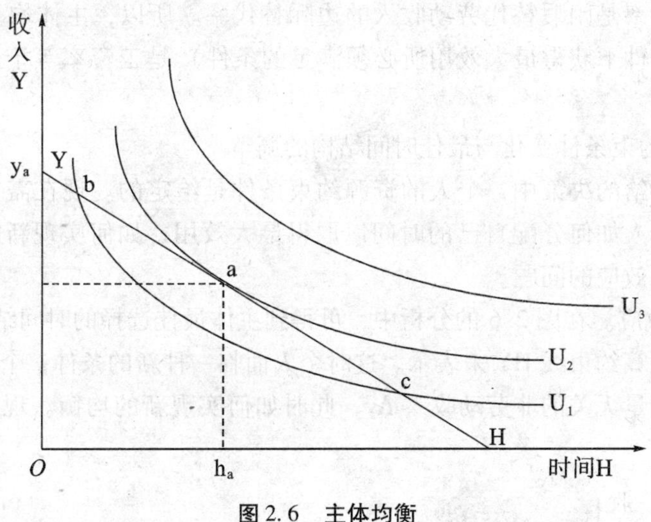

图 2.6　主体均衡

在图 2.6 中，U_i 为选择主体的闲暇—收入的无差异曲线，HY 为预算约束线。U_3 与 HY 无交点，U_2 与 HY 相切于点 a，U_1 与 HY 相交于点 b 和点 c，U_i 的效用水平为 $U_1 < U_2 < U_3$。

前已述及，在平面直角坐标中有无数条无差异曲线，图中只抽象出其中的三条。在预算约束线 HY 上，选择哪种组合才能使主体得到最大的效用呢？毫无疑问，这种组合必然是在对主体效用最高的一条无差异曲线上。在图 2.6 中，虽然 U_3 效用水平最高，但由于它在 HY 的右上方，相对于主体的资源状况而言，无法达到那样高的效用。U_1 与 HY 相交于点 b 与点 c，虽然这两种组合是在既定资源条件下的最大组合，但是点 b 与点 c 也都在 U_1 上。显然 U_1 的选择顺序在 U_2 的后面，其效用水平较 U_2 低。而且，如果点 b 沿无差异曲线 U_1 向右下移动，或者点 C 沿无差异曲线向左上移动，那么，在无差异曲线 bc 段，其余闲暇与收入的组合均在预算约束线 HY 的左下方。显而易见，主体在资源约束下并没有达到最高水平的效用。进一步可以观察到，既然 U_1 与 HY 相交于点 b 和点 c，那么，在 U_1 与 U_2 之间在图中未画出的无差异曲线仍和 HY 相交，因为任何一种组合都在 HY 上，所以均满足给定的资源条件，同时，任何一种组合均在效

用水平比 U_2 低的无差异曲线上，因此都没有达到最大效用；反之，任何一种组合均在效用水平比 U_1 高的无差异曲线上，因此其效用水平均比点 b 和点 c 高。

由此看来，无差异曲线 U_i 在 HY 右上方的，主体因资源条件的约束而达不到那样高的效用水平；无差异曲线与 HY 相交的，主体在既定资源条件下又没有达到最大效用。因此，只有在点 a，即预算约束线 HY 与无差异曲线的切点才能实现主体的均衡。点 a 就是主体在既定资源条件下获得最大效用的均衡点。如果点 a 沿无差异曲线 U_2 向左上或右下移动，其闲暇收入的组合因在 HY 的右侧而无法达到。在点 a 上，闲暇时间为 h_a，收入为 y_a。

点 a 是预算约束线与无差异曲线 U_2 的切点。因此，U_2 这条无差异曲线在点 a 的切线也就是预算约束线 HY。无差异曲线在点 a 的斜率与预算约束线的斜率相等。前面已讲过，预算约束线的斜率是个人放弃闲暇从事劳动从而获得收入的比率（即工资率）；无差异曲线的斜率是闲暇替代劳动收入的边际替代率。所以，主体均衡的条件（即主体在资源约束条件下获得最大效用所必须满足的条件）是工资率等于边际替代率，即 W = MRS。

2.2.2.4　约束条件变化与最佳时间结构的调整

在劳动力供给的决策中，个人的资源约束条件是给定的。现在需要继续讨论约束条件改变时，个人如何分配自己的时间以取得最大效用，如何实现新的均衡。这涉及收入效应与替代效应的问题。

（1）收入效应。在图 2.6 的分析中，可得到主体最佳选择的时间结构为点 a，其资源约束条件以预算约束线 HY 来表示。这时个人面临一种新的条件：个人获得与其个人劳动力供给时间量无关的非劳动收入 Δy，此时如何实现新的均衡。现以图 2.7 为例进行分析。

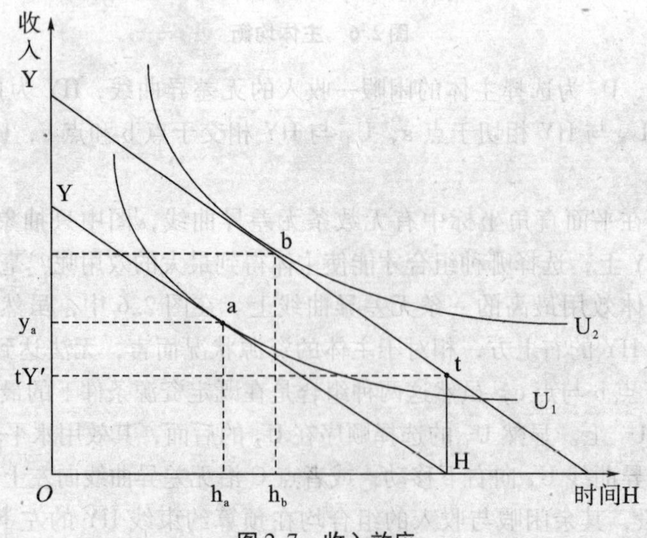

图 2.7　收入效应

在图 2.7 中，条件没有改变时，均衡点为点 a。由于非劳动收入增加，使预算约束线平行向右上方移动，得到一条新的收入限制线 tY′。从图中可以清楚地看到，均衡点由点 a 移向点 b，闲暇时间增加，劳动时间减少，闲暇时间的增加量为 $h_a h_b$。由此可见，在其他条件不变时，由于非劳动收入的增加，个人可达到的效用水平必定提高。收入效应是从一条无差异曲线移向更高效用的无差异曲线而引起的。一般情况下，收入效应使闲暇时间增加，劳动时间减少。

（2）替代效应。另一个可以改变的限制条件是闲暇替代劳动收入的比率，即工资率。通常情况下，当可支配的时间不变、工资率变化时，个人的劳动收入必然随之变化，由此引起个人预算约束线的相应改变。例如，工资率提高，收入必定增加，从而也对个人劳动供给决策产生影响。

下面来分析其他条件都不变，只有工资率变化对个人时间分配结构调整产生影响的情况。现在假设：个人可支配时间不变、收入不变，但只有工资率变化，且设工资率提高。下面结合图 2.8 进行分析。

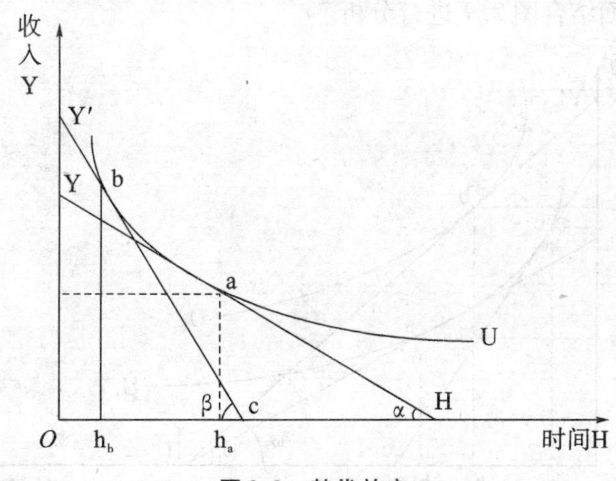

图 2.8 替代效应

在图 2.8 中，有闲暇—收入的无差异曲线 U，预算约束线 HY，HY 与横轴的夹角为 α，与 U 相切于点 a，此时的工资率为 W_1。显然，闲暇时间为 Oh_a，劳动时间为 h_aH。由于工资率提高了，直线 bc 与横轴的夹角设为 β，与无差异曲线相切于点 b，工资率为 W_2。因为 $\tan\beta > \tan\alpha$，所以有 $W_2 > W_1$。在工资率等于 W_2 的情况下，均衡点由点 a 移向点 b。相应地，闲暇时间从 Oh_a 减少到 Oh_b，劳动供给时间则从 Hh_a 增加到 Hh_b，劳动供给时间存在一个正向增量 $h_a h_b$。由此可见，在其他条件不变的情况下，工资率提高，劳动力供给时间增加，闲暇时间减少。其根本原因在于，工资率提高，意味着劳动时间的价值在提高，劳动时间不足，必然导致丧失较多的收入。经济学原理说明，价格提高的商品，必然增加供给量，所以在工资率提高时，劳动力供给时间必定增加。同时，工资率提高，意味着闲暇的机会成本提高了，消费闲暇的代价变得更加昂贵。价格提高的商品，必然减少需求量，故在工资率提高的情况下，闲暇时间必定减少。

因为点 a 和点 b 同在一条无差异曲线上；a 和 b 所示的闲暇—收入组合实现了相同

的效用，所以闲暇时间减少带来的效用损失，将由劳动时间增加从而收入增加带来的效用的增加得到精确的补偿。

现在从另一个角度分析这个问题。仍以图 2.8 为例。在无差异曲线 U 上有无数个点，每个点表示一种闲暇和劳动收入的组合，过每个点都可画出一条切线，如 aH 和 bc，它们对应不同切线的斜率，也就是对应着不同的工资率 W_i。虽然这些切线所示的个人可支配的资源状况不相同，但它们都能使主体实现相同的效用水平，其原因在于所有切点都在同一条无差异曲线上。因此可以说，在个人实现相同效用水平的情况下，劳动力供给的决策主体改变其时间分配结构，必定由于工资率的变化所引起。相对价格提高的商品必然引起较小的需求，价格提高的商品必然增加其供给，这就是替代效应。

(3) 收入效应与替代效应。工资率的提高不仅使个人的收入增加，而且对闲暇时间和劳动时间的选择也同时发生相应的变化。工资率的变化同时带来两种效应：收入效应与替代效应。工资率的变化对劳动力供给决策主体的最终影响完全取决于两种效应的相互关系。下面结合图 2.9 进行分析。

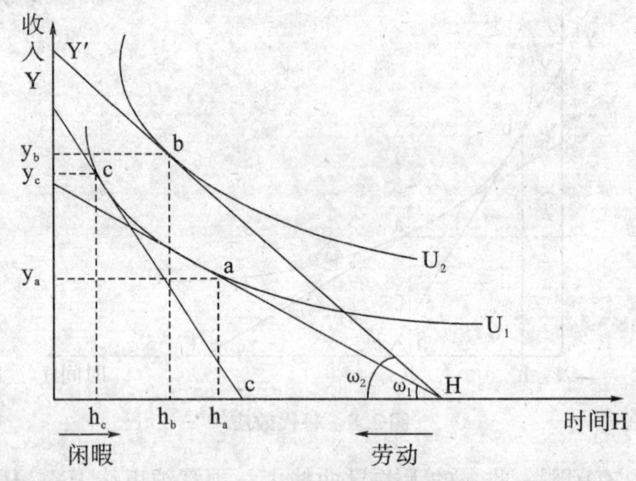

图 2.9　收入效应与替代效应

图 2.9 中符号的含义与图 2.8 相同，预算约束线与横轴的夹角 ω_1 与 ω_2 相当于工资率。在工资率没有改变时，工资率为 ω_1，主体的闲暇—收入的均衡点为点 a。此时，闲暇为 Oh_a，收入为 y_a。假设工资率上升，由 ω_1 提高到 ω_2，则预算约束线为 HY′。在新的约束条件下，主体的最佳选择是在具有更高效用水平的无差异曲线 U_2 上的点 b 实现新的均衡。在均衡点 b，闲暇由 Oh_a 减少到 Oh_b，劳动供给时间由 Hh_a 增加到 Hh_b，有一个正向的增量 h_ah_b，劳动收入也由 y_a 增加到 y_b，也有一个正向增量 y_ay_b。显然，在主体闲暇—收入偏好和可支配资源既定的情况下，随着工资率的提高，主体的效用达到新的水平，而且工资率对劳动力供给时间的变动有正向影响。

在图 2.9 中，点 a 向点 b 的最佳选择的移动，实际上是两种效应共同作用的结果。

首先，观察点 a 向点 c 的移动。它表示最佳选择点的移位不改变效用水平，而只改变工资率，点 c 由与 HY′平行的线与无差异曲线 U_1 相切确定。这就是前面所提到的替代效应。由于替代效应，劳动力供给时间增加了 $h_a h_c$，而闲暇则由 Oh_a 减少到 Oh_c。显然，替代效应对劳动力供给具有正向影响。

其次，观察点 c 向点 b 的移动。这种移位可以看成工资率不变，收入却增加了。由于收入增加，为了获得较多的闲暇，只能减少劳动力供给时间，用增加的收入换取闲暇。如图 2.9 所示，点 c 到点 b 的移位就是收入效应。收入效应作用的结果使劳动力供给时间减少了 $h_b h_c$。显然，收入效应对劳动力供给具有负向影响。

由此可见，由于工资率由 ω_1 提高到 ω_2，最佳选择由点 a 到点 b 的移位是替代效应与收入效应共同作用的结果。换言之，工资率由 ω_1 提高到 ω_2，产生出替代效应点 a 到点 c 的移位和收入效应点 c 到点 b 的移位，两种效应共同作用的结果，实现了均衡位置点 a 到点 b 的移位。

在上面的分析中，工资率提高对主体劳动力供给决策的最终影响是增加劳动力供给时间而减少闲暇时间，但这一结论并不具有普遍的适用性。这是因为，在工资率提高的条件下，主体劳动力供给的决策受到两种效应的影响，劳动力供给时间的变动最终取决于替代效应与收入效应的相互关系。而这两者的相互关系实际上取决于主体的闲暇—收入偏好，或者说取决于主体的效用函数。在本例中，由于工资率提高产生的替代效应大于收入效应，所以随着工资率的提高，主体选择了增加劳动力供给时间。由此推论，如果替代效应小于收入效应，那么随着工资率的提高，劳动力的供给时间反而会减少。

2.2.2.5　个人劳动力供给曲线

经验事实和理论研究表明，在工资率较低且收入较少时，由工资率提高产生的替代效应大于收入效应，故随着工资率的提高，劳动力的供给增加。在工资率维持较高水平且收入也在较高水平时，由工资率提高产生的两种效应的相互关系发生了变化：替代效应小于收入效应。故随着工资率的提高，替代效应造成的劳动力供给时间的增加，小于收入效应作用下的劳动力供给时间的减少，最终表现为工资率对劳动力供给的负向影响。图 2.10 的个人劳动力供给曲线就是上述分析的几何描述。

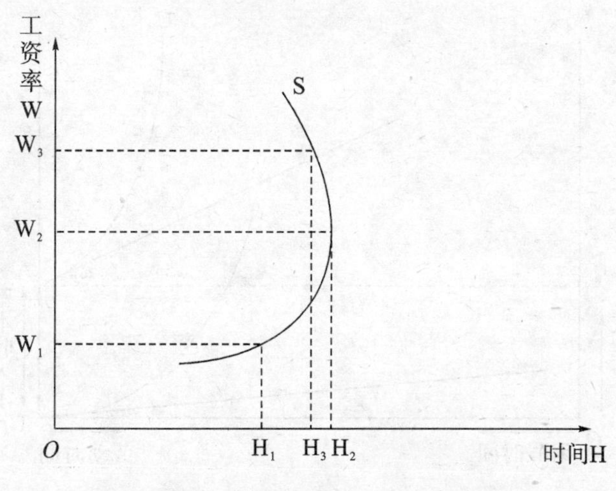

图 2.10　个人劳动力供给曲线

在图 2.10 中，横轴为劳动力供给时间，纵轴为工资率，S 为个人劳动力供给曲线。在工资率为 W_1 时，个人劳动力供给为 H_1；随着工资率的提高，劳动力供给增加，在工资率为 W_2 时，劳动力供给为 H_2；工资率进一步提高，由 W_2 提高到 W_3 时，劳动力供给为 H_3，劳动力的供给反而减少了。由此产生的个人劳动力供给曲线 S 为向后弯曲的形状：工资率低于 W_2，曲线 S 的斜率为正值；工资率高于 W_2，曲线 S 的斜率为负值，即在工资率大于 W_2 的区间，工资率的提高使劳动力的供给减少。对工资率与劳动力供给时间的反相关关系，主要可以用工资率变化的收入效应与替代效应来进行解释。

2.3 家庭劳动力供给

以上所分析的是个人对劳动力供给的决策。面对既定的工资率，各劳动力供给个体都会有各自的最佳供给时间。但实证研究表明，一方面，劳动力供给或就业与否通常是以家庭为单位进行的。例如，妻子的就业会受到丈夫的收入和家属构成、子女的年龄、家庭成员的健康状况等的影响。另一方面，由于企业的生产技术条件及职业工作的客观要求，以及企业管理的需要和劳动时间制度的惯例等，决定了在单位时间（如日、周）内必须保证一定的劳动时间长度，劳动力供给主体在通常情况下不能以对于个人最恰当的时间去就业。这也就是说，在单位时间内，一定的劳动时间长度由制度给定，而不能完全由个人自由决定，比如每日 8 小时工作制、每周 40 小时工作制等。这一条件的变化对家庭劳动力供给的分析具有重要影响。

在家庭中，就业问题在家庭成员之间存在着一定的分工协作关系。一般情况下，户主工作获得收入，必要时，他的配偶及家庭其他成员也去工作以补偿户主收入的不足。由于社会文化传统、风俗习惯及其他制度因素的影响，当市场上有受雇机会时，谁去就业、谁去承担家务，其优先顺序如何决定，取决于就业后预期能得到的工资率与家务劳动的效率的比较。

如图 2.11 所示，纵轴为家庭收入，运用前面所作的一系列分析，会出现如下情况

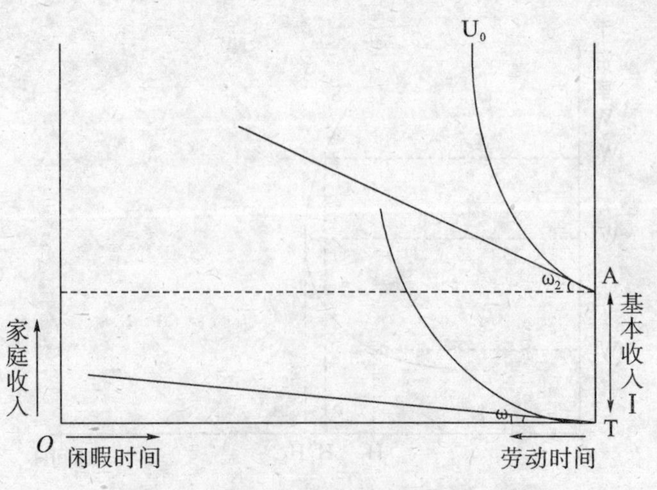

图 2.11　家庭的无差异曲线与最低工资率

（也可以把横轴换为全体家庭成员的劳动时间，但是，在此需假设其他家庭成员的劳动时间不影响妻子的无差异曲线的形状）：

妻子不就业也能得到的家庭收入（如丈夫的劳动收入、财产收入）称为基本收入，设为I。而妻子不就业时的状态和前面的点T不同，可以用点A来表示。那么最低工资率会发生什么样的变化？如果基本收入多，收入的边际效用会下降，闲暇的边际替代率会提高，结果最低工资率上升，劳动力参与率下降。

这与利用实证分析反复进行确认的下列观察事实相符合：

（1）丈夫的收入越高，妻子的劳动力参与率越低；

（2）本人能够得到的市场工资率越高，妻子的劳动力参与率越高。

这种关系以发现者的名字命名为道格拉斯—有泽法则。

如果劳动力市场疲软，则会因为丈夫失业等原因导致基本收入下降，同时妻子能够得到的市场工资率也下降。遇到这种状况时，如果（1）的效果强，随着丈夫的收入减少，妻子为弥补收入的不足，将提高劳动力参与率，所以劳动力供给量增加。此时会发生后面将讨论的和图2.13中所示的市场不稳定时相同的状况。即使丈夫失业，只要失业保险能够保证一定收入，就可以防止最低工资率的下降。相反，如果（2）的效果强，则会随着妻子工资的下降，劳动力参与率下降，劳动力供给量也减少。这和后面将讨论的图2.12的状况相同，更重要的是使市场机制有效地发挥作用。

2.4 社会劳动力供给

2.4.1 市场劳动力供给曲线

所谓市场劳动力供给曲线，实际上是将一个市场中的个人劳动力供给曲线相加，是市场工资率与提供给市场的劳动力供给时间之间的一种总的关系。通过前面的分析，我们知道个人的劳动力供给曲线一般是向后弯曲的，那么作为个人劳动力供给曲线汇总的市场劳动力供给曲线是否也向后弯曲呢？

如果把一个市场封闭起来考察，这将是一个复杂的问题，因为不知道从整个市场来看收入效应与替代效应哪个将占上风。不过，一般来说，市场劳动力供给曲线是一条从左下方向右上方倾斜从而具有正斜率的曲线。如图2.12所示。

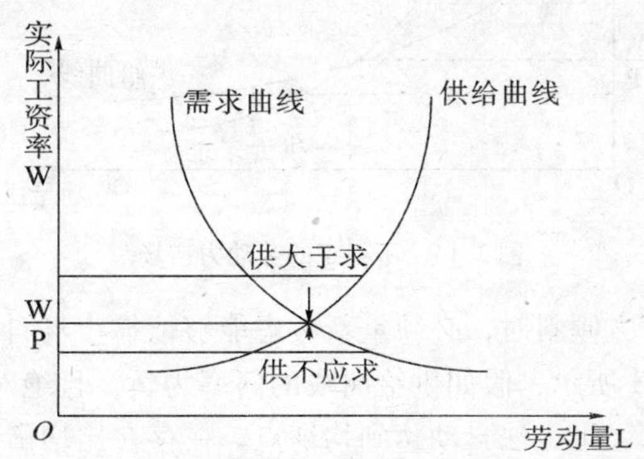

图2.12 市场劳动力供给曲线（稳定的劳动力市场）

市场劳动力供给曲线不同于个人劳动力供给曲线的原因是：从总体上来看，工资率变化的收入效应小于替代效应。导致这一事实的主要原因是工资率变化的替代效应是在任何人身上都会起作用的，而收入效应可能在某些层次的人比如人均收入低下、家庭负担重的人身上不起任何作用。对这些人而言，只要工资率提高，他们就愿意增加工作小时数。

以上是把一个市场封闭起来考察的。如果允许劳动者有进有出，即以一个开放的市场来考察，那么，市场劳动力供给曲线一定是一条正斜率曲线。这是因为，工资率提高可能会使一部分原来就在这个市场上竞争的人减少劳动力供给（因为对于这些人来说，收入效应大于替代效应），但同时又会吸引一部分本来不在这个市场上竞争的人进入这一市场，从而使劳动力供给总量最终呈增长趋势。

如图 2. 12 所示，市场整体的供给曲线向右上方、需求曲线向右下方发散，如果工资能够随着市场自动调整劳动力的供求而变化，则可以在供需曲线相交之处形成均衡工资、均衡劳动力数量，从而可以达到没有失业的状况。假如市场工资高于均衡工资，会产生过度供给，劳动者们为免于失业会竞相降低工资，从而最终能够达到均衡工资；假如市场工资低于均衡工资，相反的力量会发生作用，从而最终也能够达到均衡工资。

在劳动力供大于求或供不应求时，政府的作用是采取对策使调整尽快完成。假如最低工资定得比均衡工资高，市场本身无法进行供求调整，为了减少失业（过度供给），政府必须重新研究下调最低工资。或者，如果失业保险金的支付使工资调整速度减慢时，需要研究对策排除阻碍因素，使市场机制迅速发挥作用。因为这时存在失业的原因在于市场工资超过了均衡工资。但是此时，如前所述，即使随着工资下调短时间内消除了过度供给，收入还是要下降的。结果，使产品需求减少，劳动力需求曲线向左下方移动，产生均衡工资和均衡劳动力数量缩小的效应。

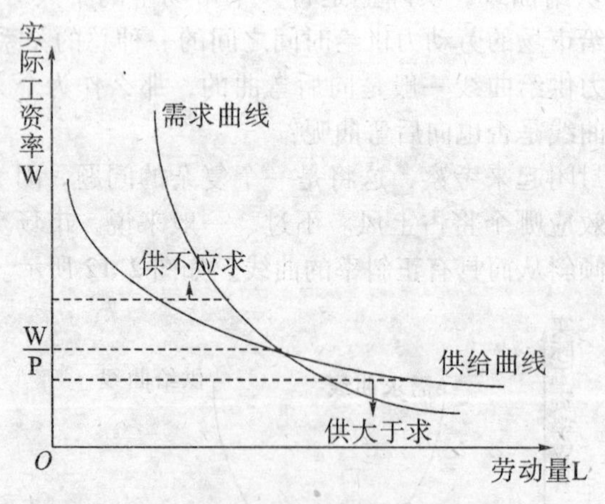

图 2. 13　不稳定的劳动力市场

在供给曲线向右下方倾斜时，必须重新考虑能够依靠市场自身的需求调整来解决问题的理论。如图 2. 13 所示，假如供给曲线的斜率为负，且绝对值大于需求曲线时，即使市场机制正常运行，也无法自动达到均衡点。在存在比均衡工资（W/P）更高的市场工资时，会产生过度需求，企业之间要进行争夺劳动力的竞争，因此市场工资将继续上升。相反，因为某种原因市场工资低于均衡工资时，因为劳动者一方要进行工资下调竞争，所以工资将继续下降。此时，作为阻止工资下降的对策，需要最低工资制度发挥作用，而不需要可能鼓励劳动者降低劳动力价格的可保障收入的失业保险制度发挥作用，也不需要政府推行扩大有效需求的政策。

这说明确认劳动力供给曲线的形状对于研究失业对策是极其重要的。

2.4.2 劳动力供给量的变动与劳动力供给的变动

工资率虽然是影响劳动力供给变动的重要因素，但其他多种经济的、社会的因素也会对劳动力供给产生影响。因此，在考察劳动力供给时，需要注意区分劳动力供给量的变动与劳动力供给的变动。

劳动力供给量的变动是指在其他条件不变的情况下，仅由工资率变动所引起的劳动力供给量的变动。这种变动表现为在同一条劳动力供给曲线上的移动。如图 2.14 所示。

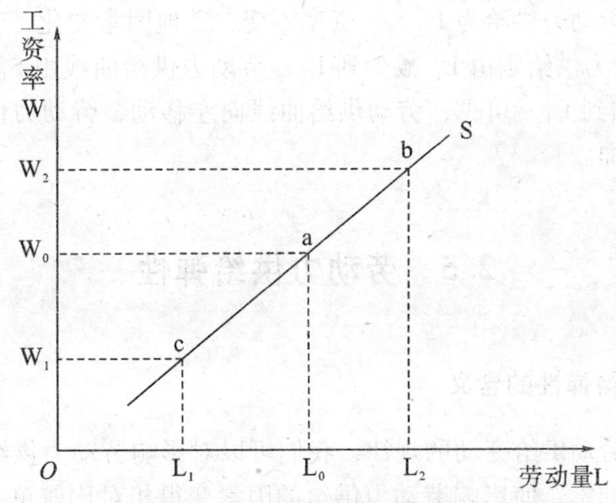

图 2.14 劳动力供给量的变动

在图 2.14 中，纵轴为工资率，横轴为劳动力供给量，S 为劳动力供给曲线。当工资率由 W_0 提高到 W_2 时，劳动力供给量由 L_0 增加到 L_2，在供给曲线 S 上则是从点 a 向右上方移动到点 b。工资率由 W_0 下降到 W_1 时，劳动力供给量由 L_0 减少到 L_1，在供给曲线 S 上则是从点 a 向左下方的点 c 移动。

劳动力供给的变动是指在工资率不变的情况下，由其他因素的变化所引起的劳动力供给的变动。劳动力供给的变动表现为劳动力供给曲线的位移。这种现象可以用图 2.15 加以说明。

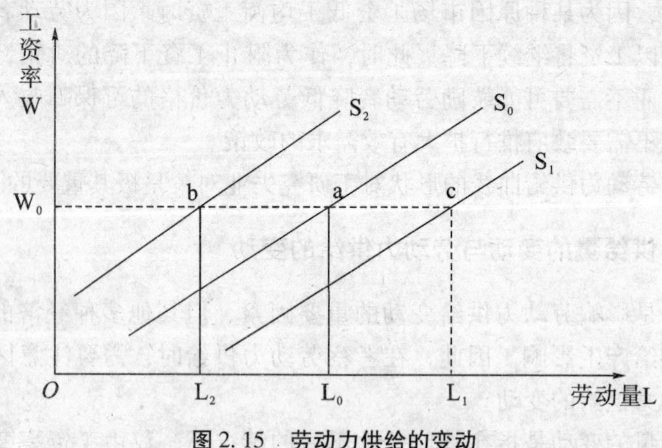

图 2.15　劳动力供给的变动

在图 2.15 中，工资率为 W_0，由于其他因素的变化（教育成本的变化、社会保障制度的变化等）而引起供给曲线的位移。在同样的工资率 W_0 的情况下，由 S_0 的劳动力供给曲线决定的劳动力供给为 L_0；工资率不变，其他因素变化，劳动力供给曲线由 S_0 位移到 S_2，劳动力供给则由 L_0 减少到 L_2；劳动力供给曲线由 S_0 位移到 S_1，劳动力供给则由 L_0 增加到 L_1。可见，劳动供给曲线向左移动，劳动力供给减少；向右移动，劳动力供给增加。

2.5　劳动力供给弹性

2.5.1　劳动力供给弹性的含义

为准确地研究劳动供给变动的规律，我们可以对影响劳动力供给的各种因素进行一定的假定或理论抽象，使影响劳动力供给的因素变得相对比较单一。毫无疑问，在劳动力市场上，工资率是影响劳动供给的最主要的因素。从劳动力供给与工资率的关系中可以看到，当工资率变化时，劳动力供给量相应地变动。我们将劳动力供给量变动对工资率变动的反应程度定义为劳动力供给的工资弹性，简称劳动力供给弹性，其数值为劳动力供给量变动的百分比与工资率变动百分比的比值。

设 E_S 为劳动力供给弹性，$\frac{\Delta S}{S}$为供给量变动的百分比，$\frac{\Delta W}{W}$为工资率变动的百分比，则有：

$$E_S = \frac{\frac{\Delta S}{S}}{\frac{\Delta W}{W}} \tag{2.9}$$

2.5.2　劳动力供给弹性的主要形式

通常，在考察市场劳动力供给时，劳动力供给弹性值分布在零到无限大之间。根据劳动力供给弹性的不同取值，一般将劳动力供给弹性分为以下六种形式（注意图 2.16 的含义）：

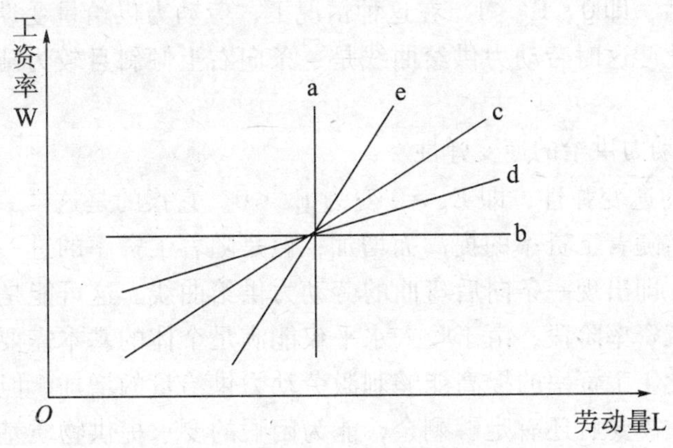

图 2.16 劳动力供给弹性

2.5.2.1 供给无弹性

供给无弹性，即 $E_S=0$。在这种情况下，在劳动力市场分析的实际可能范围内，无论工资如何变动，劳动力供给量都不增加也不减少。例如，在较短时期内，人们还来不及调整他们的工作计划或某些职业技能时，就可能出现这种情况。这时的劳动力供给主要由过去而不是现在的经济条件决定。这样的劳动力供给曲线还具有另外一层含义，即该经济社会的劳动力已经充分就业。因此，即使增加工资也不能吸引更多的劳动力。无弹性的劳动力供给曲线是一条与横轴垂直的线，如图 2.16 中的直线 a。

2.5.2.2 供给有无限弹性

供给有无限弹性，即 $E_S\to\infty$。这时工资率固定，而劳动力供给量变动的绝对值大于零。在实际中，这意味着在某一工资率水平时有无穷的劳动力供给量。依据此工资率，厂商可以雇佣到他想雇佣的任何数量的劳动力；但在低于这一工资率时，劳动力供给量为零，厂商不能雇佣到任何劳动力；高于这一工资率时，劳动力供给量也不增加，即厂商也不能雇佣到更多的劳动力。有无限弹性的劳动力供给曲线是与横轴平行的线，如图 2.16 中的直线 b。

2.5.2.3 单位供给弹性

单位供给弹性，即 $E_S=1$。在这种情况下，工资率变动与劳动力供给量变动呈现同比例变动。这是一种非常偶然的情况。这时劳动力供给曲线是与横轴夹角为 45°并向右上倾斜的曲线，如图 2.16 中的直线 c。

2.5.2.4 供给富有弹性

供给富有弹性，即 $E_S>1$。在这种情况下，劳动力供给量变动的百分比大于工资率变动的百分比。它可能反映整个行业或某种职业的这样一种情况，即工资率仅有很少的增加时（相对于别处的工资率），就会有很多的人愿意提供劳动时间。同样，只要工资率有微小幅度的降低，愿意工作的人就会很少。这说明，供给弹性越大，为吸引一定数量的劳动者进入或退出一种行业或职业所必需的工作率变动就越小。这时劳动力供给曲线是一条向右上倾斜且较为平坦的曲线，如图2.16中的直线d。

2.5.2.5 供给缺乏弹性

供给缺乏弹性，即$0<E_S<1$。在这种情况下，劳动力供给量变动的百分比小于工资率变动的百分比。这时劳动力供给曲线是一条向右上倾斜且较为陡峭的曲线，如图2.16中的曲线e。

2.5.2.6 劳动力供给的逆变弹性

劳动力供给的逆变弹性，即$E_S>0$变为$E_S<0$。它指的是这样一种情况：在一定阶段，劳动力供给随着工资率的提高而增加；但是随着工资率的进一步提高，劳动力供给量反而减少，即出现一条向后弯曲的劳动力供给曲线。这可能是由于这样的原因而产生的：在低工资率阶段，由于收入水平仅能满足个体的基本需要，还有更多的需要等待满足，因此，工资率的提高能够刺激劳动力供给量的增加。但当工资率提高到总收入在满足物质需要后还有足够剩余，能为闲暇的要求提供物质基础后，或人们怀着一个固定目标而工作并已达到目标的时候，那么，工资率增加就会导致劳动力供给量减少。这也就是我们在前文所分析的收入效应与替代效应问题。

当然，我们在理解和把握劳动力供给弹性时，其定义虽然是用数学语言表述的，但不论是工资率还是劳动力供给量，都不能像数学那样无限取值，而只能将其限定在劳动力市场中现实可能的和有实际意义的变动范围内。

本章小结

劳动力供给是指劳动者在劳动力市场上表达的，在现行社会经济条件下有多少人愿意提供劳动以及提供多少劳动的意愿。个人劳动力供给取决于多种因素，就经济因素而言，主要有财富总量、工资率、个人偏好等。由于影响因素的复杂性，个人的劳动力供给是一条向后弯曲的曲线，表明在某一工资率之前，个人的劳动力供给随着工资率的提高而增加，而超过某一数值后，工资率的进一步提高会导致工作时间的减少。对于市场上的单个企业来讲，由于它面对的往往是近乎完全竞争的市场，所以企业所面对的是一条水平的劳动力供给曲线，这意味着企业只能按市场确定的要素价格来购买劳动力。从整个市场来看，劳动力供给曲线表现为向右上方倾斜。

复习与思考

一、关键概念

劳动力供给　劳动力参与率　劳动力供给曲线　劳动力供给弹性　效用理论
预算约束线　闲暇—收入无差异曲线　主体均衡　收入效应　替代效应
个人劳动力供给曲线　市场劳动力供给曲线

二、思考题

1. 如何理解劳动力供给的含义？

2. 分析劳动力供给通常有哪些假设。

3. 影响劳动力个人供给的主要因素有哪些？

4. 何谓收入效应和替代效应？

5. 何谓个人劳动力供给的无差异曲线？

6. 个人劳动力供给受到哪些约束？

7. 描述个人的、家庭的和市场的劳动力供给曲线。

8. 劳动力参与率的含义是什么？哪些因素会影响劳动力参与率的变化？

3　劳动力供给质量——人力资本

本章学习目标

了解人力资本理论发展的历史渊源；理解人力资本的基本理论；掌握人力资本投资的含义、投资方式的选择与决策；理解作为人力资本投资的劳动力流动的影响因素及其后果。

3.1　人力资本理论的产生及其意义

3.1.1　人力资本理论的产生与发展

现代人力资本理论于20世纪50年代末60年代初被纳入经济学研究领域，但其思想早已存在，人力资本理论的出现不仅使传统的资本理论、增长理论、分配理论等出现了深刻的变化，而且还向过去完全忽视人力资本作用的其他领域迅速扩展，将人力资本思想显化到经济学或管理学理论中。

1676年，英国古典政治经济学创始人、统计和国民收入核算专家威廉·配第将战争中武器和其他军械等物资的损失与人类的生命损失进行比较，首次严肃地运用了"人力资本"概念。

第一个将人力视为资本的经济学家是古典政治经济学理论体系的建立者亚当·斯密。他在1776年出版的《国民财富的性质和原因的研究》中，对人力资本以及教育的经济意义做了较为深刻的理论阐述，明确地论述了知识作为投资结果的思想，并将所有社会成员"后天获得的有用才能"作为固定资本的一部分。这些研究和论著成为人力资本思想萌芽的主要理论来源。

其后的屠能、阿尔弗雷德·马歇尔开始把对人的投资所形成的知识和技能当成人力资本来看待。屠能认为，受过更高教育的人在同等劳动条件下，能比没有受过教育的人创造更多的收入，提出了人力资本既有利于国家又有利于个人的观点。马歇尔更明确指出：所有资本中最有价值的是对人本身的投资。他把对人投资看成在家庭教育和学校教育上的总投资，认为父母对孩子的抚养和早期家庭教育方面的投资具有经济效应，这种效应相当于后来人们所提出的"人力资本变价效应"。但马歇尔始终把人力资本概念排除在经济分析的核心内容之外。马歇尔及同时代的学者对人力资本的发展也起着承前启后的作用，进一步从国民财富、国家财政税收和国家实力研究、教育健康投资经济意义分析、人口迁移经济效应分析等多个方面对人力资本的思想进行了深刻的补充和更新。

到20世纪六七十年代，现代人力资本理论最终形成，其中最主要的贡献者为舒尔茨和贝克尔。舒尔茨第一个明确提出“人力资本”概念，提出了人力资本的理论体系，对促进经济发展的动力做出了全新的解释，是人力资本理论的奠基者和第一创始人；贝克尔则为人力资本理论分析提供了基本的概念框架。

在舒尔茨看来，完整的资本概念应当包括物质资本和与其相对的人力资本两方面。物质资本体现在物质产品上；人力资本体现在劳动者身上，具体是指凝聚在劳动者身上的知识、技能及其表现出来的能力。舒尔茨对人力资本的形成做了重点分析，并采用收益率法测算出教育投资对美国1929—1957年间的经济增长的贡献比例为33%。可见劳动者身上的这种能力是促使生产增长的主要因素，而存在于劳动者身上的知识和技能这种资本在很大程度上是慎重投资的结果。舒尔茨人力资本理论侧重于宏观分析，着眼于人力资本在经济增长、劳动生产率和工资增长等方面的重要作用，奠定了现代人力资本理论的基本框架。

基于古典经济学“成本—收益”的核心模式，明塞尔的教育决策模型（1959）、贝克尔的在职培训模型（1964）等弥补了舒尔茨微观领域的不足，为宏观人力资本理论奠定了坚实的微观基础。明塞尔的教育决策模型指出人力资本在很大程度上是后天获得的人之能力，可通过家庭与学校非正规与正规的教育，即培训、经验以及劳动市场上的流动而被开发出来。贝克尔从家庭生产和个人资源（特别是时间）分配角度，系统地阐述了人力资本与人力资本投资问题，提出了培养孩子的直接与间接成本、家庭时间价值、家庭中市场活动与非市场活动、时间配置等概念，为人力资本投资行为及其性质提供了具有说服力的理论解释。

无论是舒尔茨的宏观人力资本理论还是贝克尔等人的微观人力资本理论，其核心依据都是古典经济学的“成本—收益”分析。舒尔茨侧重强调教育投资对于经济增长的贡献；贝克尔等人的模型则是对个体人力资本投资决策的经济学描述。人力资本理论实际上是一种关于人力资本投资的研究，这使得人力资本概念具有外生决定的特点。即只有当人们将投资的观念扩展至人本身，使人拥有的知识、技能成为投资的产物时，人力资本概念才逐渐产生和确立。

3.1.2 人力资本理论对经济学理论发展的贡献

总结人力资本理论在经济学思想史上的贡献，我们认为至少应该包括以下几个重要方面：

（1）人力资本理论扩大了古典经济学中“资本”的概念，创造了“人力资本”及“人力资本投资”等新的经济学概念，克服了传统资本概念的狭隘性。

（2）人力资本理论使经济学重新审视了物质资本在经济增长中的地位和作用。人力资本及其载体在经济增长中的作用逐步上升，考虑从人的后天能力的变化着手，为增长理论注入了生机。

（3）人力资本理论解释了诸多经济现象之谜。因为人力资本理论把人的消费视为一种重要的投资，因此，专业化生产、专业化特殊的人力资本积累带来报酬递增的观点是理解现代经济增长特征的关键。人力资本理论证明了具有专业知识和技能的高素质人才是推动经济增长的真正动力。

（4）人力资本理论为经济学理论宝库提供了一种新的有力的分析工具，促进了许多领域研究的发展和新理论的发生。例如微观人口经济学或家庭经济学的产生，就与人力资本理论有着密切的联系，另外也促进了已有经济学理论的发展，如对劳动经济学、教育经济学以及发展经济学的作用。

3.1.3 人力资本理论的实践意义

现代人力资本理论从产生之时就具有强烈的现实指向性，为经济生活实践带来了深刻的影响。其实践意义主要体现在以下几个方面：

（1）人力资本理论促使许多国家把人力资源开发纳入国家可持续发展战略中，特别是促进了发展中国家对经济发展战略的新思考。

（2）人力资本理论使人们认识到物质资本和人力资本的高度互补性、人力资本积累的重要性，从而在制定经济决策时更具科学性，能全面合理地配置经济资源。

（3）人力资本理论使各国意识到人力资本投资的重要性，极大地促进了国家、社会和家庭对教育的投入，推动了教育的迅速发展及人力资源数量和质量的提高。

（4）人力资本理论为政府决策提供了新的理论基础，有力地促进了国家对各类研究与开发的投入和科学技术的发展。

3.2 人力资本基本理论

3.2.1 人力资本的概念

“人力资本”是与“物质资本”相对应的概念。人力资本是针对传统经济理论的同质性假设而提出来的一个经济学概念。

对于什么是人力资本，许多学者都根据自己的理解作出过表述。这些人力资本定义基本上相同或相似，但又有一定的差别。现举例如下：

舒尔茨说过，人力资本是“人民作为生产者和消费者的能力”，“人力资本是由人们通过对自身的投资所获得的有用的能力所组成的”、“人力资本，即知识和技能”。他也谈到：“我们之所以称这种资本是人为的，是由于它已经成为人的一个部分，又因为它可以带来未来的满足或收入，所以将其称为资本。”① 可见，舒尔茨将资本区分为人力资本和物质资本。

贝克尔强调了人力资本将对其“未来货币收入和心理收入”产生重要影响，他认

① 舒尔茨．论人力资本投资［M］．吴珠华，等，译．北京：北京经济学院出版社，1990：17、43、92、205．

为“人力资本是一种几乎不能流动的资产”①。贝克尔的重要贡献在于他区分了“通用知识的人力资本”和“专用知识的人力资本”。

从个体角度定义：人力资本是个人通过对生存、学习性投资以及学习性劳动而凝结在人体内，能物化于商品和服务，增加其效应，并以此获取收益的一种资本价值形式。它包含三个部分：c（保证资本个体健康和存活的生存资料价值）、v（用于教育的直接性投资）、m（学习性劳动的凝结值）。

人力资本价值 $L=c+v+m$

从群体角度定义：人力资本是指存在于一个国家或地区人口群体每一个人体之中，后天获得的具有经济价值的知识、技术、能力和健康等质量因素之和。

3.2.2 人力资本的独特性质

人力资本虽然具有资本的共性，但与物质资本及其他形式的非人力资本相比，人力资本的独特性质主要体现在下述几个方面：

（1）依附性。人力资本的依附性表现在两个方面：①对人身的依附。人力资本是存在于有生命的生物有机体之中的，人的生命存在方式就是人力资本的存在方式。人力资本与其生物载体——人身不可分离，它不能独立于人体之外而存在。②对物质资本的依附。人力资本只有在生产劳动中，和物质资本相结合，才能实现其价值。只有当人力资本发展至由智慧而成，其社会价值惠及全人类时，才能脱离对物质资本的依附。

（2）难以度量性。人力资本不具有物质资本的几何的或物理的、化学的特征，是不可见的，只能通过其载体和实现效果来间接观察。但无形的人力资本又不同于一般的无形资产，它是有意识投资的结果，有严格的实践性，人们常通过考试、技能鉴定、观察而从侧面来了解一个人的人力资本状况，通过成本和收益来反映它的存在。

（3）价值增值性。人力资本与物质资本相比，其优越性在于人力资本有明显的价值增值性。人力资本之所以是一种资本，因为它本身是未来收入与满足的来源。人力资本会因为“干中学”的原因，随着使用次数的增加而不断增值；而物质资本通常会随着不断使用而损耗、贬值。

（4）社会性。与物质资本及其他形式资本所不同的是，人力资本不仅是一种经济资源，而且还是一种含义更为丰富的社会资源。因为人力资本的物质载体是人本身，人存在于特定的社会环境中，会受到特定生产关系和社会制度、文化习俗、宗教信仰等因素的制约，使人力资本具有鲜明的社会属性。

（5）可变性。不管从个体角度还是从群体角度来理解人力资本，它都不是固定不变的，其存量水平和价值可能会发生两种变化：一是正向变化，即通过人力资本投资和社会需求的变化使其存量及价值增加；二是反向变化，即人力资本的消耗、闲置及贬值。

---

① 贝克尔．人力资本［M］．梁小民，译．北京：北京大学出版社，1987：42.

3.2.3 人力资本的类型

不同类型的人力资本彼此之间存在着密切的关系，彼此之间可能存在替代、互补关系。不同的划分方法满足不同的研究需要和认识。我们认为，将人力资本划分为教育人力资本、健康人力资本、知识人力资本、能力人力资本、通用人力资本和专用人力资本五种为宜。

3.2.3.1 教育人力资本

教育人力资本一般是通过正规教育而获得的人力资本，是人力资本最基本的形式之一。教育资本不仅可以作为生产要素直接投入产品生产和服务的过程，更重要的是，它还是许多其他形式人力资本形成的投入要素，如专业技术和知识。教育存在基础教育与高等教育以及职业教育的区分，其相应的人力资本职能性质也有较大差别。通常，通过高等教育和职业教育所获得的人力资本更具有直接的经济价值。

3.2.3.2 健康人力资本

由于人力资本存在于人体之中，因此人的体能、健康状况与生命周期都直接影响一个人的人力资本生产效率的发挥及投资效率和收益率的实现。健康人力资本是指人的体能、健康及生命长短等，主要通过医疗、保健、体能锻炼以及休息与闲暇等方式体现，它是其他形式的人力资本存在并发挥效能的先决条件。

3.2.3.3 知识人力资本

知识人力资本是人力资本的核心。知识人力资本是指一个人所具有的可以直接用于生产商品与服务的知识，这是与教育人力资本功能上最主要的区别。知识人力资本具有市场交换价值和较高的收益率，因为它可以进一步促进人力资本存量的提高。知识人力资本主要通过专业学习（大学教育）、在职培训以及“干中学”和“体验学习”等途径获得。

3.2.3.4 能力人力资本

人的能力分为一般能力和特殊能力。人力资本理论假定人的能力是客观的、多维度的、能动的、具有经济价值的。舒尔茨在《应对失衡能力的价值》一文中将具有经济价值的人的能力分为了五类，重点讨论了第五种能力——应对失衡的能力，这是一种资源重新“配置”能力，以“企业家才能”为代表。①

基于上述分析，我们可以将能力人力资本细分为几类：

（1）应对失衡能力型人力资本。这种能力是由J. 熊彼特（1934）在他的创新理论中提出的，认为经济发展是经济体系内部力量的作用，这种力量来自于创新，以破坏传统经济循环惯性轨道来表现。因而肯定存在着一种具有恢复均衡能力的行为，即发现市场非均衡，并使市场恢复均衡的能力。此种能力被舒尔茨肯定，他认为处理不均衡状态的能力是现代经济中不可或缺的能力。这种能力是其拥有者面对市场不确定、信息不对称的条件下，能够构建“新的生产函数”的特殊能力。②

---

① 舒尔茨. 报酬递增的源泉［M］. 姚志勇，刘群艺，译. 北京：北京大学出版社，2001：40－61.

② 舒尔茨. 报酬递增的源泉［M］. 姚志勇，刘群艺，译. 北京：北京大学出版社，2001：10.

(2) 一般能力型人力资本。它主要是指参与市场经济活动的个体所具备的学习能力、想象力等，在实际工作中会使用到的能力与技能，以智力人力资本为代表。

(3) 技能型人力资本。它主要是指具有熟练技术的专业人员所具有的某种特殊技能，能够完成特定意义工作的人力资本，此种人力资本一般是在工作实践中逐步积累形成的，因此能提供更高的经济价值。

(4) 管理能力型人力资本。它主要是指在资源给定的情况下，个体为实现组织目标、达到组织愿景而进行管理活动所需的计划、组织、控制、指挥的能力。

3.2.3.5 通用人力资本和专用人力资本

通用人力资本是指适用于广泛职业的职能和素质的人力资本，具有社会平均的知识存量和一般能力水平，不同于医生、律师等拥有的技能型人力资本。

专用人力资本指的是只针对某些特定企业产生价值的专业化的技能、经验或素质。这种人力资本不能随着劳动者转移到产业或企业之外而相应转移，也不能随之给拥有者带来更高的收益。

3.3 人力资本投资概述

3.3.1 人力资本投资的含义

什么是人力资本投资？舒尔茨在他的《人力资本投资》和《有关人力资本投资的思考》这两篇最重要的关于人力资本理论的论文中①，对人力资本投资的理解就是“向人投资”、“人向其自身投资”，“好多称之为消费的东西，就是人力资本投资”，此处所说的“消费”与“纯粹的消费”概念不同，是指对人的投资能够“提高人的知识技术，增加人的劳动生产能力的价值”。

贝克尔定义人力资本投资为：“通过增加人身上的资源来影响其未来货币收入和心理收入的活动。”② 根据上述引证，我们可以将人力资本投资定义如下：人力资本投资是指通过货币、实物资本、商品和时间等资源对人进行投资，增加人的生产与收入能力的一切活动。人力资本投资带来了人力资本的形成与人力资本存量的增加。这个定义的特点在于：

其一，人力资本投资的对象是人；

其二，人力资本投资的形式多样；

其三，人力资本投资需放弃眼前利益，旨在未来可以获得收益，包括货币收入和其他收益；

其四，人力资本投资可增强人的生产能力。

可见，人力资本投资与物质资本投资一样，是一种真正的投资行为，具有投资的

---

① 舒尔茨. 论人力资本投资 [M]. 吴珠华，等，译. 北京：北京经济学院出版社，1990：1-2，8-9.

② 贝克尔. 人力资本 [M]. 梁小民，译. 北京：北京大学出版社，1987：1.

一般性质。

3.3.2 人力资本投资的特征

（1）人力资本投资对象或客体不是物，而是人。人力资本投资与物质资本投资显著不同的原因在于人力资本的唯一载体是人，因此是人对人的投资。此特点是人力资本投资最本质的特征，其他许多特点都是由此派生出来的。

（2）人力资本投资具有多个投资主体。人力资本投资主体具有多元性及广泛性的特点，主要包括：个人、家庭、企业、政府以及各社会团体。

（3）人力资本投资的重要形式是消费。舒尔茨认为，我们称之为消费的大部分内容都是人力资本投资。他划分了五类具有经济价值的人类消费：一是社会卫生保健设施和服务；二是在职培训；三是正规的初等、中等和高等教育；四是由商社组织的成人教育计划；五是个人和家庭进行迁移以适应不断变化的就业机会。这些消费形式对收益、消费、投资数量和投资回报的大小、可观察到的投资于回报之间的关系，都有不同的影响。这些投资都能提高人们的技能，增加人们的知识，改善人们的健康，从而增加人们的收益。

（4）人力资本投资主体与客体有同一性。人力资本投资者既是主体，又是投资客体，这是与物质资本投资有着重要区别的地方。

（5）人力资本投资的重要因素是时间。人力资本是一种时间密集型的资本，所以时间也成了人力资本投资最重要的投人，即最稀缺、最重要的投入要素。

（6）人力资本投资具有相继型。人力资本具有生命周期性，人力资本形成与使用比物质资本更具严格的时间性。不同形式人力资本投资之间具有互补性和连带关系，而统一形式的人力资本投资则有阶段上的相继性，即后期投资要以先前的投资为基础，必须经过，不能轻易逾越。如一个人必须在小学毕业后，才能进入中学阶段的学习，而高等教育则必须以中等教育为前提。此特点对人们的人力资本投资行为具有十分重要的影响，虽多数能给人力资本投资带来积极的影响，但在某些条件下，也会产生消极影响。

（7）人力资本投资风险大。其风险性既来自于市场，又来自于个人。人力资本投资既然是为了获得未来收益而放弃眼前的利益和效用，并且人力资本形成又是一个相对长期的过称，因为人力资本投资与物质资本投资一样，具有一定的风险性。而来自个人生命因素等方面的影响是一种更难以预期和把握的风险。一个人如果在工作前就丧失了生命或工作能力，那么，其人力资本投资就会全部损失掉；一个人如果在工作期间丧失了生命或工作能力，那么，其人力资本投资就很可能只能收回部分。

3.3.3 人力资本投资的形式

人力资本具有各种形式，因此人力资本投资也相应地具有不同的形式。舒尔茨认为人力资本有五种形式，即健康保健、在职培训、正规教育、成人教育以及适应就业变化形式所引起的移民。人力资本投资大体上可分为两种：一种是主要影响现在福利的投资，另一种是影响未来福利的投资。我们认为，人力资本投资的形式主要包括以下几种：

（1）各级学校正规教育。教育投资是人力资本投资中最重要的方式，包括学前教育、小学、中学、大学等正规教育的费用支出。不管投资主体是政府还是劳动者个体及其家庭、社会团体，用于学校正规教育的费用，均属于人力资本投资。通过学校正规教育，形成并增加人力资本的知识存量，表现为人力资本构成中“普通教育程度”。因此，我们可以将劳动者接受学校教育的年限、劳动者的学历构成作为选择人才的标准。

（2）职业技术培训。职业技术培训投资是人们接受正规教育后，进入工作领域中，为提高工作绩效所发生的投资支出。此类投资侧重于人力资本构成中的职业、专业知识技能存量，可以通过专业技术等级表述出来。如果各级学校正规教育目标在于培养人的一般认识能力，那么职业技术培训的主要目的则是培养人们的任职能力。

（3）健康保健。健康保健投资包括劳动者营养、衣食住行、医疗保健、抚养子女和自我照管、锻炼、娱乐所需的费用，主要用于健康保健、增进体质。它可由“健康时间”，或者由工作、消费和闲暇活动的“无病时间”组成。此类投资的目的主要是提高人口预期寿命和降低死亡率。

（4）迁移与流动。劳动力流动从宏观上说可以调剂人力资本的空缺，实现人力资本的优化配置；从微观上说，通过流动可以使个人的人力资本实现最有价值的作用。实际上，劳动力流动费用本身并不直接形成或增加人力资本存量，但是通过劳动力合理迁移和流动能实现人力资本的优化配置，是实现人力资本价值和增值的必要条件。

（5）在职培训。在职培训是人力资本投资的一种重要形式，它是对已具有一定教育背景并已在工作岗位上从事有酬劳动的各类人员进行的再教育活动。在职培训包括诸多形式，涉及工作中的各种正式的培训和非正式的培训，也包括学徒制培训以及从经验中学习的“干中学”和“体验式学习”等培训。

3.4 人力资本投资决策

3.4.1 人力资本投资决策的一般模式

不同投资主体的投资重点不同，但其决策模式基本一致，都是基于对人力资本投资成本和收益的比较分析。对投资者而言，只有当未来预期收益超过投资成本的时候，投资才会实现。

投资的成本是逐年发生的，收益是预期的事情，所以应当把预期值按一定的折现率折现后，作为决策的依据。我们分别计算出投资预期收益现值、人力资本投资预期成本现值，再将两者做比较，就可以知道人力资本投资主体是否决策选择投资。

假设某项人力资本在 t 年内可以为投资者带来的收益为 Wi，设定折现率为 r，t 年内的投资收益现值为 PVW。

$$PVW = \frac{W1}{(1+r)^1} + \frac{W2}{(1+r)^2} + \cdots + \frac{Wt}{(1+r)^t} = \sum_{i=1}^{t} \frac{W1}{(1+r)^1} (i = 1,2,\cdots,t) \tag{3.1}$$

接下来，计算人力资本投资预期成本现值。设人力资本投资为C，平均分布在n年内，每年投资成本为Cj，投资成本现值为PVC。

$$PVC = \frac{C1}{(1+r)^1} + \frac{C2}{(1+r)^2} + \cdots + \frac{Cn}{(1+r)^n} = \sum_{j=1}^{n} \frac{C1}{(1+r)^n} (j = 1,2,\cdots,n) \tag{3.2}$$

最后，进行投资决策，当PVW > PVC时，人们选择人力资本投资；当PVW < PVC时，人们将不会选择人力资本投资。

3.4.2 个人教育投资决策

现在假定某人刚刚高中毕业，正在考虑是不是去读大学，那么他该如何进行决策呢？从纯粹经济学的角度来考虑，一个理性的决策应是对上大学的成本和收益进行比较。

3.4.2.1 接受大学教育的成本

从理论上说，上大学的成本包括货币成本和非货币成本两类，而货币成本又可以划分为直接货币成本和间接货币成本两种。其内容如下：

（1）直接成本：接受大学教育而直接发生的支出，如上大学所必须支付的学费、一些书杂费以及其他一些学习用品费等；衣、食、住、行等日常费用不包括在直接成本的范围之内，因为无论是去读大学还是去劳动力市场上谋求就业，这些费用都是要产生的。

（2）间接成本：此即机会成本，它是指某人因上大学而不得不放弃的收入。虽然一个人投资大学教育的机会成本无法准确地测量，但是可以通过一些方法进行估算。一般来说，它在数量上等于此人高中毕业后不上大学而是去劳动力市场谋求就业后所可能赚得的收入。

（3）非货币成本：此即心理成本，它是指在上大学期间因为要获得学历学位而造成的精神成本或心理成本。这种成本对于能力、素质和家庭背景不同的人来说是差异很大的，对有的人来说可能是一种相当大的负效用，而对有的人来说能获得新知识，会产生愉悦和满足的感觉。

3.4.2.2 接受大学教育的收益

接受大学教育的人通常都是预期能获得高工资的，我们可以用统计的办法计算出这部分收益。通常人们在选择时将上大学后的未来收益中超过直接就业的可能收益那部分收益加以折现，统计为大学教育的投资收益。

我们用n年表示工作年限，W_t^1表示大学毕业后个人未来第t年的收益，W_t^0表示直接就业的个人同期收入水平，在其他条件相同的情况下，大学教育投资的个人收益现值为：$\sum_{t=1}^{n} \frac{W_t^1 - W_t^0}{(1+r)^t}$。可以看出，预期收入的高低是影响是否选择大学教育投资的重要因素。

除了货币收入之外，还有非货币收益影响着教育投资决策，如学历给个人带来的声誉及更高的社会评价，而且教育的增加往往可以带来更好的福利待遇及更舒适的工作条件。另外，部分热爱学习的人还享受了教育的“精神收益”。这些非货币效用取决于个人的主观评价，无论评价高低，都会影响决策者的预期收益。

3.4.2.3 教育投资决策模型

我们假定刚刚高中毕业的某人18岁，大学教育学制为4年，毕业后可以持续工作至60岁，且相信大学学历能使投资人受益。可设 W_t^1 为大学生在年龄t时的年收入，W_t^0 表示高中生在年龄t时的年收入，r为折现率，PVW为两者差额的现值，用公式表示为：

$$PVW = \sum_{t=22}^{60} \frac{W_t^1 - W_t^0}{(1+r)^{t-18}} \tag{3.3}$$

假设接受大学教育的投资成本总和为Ct，其中包含了直接成本和机会成本，PVC为成本现值，用公式表示为：

$$PVC = \sum_{t=18}^{21} \frac{C_t}{(1+r)^{t-18}} \tag{3.4}$$

人们可以通过比较PVW与PVC值的大小，来做出相应判断。当PVW > PVC时，人们选择教育投资，即选择继续读大学；当PVW < PVC时，人们将不会选择教育投资，即高中毕业便选择就业。

此投资选择的过程可以用图3.1表示出来：

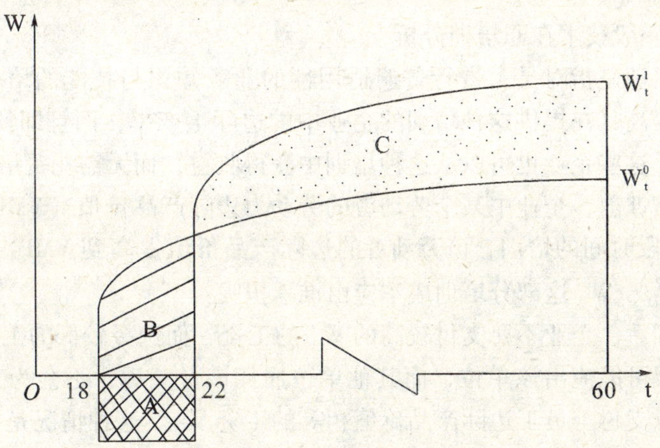

图3.1 是否接受大学教育的收入流曲线

在图3.1中，横轴为年龄t，纵轴为年工资收入W，A部分为大学教育的直接成本，B部分为大学教育的机会成本，即选择大学教育而放弃的收入，W_t^1 是大学生的收入流曲线，W_t^0 表示高中生的收入流曲线。C部分为选择大学教育而获得的收益增加值部分，从成本—收益角度来判断，只有当C大于或等于A+B时，人们才会选择大学教育投资。

3.4.3 企业培训投资决策

当一个人结束了学校的正规教育以后，在其工作生命期间最重要的人力资本投资形式就是在职培训。职业技术培训可以提高雇员的工作熟练程度、技能等级以及工作责任感，从而提高企业劳动生产率。在贝克尔的模型中包含了两个投资者，一个是同时是投资对象的人，另一个是企业。这使贝克尔的在职培训模型具有了与众不同的特殊的意义。此外，贝克尔在模型中还区分了通用技术培训和专用技术培训两种形式。

3.4.3.1 企业培训投资决策的一般模型

与其他人力资本投资决策一样，企业培训投资决策也是从成本与收益方面作比较。

企业培训投资的成本分为直接成本和间接成本即机会成本。直接成本包括：员工接受培训期间的工资收入、付出的培训成本等，机会成本包括接受培训人员因参加培训而减少的收入及生产率下降带来的产量损失，等等。

企业培训投资的收益主要体现在受过培训后的员工劳动生产率的提高带来的劳动边际产出的增加。因为遵循边际收益递减规律，培训收益会随着投资的不断增加而减少。因此，人们可以通过比较员工培训前的边际产品价值 VMP0 与培训后的边际产品价值 VMP1 进行比较，其差额部分就是培训投资的收益。假设企业一次培训成本为 C，员工留在企业内服务的年限为 n，r 为企业最佳投资收益率，则有下式成立：

$$\sum_{t=1}^{n}\frac{VMP_{1t}-VMP_{0t}}{(1+t)^{t}}>C \qquad (t=1,2,\cdots,n) \tag{3.5}$$

从上述表述可知，当培训投资收益的现值大于培训成本时，企业会选择对员工进行培训投资。

3.4.3.2 一般技术在职培训分析

通用技术培训是指对员工进行普遍适用性的业务知识与技能的培训。经过此类培训的人既可以提高其在提供这种培训的企业中的边际生产率，而且即使他离开该企业，进入其他企业，这些企业也可以从这种培训中获得收益，而无需花费培训成本。

我们假定培训前，企业中某个劳动者的劳动力边际产品价值（VMP_0）等于工资率（W_0）。经过一段时间的培训，该劳动者的边际产品价值提高到 VMP_1，与此对应的工资增至 W_1。$W_1 - W_0$ 这部分培训成本应由谁承担呢?

也许在培训后，企业不愿支付较高的 W_1 的工资，而选择较低的工资来补偿培训成本，则该员工极可能流出该单位，而其他单位雇佣该员工后，不会为其培训付出任何成本，他们愿意支付与员工边际产品价值相等的工资 W_1。这种情况是提供培训的企业所不愿意看到的。

另外，为了挽留受过培训的员工，企业可以提供高于或等于 W_1 的工资，但这样的结果是公司提供的培训成本无法收回，因此一般的企业也不会这样决策。

于是，为保证员工和企业双方的利益，接受培训的员工需承担全部的培训费用或者接受一个比原来工资更低的起点工资。这样一来，员工因为培训后会增加其技能而获得更高的工资，企业也会因为员工生产率的提高而获得更多的利益，不会影响到双方的利益。我们可以通过图 3.2 进行说明。

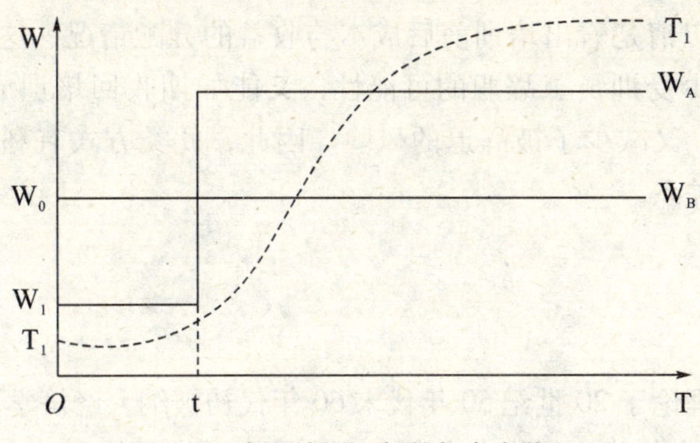

图 3.2　在职培训、年龄与个人收入

该图中 W_0W_B 为没有经过培训的人的工资水平（假定工资水平与年龄无关），T_1T_1 为接受过培训的人的工资水平变化曲线。在培训期间，接受培训的人的工资水平要低于没有进行培训的人的工资水平，即 $T_1 < W_B$。但当培训结束后，受训者的工资水平很快就超过了没有受过培训的人的工资水平。$W_0 - W_B$ 部分为培训成本，即由个人承担的人力资本投资。培训结束后，员工的工资为 W_1，$W_1 - W_A$ 的差额部分为培训收益。

3.4.3.3　特殊培训分析

特殊培训不同于一般培训，它是对员工培训一些只对培训企业有适用性的特殊知识与技能，此类培训主要对提供培训的企业有利，对其他企业没有任何效用。因此，一个员工在其他企业所得到的工资并不因为这类特殊培训而有所提高，也不存在提供培训企业用边际产品价值去支付员工竞争性工资的情况。假定员工的工资率为 W_0，那么在其培训前后的工资都保持这样的水平。可见，特殊培训的成本应由企业全部承担，收益自然也由企业全部获得（如图 3.2 中 $W_A - W_B$ 差额部分）。在接受培训过程中，受训雇员工资高于 VMP，其与 W_0 的差额部分为特殊培训成本。在培训结束后，企业支付的工资低于受训员工的 VMP，因而补偿了培训成本。

提供特殊培训的企业同样面临人才流失的问题。如果员工在培训后决意要离开该企业，即使别的企业无法通过该员工的特殊培训而获得额外收益，该员工也并不会有任何损失；而随着员工的流失，提供培训的企业则损失了培训成本。解决该问题的办法就是由企业和员工共同承担培训费用，共担风险，同享收益，我们可以从图 3.3 得到答案。

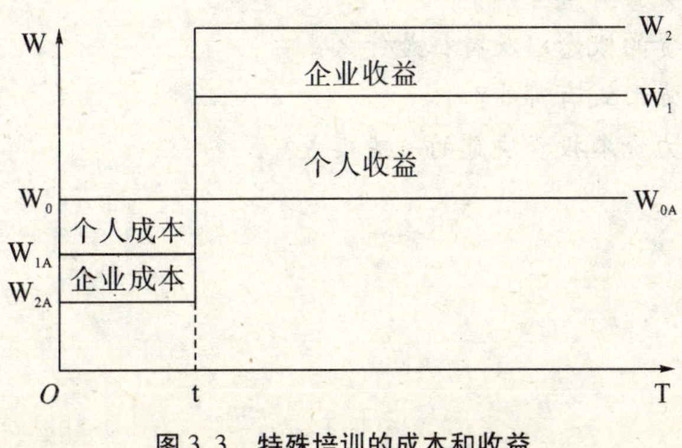

图 3.3　特殊培训的成本和收益

从图 3.3 中可以清楚看出培训前后成本与收益的分配情况。这种投资方式既可以保证企业有效地减少受训员工辞职的可能性，又能如期收回培训成本；对员工而言，既分享了投资风险，又减少了被辞退的风险。因此，此类方式有利于在员工与企业间建立起长期的劳动关系。

本章小结

现代人力资本理论于20 世纪 50 年代末 60 年代初被纳入经济学研究领域。

到 20 世纪六七十年代，现代人力资本理论最终形成，其中最主要的贡献者为舒尔茨和贝克尔。舒尔茨第一个明确提出“人力资本”概念，提出了人力资本的理论体系，对促进经济发展的动力做出了全新的解释，是人力资本理论的奠基者和第一创始人；贝克尔则为人力资本理论分析提供了基本的概念框架。

人力资本是个人通过对生存、学习性投资以及学习性劳动而凝结在人体内，能物化于商品和服务，增加其效应，并以此获取收益的一种资本价值形式。

人力资本的独特性质分为：依附性、难以度量性、价值增值性、社会性、可变性。

人力资本的类型分为：教育人力资本、健康人力资本、知识人力资本、能力人力资本、通用人力资本和专用人力资本五种。

人力资本投资是指通过货币、实物资本、商品和时间等资源对人的投资，增加人的生产与收入能力的一切活动。

人力资本投资的形式分为：各级学校正规教育、职业技术培训、健康保健、迁移与流动、在职培训。

复习与思考

一、关键概念

人力资本　人力资本投资　在职培训　一般培训　特殊培训

二、思考题

1. 什么是人力资本？人力资本的独特性质是什么？

2. 人力资本的类型有哪些？

3. 人力资本投资的概念以及特征是什么？

4. 人力资本投资形式有哪些？

5. 如何理解人力资本投资决策的一般模式？

4 劳动力需求

本章学习目标

了解劳动力需求的相关概念和假设；弄清企业短期劳动力需求和企业长期劳动力需求；了解劳动力需求的调整；掌握劳动力需求弹性。

4.1 劳动力需求概述

4.1.1 劳动力需求的含义及性质

4.1.1.1 劳动力需求是派生性需求

所谓劳动力需求，是指企业在某一特定时期内，在某种工资率下愿意并能够雇佣的劳动量。劳动力需求是企业雇佣意愿和支付能力的统一，两者缺一不可。

社会物质产品（服务）的需求是一种绝对需求。在市场经济中，企业之所以雇佣劳动力，是因为劳动力与其他生产要素相结合，就能为市场提供产品和服务。因此，劳动力需求产生的直接基础在于产品（服务）的需求，故劳动力需求是由产品需求派生而来的，是一种派生性需求。因为劳动力需求的派生性质，所以，在其他条件不变时，劳动力需求水平随市场产品需求的变动而变动。

生产产品不仅要有劳动力，而且还要有其他生产要素的投入，如土地、资本等。因此，劳动力需求是生产要素需求的组成部分。由于劳动力需求的分析必须联系产品需求的分析，必须联系劳动力与其他生产要素相互关系的分析，换言之，劳动力需求的分析要联系生产过程的分析来进行，因此劳动力需求的理论是关于生产的理论。

4.1.1.2 劳动力需求与工资率的反向联系

企业将各种生产要素，主要是资本和劳动结合起来生产产品和劳务，资本与劳动的组合方式取决于产品需求量、资本和劳动的价格、可取得的技术条件等。

劳动力需求与消费者对消费品的需求有很多相似的地方，他们都是购买意愿和支付能力的统一。如消费者对某种消费品的需求，其直接目的是通过物品的消费获得某种满足。但劳动力需求的直接目的则只是为了生产剩余，也就是为雇主提供利润。当这种生产剩余的能力用尽时，需求量不会再增加。

在市场经济条件下，商品需求量与价格水平存在着相互依存的关系。只有在确定的时点、确定的价格水平下，才能谈到需求增加、减少还是不变的问题。

企业雇佣劳动力，按照一定的工资率支付给工人工资。工资对于工人来讲，是他们的劳动收入；而对于企业来讲，则是劳动力消费的成本。当劳动力消费的结果，即生产的产品价值小于成本时，劳动力消费不能生产剩余，企业就不会有雇佣劳动力的需要。只有生产的产品价值大于或等于生产成本时，才能使劳动力消费存在或增加。虽然劳动力需求是一种派生性需求，但是企业在劳动力的雇佣上，并不是简单地随产品需求的变动来调整其劳动力需求的。在假设其他条件不变的情况下，劳动力需求与工资率存在着如下关系：工资率提高，劳动力需求减少；工资率降低，劳动力需求增加。这是我们在劳动经济学中分析劳动力需求的一个重要前提。

4.1.2 劳动力需求的类型

4.1.2.1 劳动力的企业需求、行业需求和市场需求

劳动力需求的主体是企业。企业是从事生产或流通的经济单位，企业的行为目标是为了获得最大化的利润。因此，企业家特别关心由于增加劳动力数量而引起的总成本的变化，从而使总收入发生的变化。如果投入能使企业获得更多的利润，它就会增加劳动力的作用。

行业劳动力需求是本行业企业劳动力需求之和，市场劳动力需求是劳动力市场上所有行业的劳动力需求之和。由于劳动力市场是劳动力需求和供给方依据工资水平这个要素价格信号自由进出的系统，因此一般而言，市场总是由为数众多的需求方和供给方组成。

企业劳动力需求所揭示的是，在每种工资水平下，企业愿意并有能力实际雇佣到的劳动力数量。市场劳动力需求揭示的则是，在每种工资水平下，某一市场劳动力需求的总和。市场劳动力需求是由企业劳动力需求叠加而成的，同样存在着劳动力的需求量和工资水平之间的反向关系。

4.1.2.2 长期劳动力需求和短期劳动力需求

在分析考察劳动力需求时，必须明确所分析的是短期需求还是长期需求。劳动经济学中关于长期和短期的划分并没有一个明确的时间界限。所谓短期的劳动力需求，就是指在资本存量不变，唯一可变的因素是劳动投入的时候，即在资本投入量不会变化，技术改进也不会变化的条件下，对劳动力的需求；长期需求，则是指在企业的一切生产要素，不论是资本、技术还是其他的生产要素都是可变的，即任何条件都可能变化时对劳动力的需求。因此，工资、资本价格、产品需求等因素对长期劳动力需求的影响，显然要比对短期劳动力需求的影响更大、更复杂。可见，短期和长期都是功能方面的定义，而不是计时性质的定义。它确定的是一个时期中哪些生产要素发生了什么变化，而不说明这个时期在时间方面的长短。

4.1.3 影响劳动力需求的因素

劳动力需求分析，就是通过对生产经营活动与劳动力市场的考察，揭示影响劳动力需求的因素、各因素与劳动力需求间的关系，把握劳动力需求的变动规律，为劳动力资源的配置奠定基础。为此，必须首先明确影响劳动力需求的因素。

4.1.3.1 工资率

企业启用劳动力，必须向劳动者支付一定数量的工资。工资对劳动者个人是收入，而对企业来说则是产品成本的组成部分。在其他因素固定的条件下，工资（成本）越高，企业的利润越少。对于以盈利为基本目的的企业来说，只有当启用一个人为企业带来的价值高于为此而支付的成本的时候，企业才具有对劳动力的需求。因此，在其他条件一定时，工资率与劳动力需求成反方向变化。工资率提高，劳动力需求减少；工资率降低，劳动力需求增加。

4.1.3.2 企业商品的市场价格

商品的市场价格是影响企业利润水平的一个重要因素；在企业产品成本一定的条件下，商品的市场价格越高，企业的利润水平就越高；反之，企业的利润水平就越低。企业商品的市场价格从两方面对企业劳动力需求产生影响。在商品市场价格处于上升时期，一方面，为了获取更多的利润，企业有扩大生产规模的内在动力，在资本有机构成一定的条件下，生产规模的扩大必然增加劳动力需求量；另一方面，企业有能力用较高的工资率来吸引劳动力来企业工作。在商品市场价格处于下降时期，则会出现相反的结果。在这种情况下，一方面，企业没有扩大生产规模的内在动力；另一方面，企业没有能力用较高的工资率来吸引劳动力来企业工作。由此可见，在其他条件一定时，企业商品的市场价格与企业劳动力需求成同方向变化趋势，商品市场价格提高，劳动力需求增加；市场价格降低，劳动力需求减少。

4.1.3.3 企业商品的市场需求

市场经济条件下，市场对企业商品的需求，是制约企业生产规模的决定性因素。只有商品具有市场销路，商品价值才能得以实现，企业再生产过程才能得以维持并扩大。可见市场需求制约企业的生产规模，从而影响企业对劳动力的需求。市场需求增加，企业对劳动力的需求随之增加；市场需求减少，企业对劳动力的需求必然减少。

4.1.3.4 企业资本、技术等生产要素的成本

企业从事生产经营活动，需要投入生产要素，包括劳动力、资本、技术等。这些生产要素的价格水平共同决定着企业的商品成本。一方面，在不同的时期，这些生产要素价格之间的比例关系是不同的，它们在经常发生变化；另一方面，企业可以采取不同的技术策略，比如，实行劳动密集型、资本密集型或技术密集型的生产。这两方面的原因，为企业灵活选择生产的技术策略，合理配置劳动、资本和技术之间的比例，最大限度地降低企业单位商品成本提供了前提条件。一般来讲，为了达到降低商品成本的目的，当市场上资本、技术价格与工资率的比值提高时，企业会采用以劳动替代资本、技术的策略；反之，当市场上资本、技术价格与工资率的比值降低时，企业会采用以资本、技术替代劳动的策略。由此可知，在劳动与其他生产要素可替代的情况下，其他生产要素价格提高的速度快于工资率提高的速度，企业的劳动力需求就增加；其他生产要素价格提高的速度慢于工资率提高的速度，企业的劳动力需求就减少。

4.1.4 劳动力需求表、需求曲线

企业在雇佣劳动力时，企业愿意支付的工资率被定义为劳动力需求价格。那么，

将劳动力需求价格与劳动力需求之间的数量关系用表格的形式描述出来就可以得到企业劳动力需求表。进一步假设工资率与劳动力需求量的变动无限可分，则可根据需求表画出企业劳动力需求曲线（见表4.1、图4.1）。

表4.1　　劳动力需求表

工资率W（元/小时）	劳动力需求量L（人）	组合
2.0	2 400	a
2.5	1 850	b
3.0	1 450	c
3.5	1 150	d
4.0	900	e
4.5	700	f
5.0	550	g

说明：此表数据是依据工资率与劳动力需求量的实际关系虚拟的。

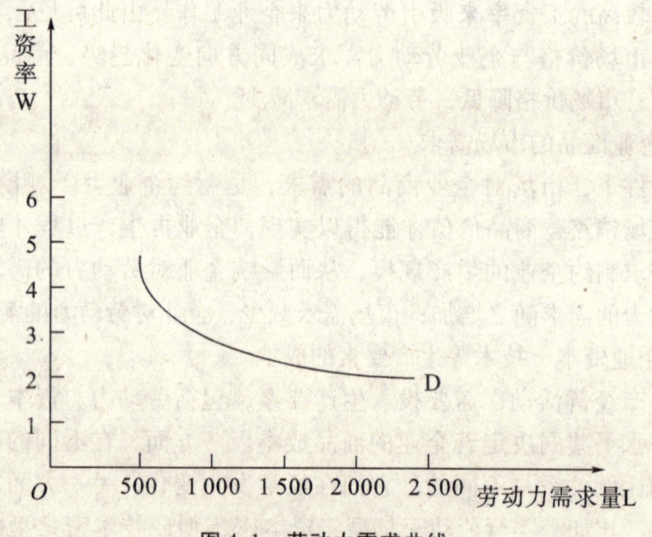

图4.1　劳动力需求曲线

劳动力需求表和劳动力需求曲线是用表格和几何图形的形式表述劳动力需求的概念。

在图4.1中，横轴为企业劳动力需求量，纵轴为工资率，曲线D为企业劳动力需求曲线。从劳动力需求表和需求曲线中可以看到，当工资率由2元/小时依次提高到5元/小时时，随着工资率的提高，企业劳动力需求量相应减少。劳动力需求曲线D是一条从左上向右下倾斜的曲线，它充分说明了在其他条件不变的情况下，劳动力需求量与工资率之间的反向联系。

4.2 企业短期劳动力需求

4.2.1 基本假设条件

4.2.1.1 市场的假设条件

企业劳动力需求分析的市场条件，是完全竞争的市场结构，这是一种竞争不受任何阻碍和干扰的市场结构。完全竞争市场的假设条件是：

（1）产品市场、劳动力市场有为数众多的供给者和需求者，市场上任何一个主体的供给量与需求量所占市场的比例很小，从而任何一种交易均无法影响市场的价格。供给者与需求者是市场价格的接受者，而不是价格的决定者。

（2）商品和服务生产中仅使用两种同质的生产要素，即劳动力和资本。此外，假设劳动条件也是一样的。

（3）资源完全自由流动，企业和劳动者均可以自由地进入或退出某个行业。

（4）市场主体具有完全信息，且获得信息的成本为零。

4.2.1.2 生产的假设条件

在市场经济中，不同时期企业的生产目标存在着差异。在这里假设企业的生产目标是不变的，其目标是利润的最大化，同时也不对利润进行严密的经济学分析，它只是指总收益减去总成本的差。

企业的生产在进行，技术也在进步。事实表明，即使其他条件不变，随着时间的推移，生产可能性曲线也在向右上方移动，根本原因就是技术进步。技术进步的意义就是从既定的资源投入，获得产量的增加。所以，技术是影响产量的重要因素之一。为了在比较纯粹的条件下研究企业劳动力需求的决定原理，我们假设技术对产出水平没有影响。

此外，还要对生产时期进行假设。生产时期分为三类：

（1）市场时期。在这个时期产品已经生产出来，能够随时出售。这个时期的特点是：只有交换，没有“生产”，要供给市场的物品已经有了。

（2）短期。在这个时期内其他的生产要素是不变的，唯一可变的生产要素是劳动投入。

（3）长期。这是指所有生产要素都可以调整的时期，不仅劳动投入可以调整，资本也可以调整，新的企业亦可建立。

在把握上述假设条件时，请注意各种时期都是功能的定义，而非计时的定义。它是依据一个时期发生了什么变化而言的，而非按照时间长度说的。例如，冶炼厂调整其所有生产要素，建设新的炼钢炉，时间就很长；而一个运输企业，用大吨位载重汽车替换人力车，时间就很短。但它们都属于长期。

4.2.2 生产函数

在正常情况下，随着劳动与资本的投入量增加，产量也增加。劳动投入量和资本投入量的各种组合相对应的生产量的变化，即投入量和产出量的技术性关系，经济学称为生产函数，其数学表达式为：

$$X = f(L,K) \tag{4.1}$$

需要指出的是，除了劳动与资本之外，土地、信息、技术等也是生产要素。为方便起见，这里仅以劳动和资本作为分析对象。

4.2.3 边际生产力递减规律

短期，生产的其他要素固定不变，唯一可变的生产要素是劳动投入。当把可变的劳动投入增加到不变的其他生产要素上时，最初劳动的增加会使产量增加；但当其增加超过一定限度时，增加的产量开始递减，这就是劳动的边际生产力递减规律。

边际生产力递减规律发生作用的前提，是技术水平不变。离开了这一前提，边际生产力递减规律则不能成立。这一规律反映的是把不断增加的可变的劳动要素，增加到其他不变的生产要素上时，就会对产量产生影响。特别需要注意的是，随产量的变化，机器、厂房等可以是不变的，但是原料、材料等要发生变化。这里没有考虑原料、材料等变化的影响，但这样做并不影响问题的分析，而是使问题得到简化。

在其他生产要素不变时，由劳动投入的增加所引起产量的变动可以分为三个阶段：

第一阶段：边际产量递增阶段。这是因为在开始时，不变的生产要素没有得到充分的利用；劳动投入不断增加，可以使固定不变的生产要素得到充分利用，从而使边际产量递增。

第二阶段：边际产量递减阶段。所谓边际产量，是指由于增加一个单位的劳动要素投入而增加的产量。之所以出现边际产量递减，是因为不变的生产要素已接近充分利用，可变的劳动要素对不变的生产要素的利用趋向于极限。

第三阶段：总产量绝对减少阶段。此时，固定不变的生产要素已经得到充分利用，潜力用尽，再增加可变的劳动要素，只会降低生产效率，使总产量减少。

由总产量和劳动投入的关系，还可以得到平均产量的概念。平均产量就是指平均每单位劳动投入所生产的产量。

设总产量为 Q，可变的劳动要素投入为 L，平均产量为 AP，边际产量为 MP，则有：

$$AP = \frac{Q}{L}, \ MP = \frac{Q}{\Delta L} \tag{4.2}$$

总产量、平均产量和边际产量之间的关系，用图 4.2 表示更为直观。在图 4.2 中，横轴为劳动收入 L，纵轴为总产量、平均产量、边际产量；对应三种产量的曲线为 TP，MP 和 AP。

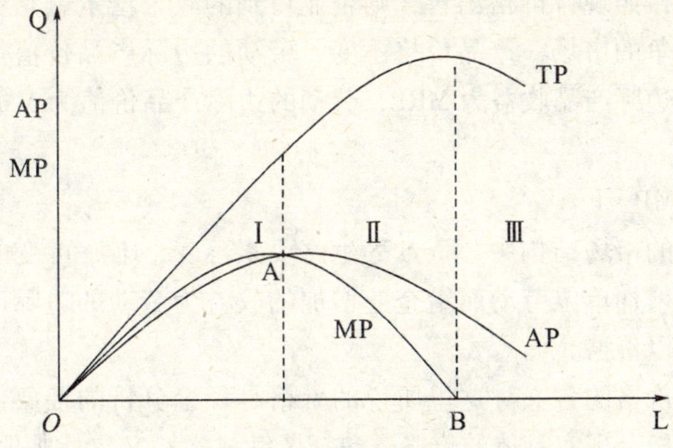

图 4.2 总产量、平均产量和边际产量关系图

从图 4.2 中可以看出以下特点：

（1）TP、AP、MP 三条曲线都是先增后减，第一阶段 AP 递增并小于 MP，第二阶段 MP 递减并小于 AP，第三阶段 MP 为负。

（2）AP 和 MP 的交点为 MP 的最大值。

（3）当 MP 等于 0 时，总产量 TP 达到最大值。

劳动的边际生产力递减规律以及由它所决定的总产量、平均产量和边际产量之间的关系，是研究厂商短期劳动力需求决定原理的重要工具和出发点。

4.2.4 企业短期劳动力需求的决定

根据图 4.2 表示的总产量、平均产量、边际产量和劳动投入的关系，可以清楚地看到，企业在资本等生产要素固定不变时，劳动投入对产出的影响。在区域Ⅰ，平均产量 AP 一直在增加，并且边际产量 MP 大于平均产量 AP。这种状况说明，相对于不变的资本而言，劳动投入不足，固定不变的资本等生产要素还不能得到最充分的利用。所以，劳动投入至少要增加到 A 点，才能使平均产量最大。在区域Ⅱ，劳动投入的变动区间为 A 到 B 点，这一区域平均产量下降，边际产量递减。但劳动投入增加仍可使产量增加，只不过增加的比率是下降的。到 B 点时，边际产量为零，总产量最大。在区域Ⅲ，劳动投入量大于 B，边际产量为负，总产量也在绝对减少。仅从产出与劳动投入而言，在 B 点之后再增加劳动投入，显然没有任何意义。

由此可见，企业在资本等生产要素固定不变时，劳动投入的增加量在 A 到 B 区间。但要确定应在这区间哪一点，则必须首先确定企业的生产目标。生产目标不外乎有三种：人均产量最大、总产量最大、利润最大。

企业若以人均产量最大为目标，劳动投入量以 A 点为最佳；企业若以总产量最大为目标，劳动投入量以 B 点最佳。企业若以利润最大化为目标，就不能简单地说了，它要取决于产品的价格与费用。因此，企业短期劳动力需求的决定，就必须结合成本和价格来分析。企业劳动力需求的决定，是在对从增加劳动力支出的成本和其所能增加的收入的比较中做出的。

我们知道，劳动的边际产量是指由增加一单位劳动力所增加的产量。它也叫做边际产品。边际产品按照现行价格出售，则企业得到的收入增量就是劳动的边际产品价值。因为是完全竞争的市场，产品价格不变，劳动的边际产品价值等于劳动的边际产品收益。设劳动的边际产品收益为MRP，劳动的边际产品价值为VMP，产品的价格为P，则有：

$$MRP = VMP = MP \cdot P \tag{4.3}$$

即在完全竞争的市场结构中，资本等生产要素不变，唯一可变的生产要素是劳动投入，那么，由于增加单位劳动而给企业增加的收益为劳动的边际产品价值，它等于劳动的边际产品乘以价格。

值得注意的是价格的含义。这里所说的价格是理论分析的抽象价格概念，而不是市场实际具体的价格。现实具体的价格既包括劳动成本，又包括其他所有成本、费用。而理论分析运用的价格概念，由基本假设条件可知，一切转移费用都不包括在内，即不包括凯恩斯所说的使用者成本。

由假设条件可知，在完全竞争的劳动力市场，工资率不变，企业面临的是一条工资率等于W且与横轴平行的劳动力供给曲线。企业在工资率为W的水平上，可以雇佣到想雇佣的任何数量的工人；如果用低于W的工资率，则雇不到任何工人。当然，企业也无需用高于W的工资率去雇佣工人。

短期，企业唯一可以改变的生产要素是劳动投入，故可变的成本也就是工资。增加单位劳动投入所增加的成本称为边际成本，若用MC表示，则$MC = W$。

经济学原理告诉我们，企业要实现利润最大化的目标，必须使其边际收益等于边际成本，即：

$$MRP = MC \tag{4.4}$$

因为$MRP = MC$、$MC = W$，所以，在完全竞争的条件下，短期企业劳动需求决定的原则是：

$$MRP = VMP = MP \cdot P = MC = W \tag{4.5}$$

也就是：

$$MRP = VMP = W \tag{4.6}$$

上式的经济学含义是，企业为了实现利润最大化的目标，其劳动力需求的决定必须遵循劳动的边际产品收益等于工资率的原则。

4.3 企业长期劳动力需求

短期中，我们讨论了资本不变时企业的劳动力需求曲线，它揭示了为了达到利润最大化，企业劳动力需求如何随工资率的变化而变化的规律。但资本不变的假定是有局限性的。事实上，在较长时期内，企业不仅需要改变劳动投入量，而且需要改变资本投入量。资本数量的变化，必然引起企业劳动力需求的变化。企业长期劳动力需求研究的目的，就是要揭示在资本数量改变的条件下，企业劳动力需求的变动规律。

对企业长期劳动力需求的分析是建立在生产要素可替代的基础上的。在研究企业长期劳动力需求之前，首先需要了解生产要素的替代理论。

4.3.1 生产要素的替代理论

4.3.1.1 投入选择与等产量线

为了分析企业长期劳动力需求的决定，并使其分析尽量简化明了，我们假设生产过程中只有固定资本和劳动力参与产品的生产过程，且两者之间可以相互替代。设产量为Q，劳动投入为L，资本为K，那么，产量的变动就依劳动力和资本的变动而变动。因此有：

$$Q = f(K, L) \tag{4.7}$$

在企业某种定量产品的生产过程中，由于技术条件和生产方法的不同，劳动投入和资本投入可以有不同的组合。其组合如图 4.3 所示。

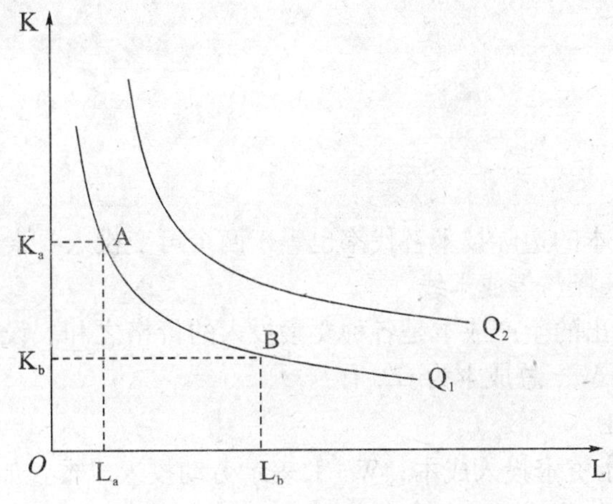

图 4.3 等产量曲线和等产量面

在图 4.3 中，横轴为劳动投入 L，纵轴为资本 K。图中的 A 点表示生产产量为 Q_1 的生产要素组合：用较多的资本投入 K_a 和较少的劳动投入 L_a 进行产量为 Q_1 的生产。图中的 B 点，是用较少的资本投入 K_b 和较多的劳动投入 L_b 进行同量生产的要素组合。在 A 与 B 之间，代表一些中间技术的生产要素的组合。将这些可能的组合点连接起来，可得到产量为 Q_1 的曲线，该曲线称为等产量线。它表明不同的生产技术和方法、资本和劳动投入的不同的组合，其产量相等。等产量线具有如下特征：

（1）等产量线的斜率为负。体现在技术不变的条件下，生产量一定时，另一种投入就必须增加。

（2）较高产出的等产量线离开原点较远。体现为投入越多，产量越大。

（3）等产量线是一条连续曲线。体现为劳动与资本在各个产量水平上的可替代性。

（4）等产量线的斜率随着劳动与资本的不同组合而变化，上端较陡直，下端较平缓。体现劳动与资本的边际产品递减规律。

在同一条等产量线上，两个可变的投入，即劳动投入和资本投入可以相互替代而产量不变，劳动投入和资本投入相互替代的比率称为边际技术替代率，以 MRTS 表示。

边际技术替代率是在保持相同的产出水平的情况下，减少一种生产要素投入的数量，与增加的另一种生产要素投入的数量的比。用公式表示就是：

$$MRTS = \left| -\frac{dK}{dL} \right| \tag{4.8}$$

边际技术替代率就是等产量线的斜率，它是一个负值，但为了分析的方便，一般用其绝对值。

边际技术替代率与边际产品有密切关系，所以，它可以由两个可变投入要素各自变动所引起的边际产品之间的比例来表示。设 MP_L 为劳动的边际产品，MP_K 为资本的边际产品，dL 和 dK 表示劳动投入和资本投入的微量变动，那么，在产出水平不变的情况下，由劳动投入增量 dL 与其引起的产出增量 MP_L 的乘积，必然与由资本投入负增量 dK 与其引起的产出负增量 MP_K 的乘积相等，即：

$$MP_L \cdot dL = -\left| MP_K \cdot dK \right| \tag{4.9}$$

整理得：

$$\left| \frac{dK}{dL} \right| = \frac{MP_L}{MP_K} \tag{4.10}$$

即：

$$MRTS = \frac{MP_L}{MP_K} \tag{4.11}$$

因此，劳动和资本的边际技术替代率也等于两个可变投入要素的边际产品之比。

4.3.1.2　投入选择与等成本线

企业实现一定产出的生产成本是各种要素投入的价格之和。设资本 K 的价格为 R，劳动投入 L 的价格为 W，总成本为 C，有：

$$C = R \cdot K + W \cdot L \tag{4.12}$$

式中，R · K 表示资本投入成本；W · L 表示劳动投入成本。如果已知 C、R 和 W，就容易求出资本投入与劳动投入各自的数量：

$$K = \frac{C}{L} - \frac{W}{R} \cdot L \tag{4.13}$$

$$L = \frac{C}{W} - \frac{R}{W} \cdot K \tag{4.14}$$

根据上述成本公式，可在图 4.4 中画出等成本线。

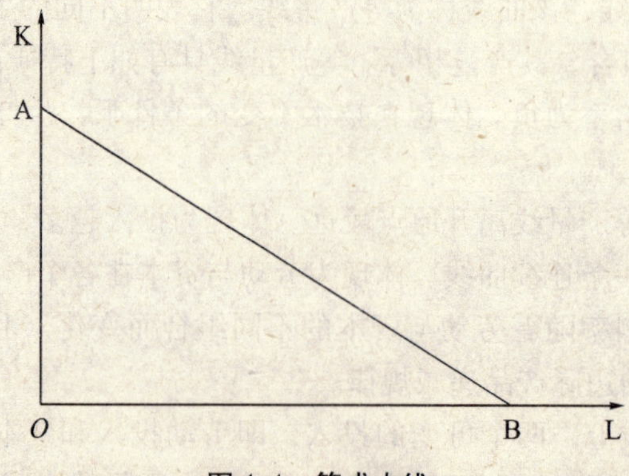

图 4.4　等成本线

等成本线是一条直线，它具有以下特征：

(1) 等成本线上各点的成本相等。

(2) 较大的总成本线离开原点较远。

(3) 等成本线的斜率为负，且为常数。

换言之，等成本线就是用来表示企业在要素价格给定的条件下，用一定的货币金额可能购买的两种投入要素的最大数量界限，它实际反映了企业实现一定产出水平的成本约束。

在总成本和要素价格已定的情况下，增加劳动投入 L 就要减少资本投入 K；反之，亦然。所以存在下述表达式：

$$\left| R * (-\Delta K) \right| = W * \Delta L \tag{4.15}$$

整理得：

$$\left| -\frac{\Delta K}{\Delta L} \right| = \frac{W}{R} \tag{4.16}$$

即等成本线的斜率等于劳动和资本的相对价格比。

4.3.1.3 最佳生产方法与劳动力需求的决定

最佳生产方法，就是实现定量产出下成本最小化的方法，或者说，就是实现定量成本下产出最大化的方法。因此，投入产出比，是判断生产方法是否最优的标准。

等产量线反映了不同产出水平劳动和资本投入的各种组合，等成本线规定了企业可能达到某一产出水平的成本约束。因此，企业长期劳动力需求的决定，要求将等产量线和等成本线结合起来进行分析。

现在从两个角度进行分析：其一为定量产出如何实现成本最小；其二为定量成本如何实现产出最大。

第一种情况，定量产出如何实现成本最小，结合图 4.5 来分析。

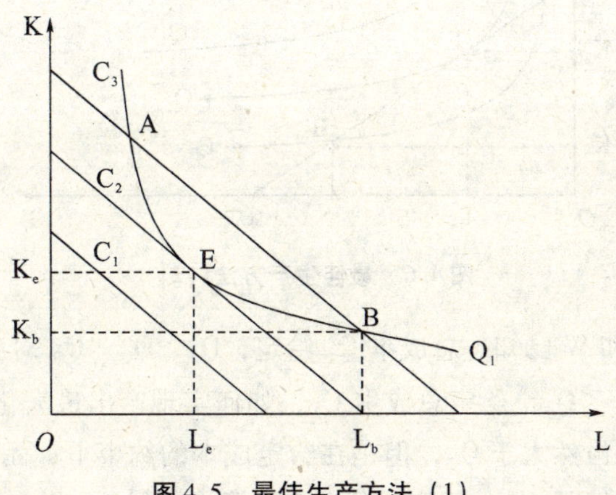

图 4.5 最佳生产方法 (1)

图 4.5 中的等量线 Q_1 给定，在 R、W 已知的条件下，C_1、C_2、C_3 对应于三种总成本线，并且有 $C_1 < C_2 < C_3$。给定产出水平 Q_1，如何实现成本的最小化？很明显，C_2 为成本最小。C_2 和 Q_1 相切于 E 点，它既能满足 Q_1 的产出水平的需要，又能满足成本最小的约束条件。在要素价格给定的情况下，K_e 和 L_e 组合是最佳的生产方法，

它决定了企业的劳动力需求总量是 L_e。

观察其他的两条等成本线，C_1 不能和 Q_1 相交，虽然它总的成本要比 C_2 小，但是使用 C_1 的成本无法支付产出水平 Q_1 所需要的劳动和资本的投入量。等成本线 C_3 和等产量线 Q_1 相交在 A、B 两点，说明这两点都在等成本线 C_3 上，其成本大于 C_2，因此没有实现成本最小。由此可见，在产出水平给定的条件下，和给定的等产量线相切的那条等成本线就是最低总成本，它的切点所表示的要素投入组合为最佳的生产方法。

E 点是等成本线 C_2 和等产量线 Q_1 的切点，因此，等成本线 C_2 的斜率和等产量线过该点切线的斜率相等，也就是劳动和资本的相对价格比等于劳动和资本的边际技术替代率，所以有：

$$\frac{W}{R} = MRTS = \frac{MP_L}{MP_K} \tag{4.17}$$

即：

$$\frac{W}{R} = \frac{MP_L}{MP_K} \tag{4.18}$$

这一等式的经济含义就是企业实现利润最大化必须满足的条件：劳动和资本投入的边际产品之比等于劳动和资本的相对价格比，这同时也是企业长期劳动力需求决定必须遵循的重要原则。

第二种情况，定量总成本如何实现产出最大，结合图 4.6 来分析。

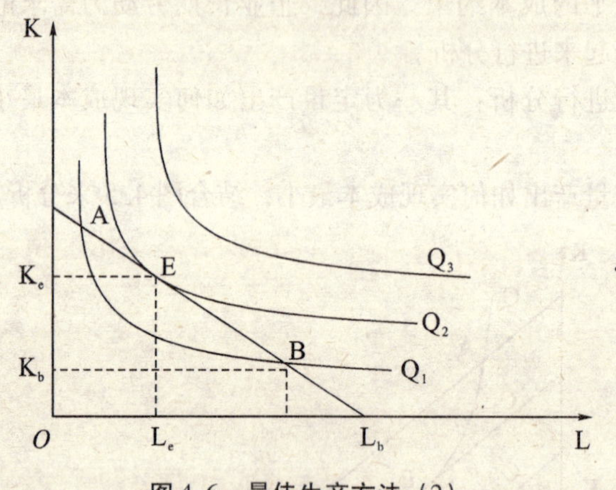

图 4.6 最佳生产方法（2）

在图 4.6 中，R 和 W 已知，总成本 C_1 给定，Q_1、Q_2、Q_3 对应三种产量水平的等产量线，并且 $Q_1 < Q_2 < Q_3$。给定总成本 C_1，如何实现产出最大化？很明显，Q_2 的产出水平最高。Q_3 产出虽然大于 Q_2，但是在给定成本的约束下，无法支付 Q_3 产出水平所需要的劳动和资本的投入量。等产量线 Q_1 和等成本线 C_1 相交于 A、B 两点，给定的总成本足够满足 Q_1 产出水平所需要的投入，但是产出水平比 Q_2 要小，所以也不是最佳的。而唯一可以选择的就是和 C_1 相切的等产量线 Q_2 的产出水平，其切点也就是均衡点 E。在 E 点上能使得给定的总成本 C_1 达到最高的产出水平。同定量产出下成本最小化的情况一样，定量成本下产出最大化也满足：

$$\frac{W}{R}=\frac{MP_L}{MP_K} \tag{4.19}$$

此时，企业劳动需求的最佳量是 L_e。

该等式的含义就是实现定量成本产出最大，或者是定量产出成本最小的条件下，必须保持同量成本的边际产品相等。换言之，决定企业长期劳动需求的原则，等价于企业生产的均衡条件：劳动的边际产品和工资率之比等于资本的边际产量和资本价格之比。

4.3.2 固定技术系数条件下劳动需求的决定

技术系数指企业生产一定量某种产出所需要的要素投入的组合比例。技术系数分为可变的和固定的两类。要素投入的组合比例可以任意改变的，称为可变技术系数；要素投入的组合比例不能改变的，称为固定技术系数。

可变技术系数的生产方法属于技术可变型。生产等量产出，劳动投入和资本投入可以相互替代，等产量线是凸向原点的曲线。

固定技术系数的生产方法由生产的技术条件给定，劳动和资本投入之间不存在替代关系。例如，用某种机械装置进行生产，控制生产过程的人机比例是由工程技术的要求预先确定好了的。人数少于技术的要求，机械就不能有效地运转，而如果超过了技术的要求，就只能是浪费。因而，固定技术系数条件下的等产量曲线是凸向原点的折现。可结合图 4.7 加以说明。

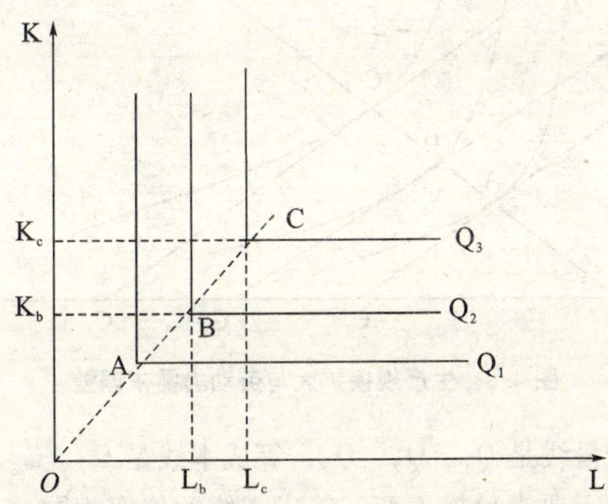

图 4.7 固定投入生产要素比例的等产量曲线

图 4.7 中的等产量线呈直角形态。它表明：在产出水平一定的情况下，资本投入增加而劳动投入不变，产出不变；反之，也是这样。换言之，资本的投入不变，劳动投入的边际产量为零。

如果企业进行产出水平为 Q_2 的生产，资本和劳动投入的组合以 B 点为最佳，两种投入量分别是 K_b 和 L_b，满足不了这一要求就达不到 Q_2 的产量。在这种投入组合的水平上，只增加劳动或者只增加资本投入，产出水平都不变，只能是浪费，也就是要素投入的边际产量为零。例如，K_b 不变，使劳动投入 L_b 增加到 L_c，产出水平仍然是

Q_2。由此可见，在固定技术系数的条件下，企业劳动需求的决定根本上取决于产出水平。

企业进行一定量的某种产品的生产，在市场众多的企业、产业的环境背景下，只有一种生产方法，不存在要素替代的可能性仅仅属于一种特殊的情况，通常的情况是技术系数可变型的生产。

4.4 劳动力需求的调整

4.4.1 生产规模扩大与劳动力需求调整

随着企业生产资本的逐渐增加，生产规模也在逐渐扩大，产量也在逐渐提高，对劳动和资本的需求也会不断增多。将所有可能产出水平的最佳资源配置的均衡点连接起来，可以形成一条曲线，这条曲线就是生产扩大线。它意味着在生产要素价格不变和生产的货币资金逐渐增加的条件下，每一种产出水平对资本和劳动的最佳需求量。

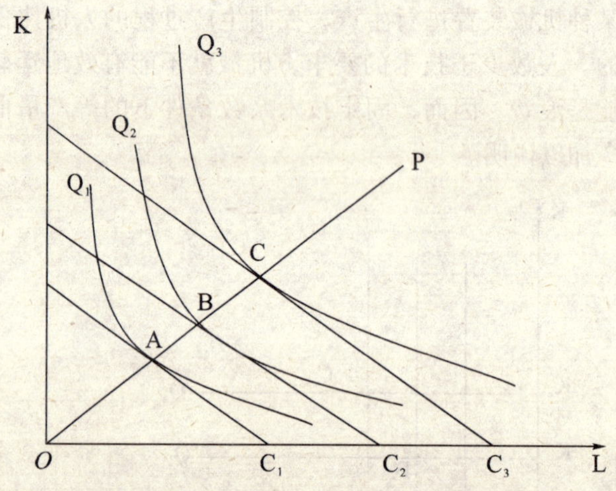

图 4.8 生产规模扩大与劳动力需求调整

在图 4.8 中，等产量线是 Q_1、Q_2、Q_3，等成本线是 C_1、C_2、C_3，它们分别对应于三种生产总成本。由于要素价格不变，等成本线的斜率相同，从而三条等成本线保持平行。等产量线与等成本线分别相切于 A、B、C 三点。这三个点都是生产均衡点，都是资源的最佳组合点，反映了要素投入的最佳组合。连接各点形成的曲线即为生产扩大线的一般形式。因为这里没有讨论规模经济的问题，所以生产扩大线的具体形状也就被简化掉了。

生产扩大线决定了企业在产出变化时调整要素投入的方法。如果生产扩大线已知，如图 4.8 中的 P，企业存在扩大生产规模的愿望和条件，那么，它将沿生产扩大线，增加劳动和资本投入。并且在每一种产出水平或每一种成本水平下，其劳动力需求量都是最佳的需求量，都符合劳动和资本的边际产量之比等于劳动和资本的相对价格比的基本原则。

4.4.2 生产要素价格变化与劳动需求调整

在前面的分析中，生产要素的价格被假设为不变。同为完全竞争的市场结构，由于市场供给与需求的矛盾运动，使得均衡条件发生变化，从而均衡价格也会发生变动。当然，这里所讨论的价格变动不是由于市场结构的变动引起的。市场的行为主体仍然是价格的接受者，而不是决定者。

当企业面临生产要素价格变化时，其劳动力需求要相应地做出调整。通过调整规模效应和替代效应，重新实现生产的均衡。

4.4.2.1 规模效应

在前面关于企业长期劳动力需求决定的原则的分析中，我们得出劳动力需求的决定应遵循劳动和资本的边际产品之比等于劳动和资本的相对价格之比的原则。当要素价格发生变化时，必然使原有的均衡发生变化。现假设，生产要素价格发生了变化，为简化分析，假设资本价格 R 不变，劳动的价格提高了，即工资率由 W_1 提高到 W_2，这个时候，企业的反应如何？我们结合图 4.9 进行分析。

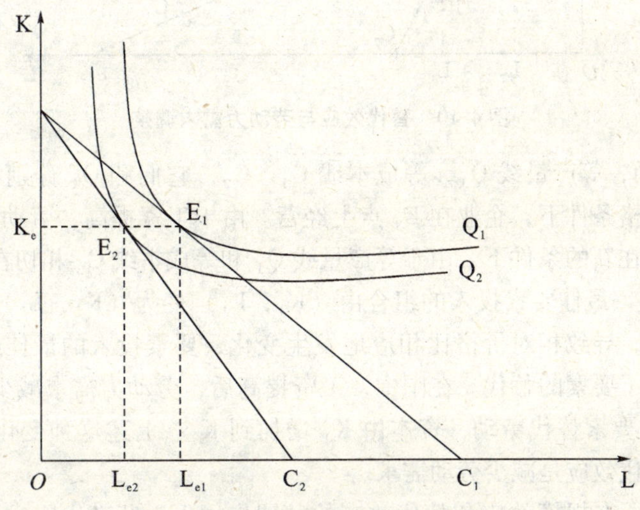

图 4.9 规模效应与劳动力需求调整

在图 4.9 中，E_1 为均衡点，要素组合为（K_e，L_{e1}）。等成本线和等产量线分别为 C_1 和 Q_1。由于资本价格不变，劳动价格提高后，等成本线的斜率 W_2 比 W_1 大，等成本线的形状发生了变动，使提高工资率后的等成本线在横轴的截距缩短，形成一条新的等成本线 C_2。显然，受到等成本线 C_2 的约束，企业已经无法实现 Q_1 的产出水平。

K_e 的资本投入量是由原来的均衡条件确定的，工资率提高以后，企业并不能立即对资本投入进行调整。短期，企业唯一可行的调整方法是，减少同固定资本投入 K_e 组合在一起的劳动投入量。工资率由 W_1 提高到 W_2，要求劳动的边际产品价值提高，这只有减少劳动投入才能做到。减少劳动雇用的结果使企业生产落到较 Q_1 为低的等产量线 Q_2 的 E_2 点上，劳动投入由 L_{e1} 下降到 L_{e2}。工资率提高，产出水平由 Q_1 降低到 Q_2，由此造成的劳动投入量由 L_{e1} 减少到 L_{e2} 的变动，称为规模效应。

4. 4. 2. 2　替代效应

在长期，不仅劳动要素可以调整，而且资本要素也可以调整。工资率提高，虽然资本的价格没有变，但是它的相对价格改变了，换言之，相对于提高了价格的劳动来说，资本的价格降低了。经济学原理告诉我们，在生产要素价格发生变化的时候，实现同量的产出，相对价格降低的要素必然引起较大的需求。为此，我们可结合图 4. 10 来说明。

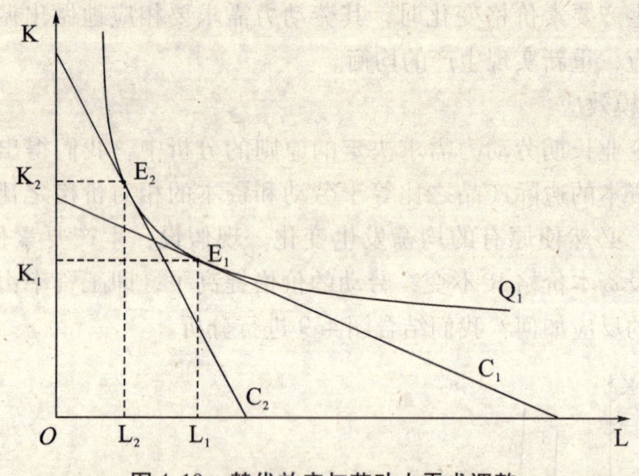

图 4. 10　替代效应与劳动力需求调整

在图 4. 10 中，等产量线 Q_1，等成本线 C_1、C_2，它们和 Q_1 分别相切在 E_1 和 E_2 点。在原来的价格条件下，企业在 E_1 点上经营。由于工资提高，劳动和资本的相对价格发生了变化，在新的条件下，由于等产量线 Q_1 和等成本线 C_2 相切在 E_2 点，均衡点由 E_1 向 E_2 转移，最佳要素投入的组合由（K_1，L_1）变为（K_2，L_2）。显然，要素的价格发生了变化，导致相对价格比相应地发生变化，要素投入的最佳组合也由此发生变化，从而产生了要素的替代。在图中，工资提高后，劳动力需求减少，使其由 L_1 减少到 L_2；用资本要素替代劳动，资本由 K_1 增加到 K_2。上述这种变化即为替代效应。工资率提高的替代效应是减少劳动需求。

工资率提高，在规模效应和替代效应的共同作用下，劳动力需求下降；反之，如果资本的价格不变，工资率降低，同样会产生规模效应和替代效应，不过它们的作用方向相反，最终使劳动力需求增加。

4. 5　非营利部门的劳动力需求

在市场经济体制下，并不是所有部门都以利润最大化为目标，如公共部门。非营利部门由于其目标与营利性企业不同，决定了其劳动力需求的特殊性。因此，有必要以利润最大化企业对劳动力需求的行为为依据，来分析非利润最大化部门的劳动力需求行为。

4.5.1 非营利企业的劳动力需求

非营利企业是指不以盈利为目的的生产性企业。社会或国家希望这些企业把盈利保持在特定的数量水平上，用减免税收或财政补贴等办法来鼓励此类企业生产一些社会或国家需要的商品或劳务。非营利企业的行为可分为两类：一类是潜在利润为正的企业行为，另一类是潜在利润为负的企业行为。非营利企业的劳动力需求可以用图4.11来分析。

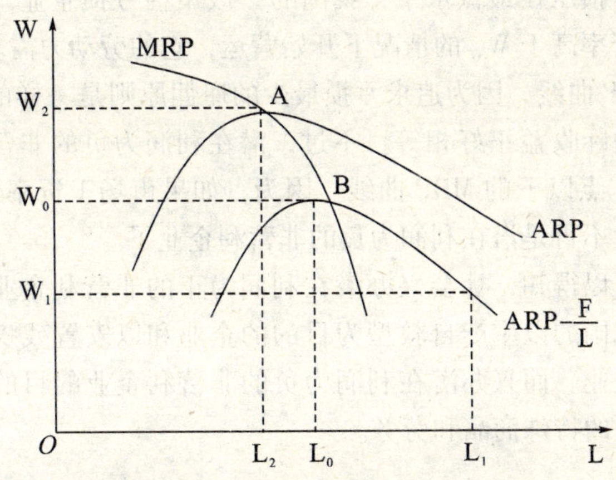

图4.11 非营利企业的劳动力需求

在图4.11中横坐标为雇佣量L，纵坐标为工资率W。MRP为劳动的边际收益曲线，即在完全竞争的条件下，利润最大化企业的劳动力需求曲线。根据收益递减规律，它的走向是在达到一个最高峰以后，便呈现出下降的趋势。ARP曲线与MRP曲线在人均产品收益最大处即A点相交。人均产品收益与劳动边际收益之间有这样一种关系：当劳动边际收益增加时，人均产品收益呈上升趋势；而当劳动边际收益下降时，人均产品收益便同劳动边际收益一样呈下降趋势，不过下降的速度较劳动边际收益慢而已。这一规律可用经验数据得到证明。图中的第三条曲线 $ARP-\frac{F}{L}$ 曲线是人均产品收益减去人均资本成本后得到的人均净收益曲线，净收益等于利润加工资。其中，F表示企业资本成本总量，L表示企业劳动力雇佣量。

企业潜在利润为正的含义是指社会或国家不希望企业亏损，也不要求它追求利润最大化，只要求它的利润保持在一个约定的数值上，譬如要求它的利润保持为零。企业根据社会或国家要求的目标，首先只能在市场工资率低于所示的 W_0，即正好与人均净收益相等的水平的情况下开工营运。因此，如果市场工资率高于 W_0，企业无疑会亏损。其次，企业可以在低于 W_0 的任何一个工资水平下雇佣劳动力，但根据零利润这一目标的要求，其雇佣量实际上将以市场工资率正好与人均净收益相等为原则加以确定，即有：

$$W = ARP - \frac{F}{L} \tag{4.20}$$

如果此时市场工资率为 W_1，那么如图 4.10 所示，这类企业的雇佣量将确定在 L_1 的模型上。这类企业的劳动力需求曲线正好与 $ARP-\frac{F}{L}$ 曲线下降的部分重叠。

与利润最大化企业相比较，潜在利润为正值的非营利企业的劳动力需求有两个方面的不同：一是在市场工资率相等的情况下，非营利企业比利润最大化企业使用更多的劳动力；二是非营利企业的劳动力需求曲线比利润最大化企业的更平坦。

企业潜在利润为负的含义是指社会不仅不要求企业追求最大利润，而且允许它有亏损，但希望它把亏损压在最低水平，我国的“政策性亏损企业”即属于这一类。这一类企业在市场工资率高于 W_0 的情况下开始营运，它的劳动力需求曲线同利润最大化企业一致，都是 MRP 曲线，因为追求亏损最少的雇佣原则是一样的，即都须使劳动的边际成本与劳动的边际收益正好相等。不过，潜在利润为负的非营利企业的劳动力需求曲线显然是图中 B 点以下的 MRP 曲线。因为，如果市场工资率低于 W_0，企业的利润便为正值，该企业不再是潜在利润为负的非营利企业了。

从以上的分析可以得知，社会兴办潜在利润为正的非营利企业的主要目的是利用低工资扩大就业，我国的以生产自救型为目的的企业和以安置残疾人就业为目的的福利工厂就属于这类企业。而兴办潜在利润为负的非营利企业的目的则是生产一些需把价格控制在低水平上的特殊商品和劳务。

4.5.2 公共部门的劳动力需求

公共部门的劳动力需求因政治体制的不同而不同，这是因为不同的政治体制会使公共部门决策者的地位在权力结构中发生变化。如果现行政治体制决定了公共部门决策人的前途完全由纳税人亦即选举人决定，也就是说，他们的去留与升迁完全听凭于纳税人的选举结果，那么决策人必须在尽可能少的税收基础上尽可能地提高服务水平。我们把这种目标称为“服务最大化”目标。如果现行的政治体制使公共部门决策人的前途在相当大的程度上不受纳税人的制约，甚至在相当大的程度上可以用行政手段强制公共产品的消费者接受公共部门确定的交易条件（包括服务质量、服务价格、服务项目等），那么，公共部门决策人必然会考虑如何更多地增加税收，而更少地提供服务，我们把这种行为目标称为“财政收入最大化”目标。当然，完全不受纳税人约束的政府是没有的，因为即使在不受选举制约的体制下，政府的决策也要受某种观念和群众情绪的制约，但这种约束比选举制约相对要软。

在分析公共部门的劳动力需求之前，首先舍掉技术条件的影响；其次假设公共产品和非公共产品的价格是既定的，社会可利用资源也是既定的。那么，两类公共部门的共同点是无论在服务最大化还是财政收入最大化目标下，公共部门的劳动力需求均受群众的负担或称群众的承受能力制约，也就是说，公共部门的劳动力需求曲线也是向右下方倾斜的，斜率为负。公共部门雇员工资率上升，劳动力需求下降；反之，则相反。不同点是，在服务最大化目标下，公共部门的决策人在确定服务水平时所要考虑的问题是：为了满足群众的要求，每增加一个单位的服务，需要筹措多少资金，而为筹措那么多资金，又将增加纳税人多少负担。如果提高服务水平所能满足的群众需要小于因提高服务而增加的群众负担，那么，决策者将放弃提高服务水平；反之，满足的群众需要大于因提高服务而增加的群众负担，那么，决策者将决定提高服务水平。由于假设技术条件一定，所以公共部门的雇佣规模便同服务水平一起确定。

财政收入最大化目标下的公共部门的考虑则不同，如果提高服务水平的决策已定，那么它考虑的是如何将税收负担增加到群众所能承受的最大限度；如果税收负担一定，那么它将把服务水平降低到群众可忍受的最低限度。所以，如果服务水平相同，公共部门雇员工资率相等，那么以财政收入最大化为目标的公共部门将比以服务最大化为目标的公共部门雇佣更多的雇员。

4.5.3 适度增长目标下企业的劳动力需求

追求适度增长是某些企业的主要经营目标，如市场经济体制下的股份制企业。股份制企业的目标是使利润达到股东满意的水平。这类企业的特点是：力求扩大企业规模，但并不需要追求最大利润，因为规模扩大将更重要，可以稳定现有股东和吸引新的股东，容易得到信用，容易占领市场，增加竞争力；股份制企业经营决策人的年薪、声望等自身效用也取决于企业规模。

市场经济体制下的股份制企业的劳动力需求如图 4.12 所示。

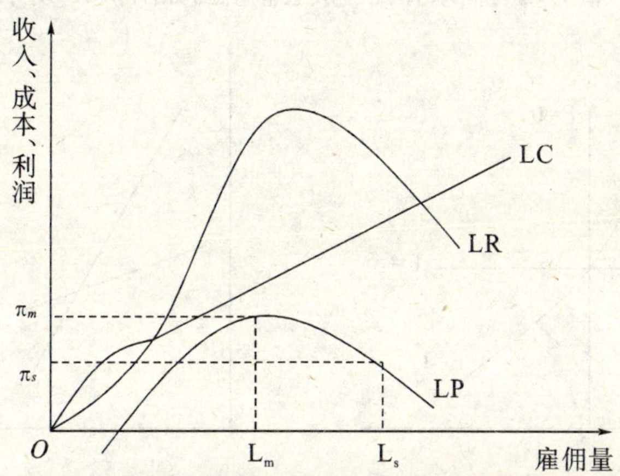

图 4.12　市场经济体制下的股份制企业的劳动力需求

在图 4.12 中，LR 是企业的劳动投入总收益曲线，LC 是劳动总成本曲线，LP 是企业的利润曲线，即 LR - LC。利润最大化企业将选择雇佣 L_m 个工人，而适度增长的股份制企业只追求能令股东满意的利润 π_s，它将雇佣 L_s 个工人，以便尽可能地扩大企业规模。这说明，在其他条件一定的情况下，适度增长目标下的企业的劳动力需求高于利润最大化企业的劳动力需求。

4.6 劳动力需求弹性

4.6.1 劳动力需求弹性的概念及类型

4.6.1.1 劳动力需求弹性的概念

工资率变化造成的规模效应和替代效应使得劳动力需求朝着相反的方向变化。对工资率和劳动力需求之间的这种关系进行定量分析，可以从绝对数量和相对数量两个方面展开。从相对数量的角度把握工资率和劳动力需求量函数的敏感度时，人们经常使用的是劳动力需求弹性这一概念，即工资率的变化和劳动力需求变化的比例关系。劳动力需求弹性可以表述为：工资率变化1%时，劳动力需求变化百分之几。用公式表示是：

$$E = \frac{\Delta L\%}{\Delta W\%} \tag{4.21}$$

4.6.1.2 劳动力需求弹性的类型

按绝对值的大小，劳动力需求弹性一般会呈现出如图4.13所示的五种类型。

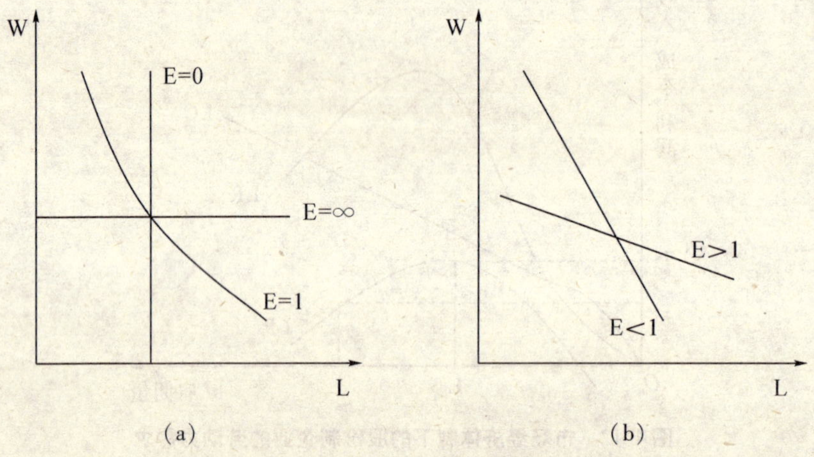

图4.13 劳动力需求弹性的五种类型

（1）劳动力需求弹性等于0。如果劳动力市场上的工资率的变化对劳动力需求不会有任何影响，也即 $\Delta L = 0$，此时的劳动力需求完全无弹性。其几何形状如图4.13（a）中的垂线，是劳动力需求弹性的一个特例。

（2）劳动力需求弹性小于1。如果劳动力需求弹性小于1大于0，此时劳动力需求弹性较小，也称为无弹性。其几何形状如图4.13（b）所示，是一条较为陡峭的劳动力需求曲线。

（3）劳动力需求弹性等于1。这是指劳动力需求变动的百分比刚好等于工资率变动的百分比，称为单位弹性。如图4.13（a）所示，呈单位弹性的劳动力需求曲线是一条直角双曲线。

（4）劳动力需求弹性大于1。如果劳动力需求变动的百分比大于工资率变动的百分比，就称为劳动力需求弹性较大，或称为劳动力需求有弹性。其几何图形是一条相对较为扁平的劳动力需求曲线，如图4.13（b）所示。

（5）劳动力需求弹性无穷大。如果在现行的工资水平上，企业乐于雇佣市场上所有的劳动力，而工资略有上涨后却一个也不雇佣，则称为完全弹性。其几何形状如图4.13（a）所示，是一条水平线，也是劳动力需求弹性的一个特例。

4.6.2 劳动力需求有无弹性的相对性

劳动力需求曲线是一条向右下方倾斜的曲线。任何一条曲线都有斜率，都呈现一定的弹性。所以，严格地说，以曲线的陡峭程度来判定是否有弹性，则是错误的。如果把劳动力需求曲线抽象为一条向右下方倾斜的直线，那么，劳动力需求曲线上各点的弹性是不一样的，如图4.14所示。导致这一情况的根本原因就在于，需求弹性是以相对数量而不是以绝对数量来计算的。

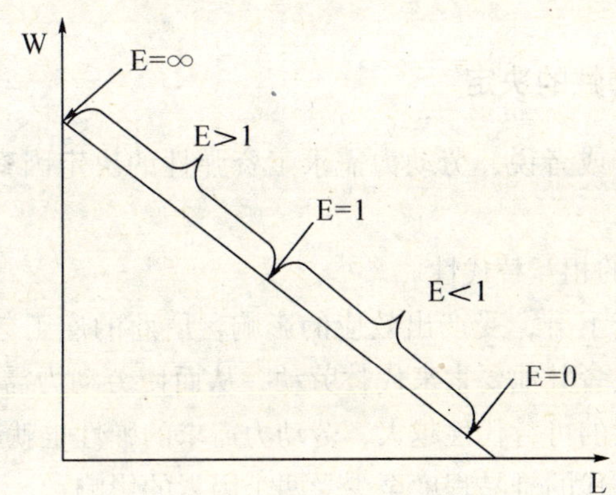

图4.14 劳动力需求弹性的相对变化

4.6.3 劳动力需求的工资弹性

劳动力需求的工资弹性是指同质的劳动力在工资率变动一定幅度的时候，将引起劳动力需求多少的变动。其关系可以用如下的公式来表示：

$$E = \frac{\Delta L}{\Delta W} \tag{4.22}$$

用这个尺度来衡量，绝对数相同的时候，相对数差距可能很大。劳动者从2人减少到1人，相对数减少了50%；而从1 000人减少到999人，相对数仅减少了0.1%，绝对数却依然相同，即只减少了1个人。另外，过去和现在比较时，由于物价水平不一样，相同的工资并不代表相同的生活水平。

考虑到这些因素，经济学经常使用弹性的概念。我们可以把上面的公式改为：

$$E = \frac{\Delta L\%}{\Delta W\%} \tag{4.23}$$

4.6.4 劳动力需求的交叉工资弹性

我们在前面进行劳动力需求的分析时，假设劳动力没有质量的差别，是同质的。但事实上，企业的生产往往是使用很多类别的劳动力。假设企业劳动力需求为两类：A 和 B，那么，A 类劳动力需求变动对 B 类劳动力工资率变动的反映程度，就可以定义为劳动力需求的交叉工资弹性。用公式表示就是：

$$E_{A,B}=\frac{\frac{\Delta L_A}{L_A}}{\frac{\Delta W_B}{W_B}} \tag{4.24}$$

劳动力需求的交叉弹性为正值，表示一类劳动力的工资率上升引起了另一类劳动力需求的增加，那么，这两类劳动力称为代替；相反，劳动力需求的交叉弹性为负值，表示一类劳动力的工资率上升引起了另一类劳动力需求的下降，那么，这两类劳动力称为互补。

4.6.5 劳动力需求弹性的决定

劳动力需求弹性，或者说，劳动力需求工资弹性的决定因素，主要可以归纳为以下几个方面：

4.6.5.1 要素间的相互替代性

在短期，如果工资上升，受产出效应的影响，厂商的雇工数量会显著减少；在长期，厂商还会用资本或者其他要素来代替劳动，从而使劳动力需求进一步减少。因此，从长期来看，各个要素的可替代性越大，劳动力需求的弹性也就越大。

但是要素间相互替代的难易程度至少受两个因素的影响：

首先是技术经济方面的因素。例如，为完成某种生活活动或生产某种产品，资本与劳动必须按一定的比例投入，也就是说，等产量曲线呈 L 形分布。在这种情况下，资本和劳动之间的可替代性是零，而不管工资水平如何变动，对企业雇工规模都几乎没有任何影响。

其次是制度方面的因素。如集体谈判、工会参与等，无疑为企业确定雇工规模附加了一些限定条件。再如，政府的法令、法规限制等，也会对企业的用工决策产生一定的影响。

4.6.5.2 产品的需求弹性

工资水平的上涨，会迅速导致产品成本升高，因而企业无疑会提高产品的价格。而产品的价格一经提高，消费者的购买数量将会减少。在这种情况下，如果产品的需求弹性较大，价格的上涨必然使销售额下降，产出量减少，从而导致企业对劳动力的需求量下降。这个法则给我们的重要启示在于：

（1）单个企业的劳动力需求弹性要比整个行业或市场的劳动力需求弹性大得多。当其他条件保持不变时，产品市场的竞争程度越高，则该市场中单个企业的劳动力需求弹性就越大。因为，竞争性行业中企业的数目越多，某家企业的产品一旦涨价，消费者可以很容易地转而购买其他企业的产品，因而单个企业的劳动力需求弹性要比整个行业或市场的劳动力需求弹性大得多。

（2）整个行业或市场的劳动力需求弹性要比单个企业的劳动力需求弹性小得多。以木质地板行业为例，在其他条件相同的情况下，如果某家企业的地板价格上涨，由于各厂家的地板是无差别产品，消费者会很快地转向其他企业，从而使上涨企业的产量急剧下降，雇工规模也相应缩小。但对整个地板生产行业来说，情况则不然。如果地板行业的总体价格上涨，消费者虽然也能够以某种产品替代，但二者之间毕竟不具有完全替代的关系。地板涨价虽然也会影响地板行业的总产量及对劳动力的需求，但毫无疑问，其影响作用比对单个企业要小得多。

4.6.5.3 其他生产要素的供给弹性

我们已经知道，工资水平上涨，企业将乐于以资本替代劳动，从而使企业对劳动力的需求有所减少。但是，当资本的供给量一定时，随着需求量的增加，资本的价格也会相应地上升。因而，以资本替代劳动从而使劳动力需求量趋于降低的程度，就取决于资本要素供给弹性的大小。一般而言，资本的供给弹性越大，其价格的上升速率就越快，企业以资本替代劳动的变通程度就越低，对劳动力需求量的影响就越小；反之，就越大。

4.6.5.4 劳动力成本占总成本的比重

劳动力成本占总成本的比重，对劳动力需求弹性具有重要影响。一般而言，在劳动力密集型行业中，由于劳动力在总成本中占有非常高的比重，所以工资的变动会对就业产生非常大的影响；反之，在资本或技术密集型的行业，工资水平变动对就业的影响就会小很多。

本章小结

本章以利润最大化原理为分析视角探讨企业劳动力需求行为。以资本作为生产要素是否可变为依据，企业对劳动力的需求可以分为短期需求和长期需求。在短期劳动力需求分析中，考察了单个企业产量、劳动力需求的决定原理，不同市场形态下企业的边际收入，以及处于完全竞争状态下的劳动力市场和产品市场的劳动力需求，并从单个企业的劳动力需求曲线推导出整个市场的劳动力需求曲线。在长期劳动力需求中，资本成为可变的生产要素，企业有两种模式来选择劳动和资本的组合：产量确定后的成本最小化模式和成本确定后的产出最大化模式。工资、资本价格的变动和成本的相对水平会对这两种模式产生影响。

复习与思考

一、关键概念

劳动力　劳动力需求　劳动力需求曲线　短期劳动力需求　长期劳动力需求　劳动力需求弹性

二、思考题

1. 如何理解劳动力需求的含义？
2. 何谓劳动力需求弹性？
3. 工资率和产品需求的变化如何对劳动力需求产生影响？
4. 在考察劳动力需求时通常有哪些假设条件？
5. 试分析完全竞争条件下的企业短期劳动力需求。
6. 企业长期劳动力需求有哪些特点？
7. 非营利部门的劳动力需求有哪些特点？
8. 影响社会劳动力需求的因素有哪些？

5 劳动力市场的均衡分析

本章学习目标

了解均衡的基本含义、分类及其各自特点，掌握劳动力市场的静态均衡及劳动力市场动态均衡的形成；弄清供求双方状态的改变对静态均衡及动态均衡的影响；领会劳动力市场均衡的意义；了解内部劳动力市场的理论与应用。

5.1 均衡理论

5.1.1 均衡的基本含义

均衡概念最初借用自物理学，指的是一个系统的特殊状态，即相互对立的各种力量同时对该系统发生作用，当合力为零时系统所处的相对稳定的状态。

古典经济学认为，处于均衡状态时，相互对立中的任何一种力量在各种条件制约下不再具有改变现状的动机或能力。所以，当相互对立的力量不再具有改变现状的能力或动机时，才实现了真正的均衡。在均衡概念的背后是实现了行为主体的利益最大化。

劳动经济学最初研究的均衡是劳动力市场的均衡，包括两方面含义：一是对立的力量即劳动力供给和劳动力需求在量上相互均等时呈现的状态，即变量均等；二是决定供求的任何一种力量均不具有改变现状的动机或能力，即行为最优。同时具有以上两方面含义的均衡成为古典意义上的经济均衡。

5.1.2 局部均衡和一般均衡分析

按照均衡市场的覆盖范围，古典均衡分析分为局部均衡分析和一般均衡分析。

局部均衡是经济学中用来分析单个市场、单个商品价格与供求关系变化的一种方法。它假定在其他条件不变时，一种商品的价格只取决于它本身的供求关系而不受其他商品的价格与供求的影响。马歇尔是局部均衡理论的代表人物。在他之后，美国经济学家张伯伦和英国经济学家罗宾逊夫人提出垄断竞争理论，发展了局部均衡分析方法。

一般均衡分析，又称为瓦尔拉斯一般均衡或瓦尔拉斯均衡分析，是经济学中用来考察市场上所有市场、所有商品的价格和供求关系变化的一种分析方法。它假定各种商品的价格与供求都是相互联系的，一个市场的均衡只有在其他所有市场都达到均衡的情况下才能实现。局部均衡是一般均衡的一个特例，一般均衡是局部均衡的推广。一般均衡分析方法的代表人物是瑞士洛桑学派的L. 瓦尔拉斯，其研究经济问题的出发点是，任何一种特定商品的供求与价格关系必然和其他所有商品的供求与价格的关系联系在一起。此后，英国经济学家希克斯发展了一般均衡分析方法。

瓦尔拉斯一般均衡理论的基本思想有几点：①经济系统中只存在唯一的一种信号——价格。经济行为人都根据这一位移信号做出行为选择。②市场是完善的，每个经济行为人都能及时、准确地获得完全信息。③从非均衡到均衡的调整过程瞬间完成，即分析过程中不涉及均衡状态的变化过程和达到均衡状态所需要的时间，这种分析就是静态分析。

5.1.3 静态均衡分析和动态均衡分析

根据对均衡的时间特性的不同规定，还可将均衡分析分为静态均衡分析和动态均衡分析。静态均衡分析抽象掉时间因素，假定变量的调整能在可以忽略的瞬间完成，调整时间为零。静态均衡分析的优点是简单，也能得出许多有效的结果，缺点是在现实经济中一般很难满足其成立前提。现实经济中，均衡的调整过程有一定的时间间隔，需要我们运用到动态均衡分析。动态均衡分析强调经济变量调整中时间的重要性，着重考察经济变量在不同时间的变动情况。

5.1.4 现代经济学描述的均衡

5.1.4.1 一般意义上的经济均衡

经济学中最初定义的均衡，特指市场均衡。从这个意义上说，如果不存在市场，也就无所谓均衡；在计划经济条件下，只能有“平衡”，而不会有均衡。但是，现代经济学对均衡概念的第一个补充，就是将这个概念应用于对各种经济形态的分析，将市场均衡条件一般化，用其来概括非市场经济中的各种状态，比如计划经济中的某些情况。因此，现代经济学所说的均衡已不仅仅是“市场均衡”，而是一般意义上的“经济均衡”。

5.1.4.2 凯恩斯失业均衡

现代经济学对均衡概念的第二个补充，是把只满足古典均衡两个条件当中的一个经济状态，也认定为均衡。

20世纪30年代凯恩斯宏观理论分析出现以后，逐步形成了“失业均衡”的概念。按照古典均衡概念，“失业均衡”是一个悖论：失业意味着劳动力市场上供给大于需求。这时，即使在商品市场和资金市场都存在着供求均等，从这个经济体系来看仍然存在着超额供给，因而是非均衡的，而不是均衡的。

但是，失业均衡的概念在一定意义上也是有道理的：

（1）不必将瓦尔拉斯的一般均衡视为唯一的，相反，可以将古典均衡视为一个特例，更一般的均衡则是像失业均衡这样的情况。正因为如此，凯恩斯将自己分析失业问题的理论称为“失业理论”，在其模型中，充分就业机会是诸多均衡点当中的一个，而不是唯一的均衡。

（2）更重要的是，失业均衡这种状态虽然不满足“变量均等”这一要求，但同样满足相互对立的任何一种力量这时不具有改变现状的动机和能力，因为虽然失业工人想就业，但由于他们既不能改变现行工资率，又无法迫使企业在现行工资率下扩大雇佣工人数，所以只能处于被迫失业状态。在给定的“工资刚性”、“预期资本效率”、利率“陷阱”等一组条件下，一定失业以及与之相适应的商品市场和资金市场上较低水平的均衡，就是符合个人行为最优这一要求的，仍然是每个个别行为主体选择的结果。

5.1.4.3　非均衡概念

以克洛尔、莱荣霍夫德、马里沃、贝纳西等人为代表的现代非均衡学派，将凯恩斯的“失业均衡”、社会主义经济中的“被抑制的通货膨胀”等都概括为不同类型的“非均衡”，而不称它们为“均衡”。在这一点上，他们的均衡概念与古典均衡概念是相同的。但是，虽然用词相同，现代非均衡理论中的非均衡概念却又与古典意义上的非均衡概念有着很大的不同。在古典均衡理论中，非均衡一般是一种不稳定的状态，具有暂时性和过渡性，必然要立即向其他状态转化。在非均衡理论中，非均衡与瓦尔拉斯均衡一样，具有行为确定的含义，具有稳定性，可以持久地存在，而不仅仅是一种过渡状态。

非均衡理论认为，在现实中，价格并非像传统理论说的那样可以随时根据供求关系迅速调整，有时是因为制度结构的原因被固定或其运动受到限制，有时则仅仅是由于信息不完全而得不到及时的调整；同时，由于市场中并非处处存在瓦尔拉斯定义的那种“叫价人”，人们不可能等到一切价格都调整到均衡值上再进行实际的交易，因此他们在遇到供求不均等的情况下，往往首先进行“数量调节”，根据自己在一定价格下所能买卖的数量来调整自己在其他市场上的供求数量。总之，一方面，数量调整敏捷度快于价格调整敏捷度；另一方面，对每个个别行为来说，价格是外生变量，是既定的交易条件，而交易数量则是自己所能控制的内生变量。因此，市场运动的结果，往往是非均衡的，变量之间是不均等的，理想的供给不总等于有效需求，理想的需求也不总等于有效供给。非均衡的结果建立在每个人在既定的信息条件、制度条件和市场条件下的最优选择基础之上，具有稳定性。不改变某些基本的外定条件，如收入分配制度、价格限制、信息完全程度等，就不可能使某种非均衡状态得到改变而变成均衡。

5.2　劳动力市场的均衡分析

5.2.1　劳动力市场静态均衡的形成

5.2.1.1　劳动力市场完全竞争

完全竞争，又称纯粹竞争，是指不受任何阻碍和干扰的市场情况。完全竞争劳动力市场的假定条件是：

（1）劳资双方是理性的并分别追求效用最大化和利润最大化。

（2）劳资双方对他们赖以生存的劳动力市场环境具有充分的信息，信息分布均匀，不存在信息不对称的情况。

（3）劳动力具有同质性，企业提供的工作机会及其他非货币特征方面也具有同质性。

（4）劳动力市场上供需双方数量众多，并且双方均无组织性，是工资接受者。

（5）劳动力流动无制度障碍，流动成本为零。

5.2.1.2　完全竞争条件下劳动力市场静态均衡的形成

劳动力市场的静态均衡的形成，也就是均衡工资和均衡就业量的决定。所谓均衡工资，就是在此工资水平上劳动力的供给与需求处于量的相等状态。在完全竞争的劳动力市场上，劳动力供给者和需求者都是现行市场工资率的接受者，而不是制定者。高于这一工资水平时，劳动力供给欲望变得十分强烈，市场的劳动力供给量会有明显的增加，但劳动力需求则相反，需求极度降低，这时市场的均衡就会被打破，市场会向新的均衡点运动，均衡工资条件下的就业水平就是均衡就业量。在劳动力的供给和需求相等时，劳动力市场处于均衡状态，此时的工资为市场出清工资率，或称为均衡工资。在研究此种均衡的形成时，完全剔除了市场经济中其他经济因素对劳动力供求的影响，只考虑工资即无差别的劳动力价格对劳动力供求的影响。

由上述可知，市场劳动力供给 S 和劳动力需求 D 与工资率 W 之间的经济关系是一种函数关系。假定其他条件不变，则有：

$$S = f(W) \tag{5.1}$$

$$D = f(W) \tag{5.2}$$

将供给曲线与需求曲线描述在同一图形重叠，即可观察得到静态均衡的形成。现结合图 5.1 说明：

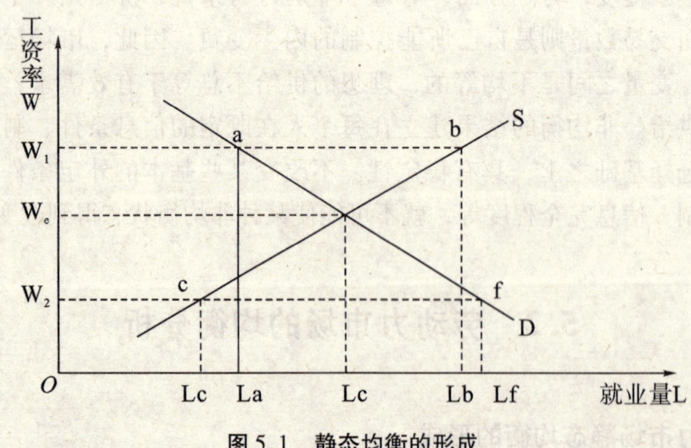

图 5.1　静态均衡的形成

在图 5.1 中，横轴为就业量，以 L 表示；纵轴为工资率，以 W 表示，D 为劳动力的供给曲线；S 为需求曲线。对应纵轴上每一种工资水平，沿水平方向做一条直线，该直线会与劳动力供给曲线 S 和劳动力需求曲线 D 相交，由交点向横轴做垂线就会形成与其相对应的劳动力供给量与需求量。劳动力供给曲线和劳动力需求曲线的相交之处即是均衡工资率 W_e 和均衡就业量 L_e。

假设工资高于均衡工资率时，如 W_1，劳动力供给大于劳动力需求，在此情况下为劳动力买方市场，劳动力的需求者对市场中劳动力的价格具有支配权，他们会要求降低现有工资水平。虽然劳动力供给方不愿降低工资，但由于劳动力供给超额，竞争激烈，劳动者不得不接受劳动需求者提供较低工资的要求，从而保证就业。工资率的下降会使劳动者的供给量下降，需求量增加，供求相互作用下，两者之间的差额会逐步缩小，直至达到均衡状态。

假设工资低于均衡工资率时，如 W_2，劳动力供给小于劳动力需求，在此情况下为劳动力卖方市场，劳动力的供给者对市场中劳动力的价格具有要价权，他们会要求提高现有工资水平。虽然劳动力需求方不愿支付更高的工资，但由于劳动力供给不足，竞争激烈，不得不接受劳动供给者提高工资的要求，从而保证生产正常进行。工资率的上升会使劳动者的供给量上升，需求量减少，供求相互作用下，两者之间的差额会逐步缩小，直至达到均衡状态。

当劳动力供给等于劳动力需求时，工资率 $W = W_e$，就业量 $L = L_e$，劳动力市场实现了均衡。当且只有 $W = W_e$ 时，以 W_e 作为供给价格的劳动力供给的决策主体能够实现就业；以 W_e 作为需求价格的企业能够雇佣到所需劳动力。由于供给是均衡的，在资源限制的条件下，供给的决策主体可获得最大化效用；由于需求是均衡的，它满足了劳动的边际产品价值等于工资（$\sum VMP = W$）的利益最大化条件，所以劳动力供求双方都没有改变这种状态的动力和要求，也就形成了一种相对静止、相对稳定的状态。因此，均衡形成时，均衡工资率和均衡就业量也决定了。在这种状态下，劳动力的供求量相等，而且劳动力能够实现充分就业，此时的失业率即是经济学家所说的“自然失业率”。

5.2.1.3　劳动力供求变动对均衡的影响

在静态均衡分析中，劳动力市场上的工资率和就业均衡水平并不是由劳动力供给或劳动力需求的某一方面决定的，任一曲线的变动都会冲击原有的均衡点，对原有的均衡造成破坏，形成新的均衡，从而改变均衡工资和均衡就业量。

第一，劳动力供给的变化对静态均衡的影响。先假定需求既定，分析供给变动对均衡的影响。

对某职业而言，其替代性职业的就业机会和工资率的变动、技术水平的进步及某行业市场偏好的改变等，都会引起劳动力供给的变化，在图 5.2 上表现为劳动供给曲线的移动。一些人离开该职业市场，去其他市场就职，这时该职业市场的劳动力供给曲线将向左移动，成为 S_1；反之，如果有更多的人希望进入该职业市场，便会大量涌入，这时该职业市场的劳动力供给曲线向右移动，成为 S_2。由图 5.2 可知，劳动力供给曲线变化后，W_0 不再是市场的均衡工资率。在 W_0 这一点上，或者存在劳动力短缺，即劳动力需求大于劳动力供给，雇主之间为争夺劳动力而展开竞争，竞争促使工资上扬，要重新取得均衡；或者出现劳动力剩余，即劳动力供给大于劳动力需求，竞争在求职者之间展开，迫使均衡工资下降，此时均衡就业水平上升。

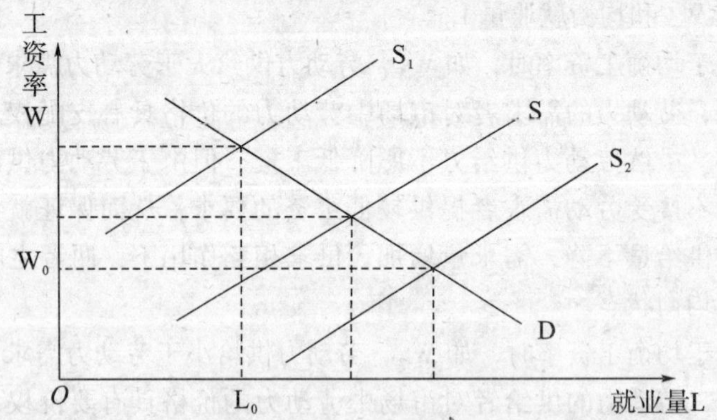

图 5.2　劳动力供给的变动对静态均衡的影响

第二，劳动力需求的变化对静态均衡的影响。先假定供给既定，分析需求变动对均衡的影响。

资本供给的变化、产品需求的变动、国家的经济政策以及其他非工资因素的影响，都可以造成劳动力需求的变动，在图 5.3 上表现为劳动需求曲线的移动。

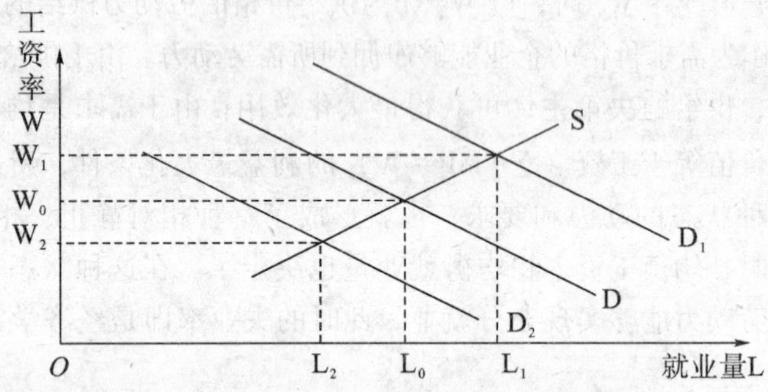

图 5.3　劳动力需求的变动对静态均衡的影响

随着产品需求的增加，劳动力需求曲线右移，成为 D_1，在任何工资水平上，劳动力需求增加。在原均衡工资 W_0 处，供给和需求不再相等，劳动力市场出现短缺（需求大于供给），从而迫使雇主提高工资，最终工资上升至 W_1，就业水平增加至 L_1。

在产品需求减少等因素的影响下，劳动力需求曲线左移，移至 D_2，需求曲线左移导致在原有均衡工资处出现劳动力剩余，企业发现求职者多于职位空缺，求职者发现难以找到工作，为保证就业便降低工资，市场均衡工资降至 W_2，均衡就业水平降至 L_2。

显然，劳动力需求曲线右移，均衡工资率提高，均衡就业量增加；劳动力需求曲线左移，均衡工资率下降，均衡就业量减少。

第三，劳动力供求双方的变化对静态均衡的影响。均衡的破坏也可能是供给和需求同时变化导致的，供求双方的变化可能会同向，也可能会反向；在同向变化时，又有变化幅度相同与不同两种情况；在变化幅度不同时，还有劳动力供给变化幅度大于劳动需求变化幅度以及劳动力需求变化幅度大于劳动供给变化幅度两种情况。例如，供求双方同向变化，在图5.4中表现为劳动力需求曲线向左下方位移，从 D_1 移至 D_2，同时劳动力供给曲线向右下方位移，从 S_1 移至 S_2。如果仅仅需求曲线向左下方移动，工资率从 W_{1-1} 降至 W_{2-1}，但由于供给曲线同时向右下方移动，工资率降至 W_{2-2}。

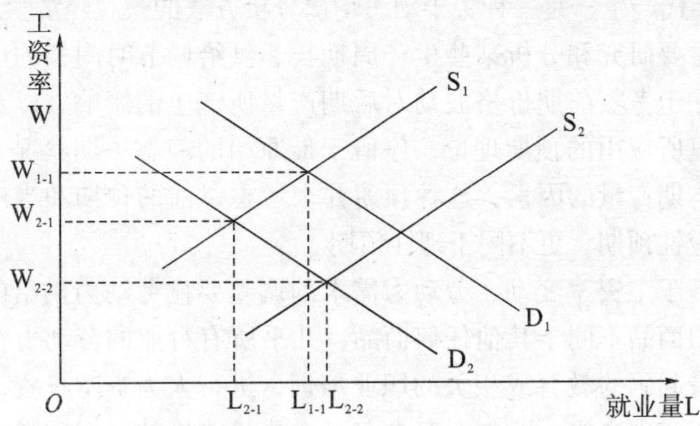

图5.4 供给右移、需求左移的劳动力市场重新均衡

在供求双方反向变化的时候，例如需求曲线向左下方移动造成降低工资的压力，而供给曲线向左上方移动形成提高工资的推力，最终结果取决于两种力量的对比。在图5.5（a）中，需求减少形成的力量占优势，均衡工资从 W_{1-1} 降至 W_{2-2}。而在图5.5（b）中，供给减少形成的力量占优势，工资率从 W_{1-1} 降至 W_{2-1}。

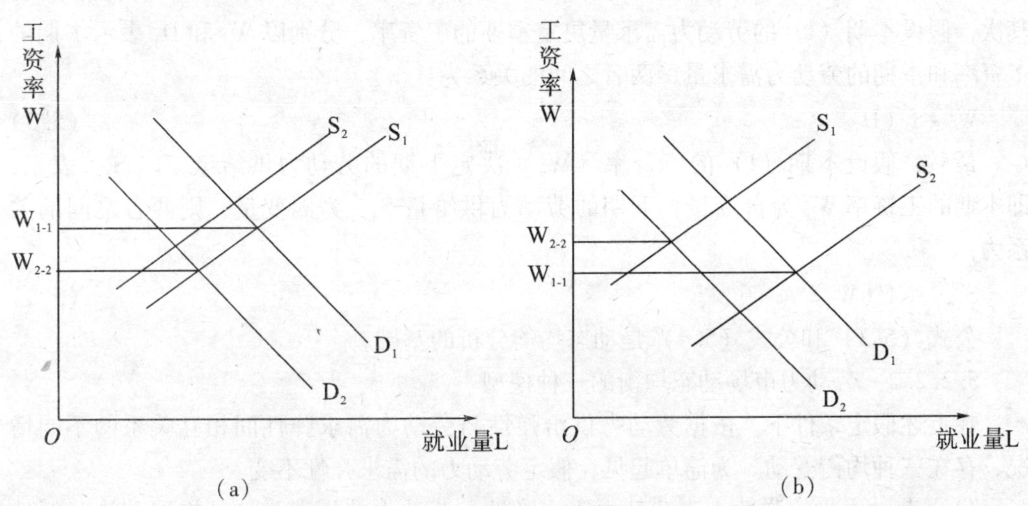

图5.5 供给、需求左移后劳动力市场重新均衡

5.2.2 劳动力市场的动态均衡

5.2.2.1 动态均衡的基本假设

静态均衡分析可以准确地描述劳动力供给与需求在某一时点的状态，但它不能描述劳动力供给与需求在一定时期的状态。在实际情况下，无论劳动力的供给方还是劳动力的需求方，其供求数量的调整都存在一定的滞后期。经验表明，需求方调整的滞后期要比供给方调整的滞后期短得多。而且当工资率离开均衡点后，劳动力市场的供

求并不一定趋于均衡。那么在什么条件下劳动力的供求能重新走向均衡呢？在何种条件下不能趋于均衡呢？这就是劳动力市场动态均衡所要研究的问题。

劳动力市场动态均衡的研究，涉及经济学原理中的蛛网理论及预期问题。蛛网理论于20世纪30年代产生，是一种关于动态均衡分析方法的微观经济学理论。蛛网理论运用供求原理，主要研究和分析某些生产周期长、供给调节时间长的产品的价格和产量。其基本内容在于考察前期价格波动对后期产量所产生的影响，以及由此而引起的均衡的变动。这里所应用的预期理论，停留于最原始的静态预期状况，也就是将上期的价格作为影响本期产量的因素，这种预期并未考虑以前的预期和当期的其他任何信息，它不同于适应性预期，更不同于理性预期。

如上所述，基于工资率变动，劳动力需求的调整要比劳动力供给的调整快，其主要原因在于劳动力商品不同于其他任何商品，几乎所有行业的劳动力在走向工作岗位时，都需要接受最起码的教育或相关的职业培训，进行人力资本投资。形成劳动力供给的决策到执行或实现决策，客观上存在着一个或长或短的时间间隔，其长度视教育或培训的性质和特点而定。假如，接受完九年制义务教育的初中毕业生，如果决定未来做一名熟练技术工人，则还需要2~4年的教育或训练；如果希望未来做一名高等院校的教师，则至少还需7年以上的教育等。这里做如下的假设：

首先，假设形成劳动力供给决策的时间为本期，以t表示；执行或实现劳动力供给决策的时间为下期，以t+1表示。在t与t+1期间，已经形成的劳动力供给决策不变。其次，假设本期（t）的劳动力需求量决定本期的工资率，分别以W_t和D_t表示本期的工资率和本期的劳动力需求量，两者之间的关系为：

$$W_t = f(D_t) \tag{5.3}$$

最后，假设本期（t）的工资率（W_t）决定下期的劳动力供给量，以S_{t+1}表示，即本期的工资率W_t为自变量，下期的劳动力供给量S_{t+1}为因变量，则两者之间的关系为：

$$S_{t+1} = f(W_t) \tag{5.4}$$

公式（5.3）和公式（5.4）是动态均衡分析的基础。

5.2.2.2　劳动力市场动态均衡的三种模型

在上述假定条件下，依据劳动力供给弹性与劳动力需求弹性间相互关系的不同情况，存在三种均衡变动。为简单起见，假定劳动力的需求弹性不变。

（1）劳动力供给弹性小于劳动力需求弹性。劳动力的供求弹性是蛛网理论分析的基本条件，在劳动力供给弹性小于劳动力需求弹性的条件下，工资率与劳动力供给量的波动会越来越小，最后恢复均衡。其图形成为收敛型蛛网。

在图5.6中，劳动力供给曲线S与劳动力需求曲线D相交于e点，e点为均衡点，均衡工资率为W_e，均衡就业量为L_e。劳动力供给曲线S比需求曲线D陡峭，表明引起劳动力供给量与需求量的波动，进而又会引起下期工资率的波动，如此下去，就形成工资与就业的变动。其变动过程如下：

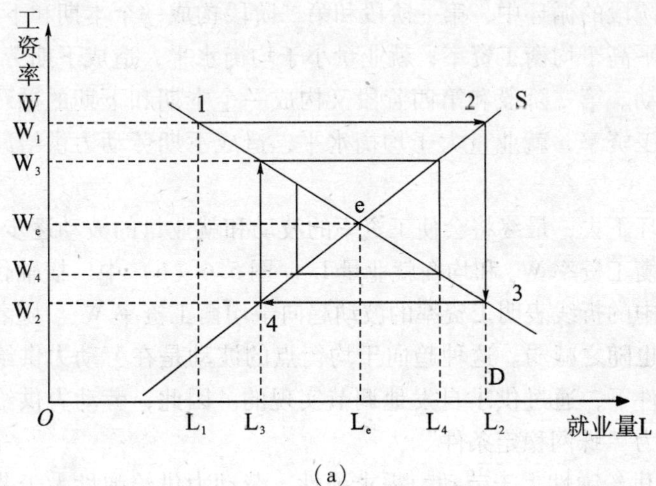

（a）

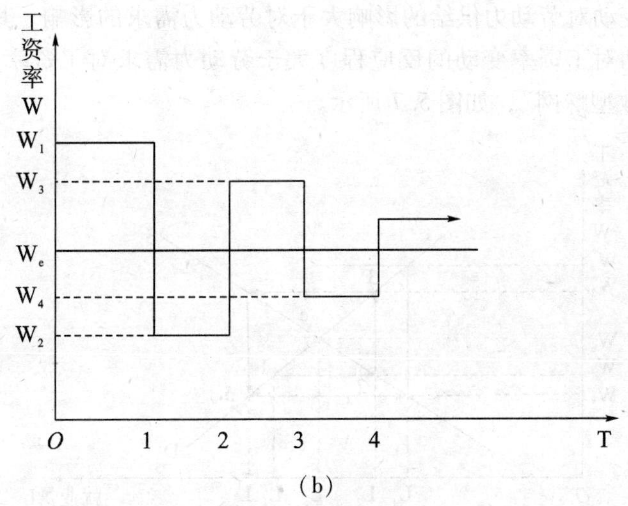

（b）

图 5.6 收敛型蛛网

第一阶段：假定工资率为 W_1，高于均衡工资率 W_e；本期就业量为 L_1，小于均衡就业量 L_e。按假定条件可知，本期的工资率决定下期的劳动力供给量 L_2，即：

$$W_1 = f(L_1) \tag{5.5}$$

$$S_{t+1} = L_2 = f(W_1) \tag{5.6}$$

第二阶段：这个阶段就是在第一阶段以 W_1 的工资率决定劳动力供给决策的供给者，执行劳动力供给决策的时期。由于劳动力供给远远大于需求，他们只能以 W_2 的工资率实现就业。可见 $W_2 < W_e$，$L_2 > L_e$。

第三阶段：本阶段的就业量为 L_2，工资率为 W_2，这个工资率决定了下期劳动力的供给量，在这个工资率下，下期的劳动力供给量为 L_3。

第四阶段：此阶段是在第三阶段以 W_2 的工资率决策劳动力供给量的人们实现其决策的时期。在此工资率下，劳动力需求大于劳动力供给，要实现 L_3 的劳动力供给量就必须使工资率上升到 W_3，可见 $L_3 < L_e$。

在上述四个阶段的循环中，第一阶段和第二阶段构成一个本期和下期的循环周期。由于本期工资水平高于均衡工资率，就业量小于均衡水平，造成下期劳动力供给增加、工资率降低的波动。第三阶段和第四阶段又构成一个本期和下期的循环。由于本期工资水平低于均衡工资率，就业量大于均衡水平，造成下期劳动力供给减少、工资率增加的波动。

如此反复循环下去，最终将会使工资率的波动和就业量的波动逐步趋近于均衡点，回复到原来的均衡工资率 W_e 和均衡就业量 L_e。图 5.6（b）中，横轴代表时间，纵轴代表工资率，图中的折线表明工资率的波动趋向于均衡工资率 W_e。随着工资率波动减弱，就业量波动也随之减弱。这种趋向于均衡点的波动是在劳动力供给弹性小于劳动力需求弹性的条件下，通过供求自发地调节实现的。因此，劳动力供给弹性小于劳动力需求弹性被称为“蛛网稳定条件”。

（2）劳动力供给弹性大于劳动力需求弹性。劳动力供给弹性大于劳动力需求弹性意味着工资率的变动对劳动力供给的影响大于对劳动力需求的影响。其含义即已表明，劳动力供给量变动对工资率变动的反应程度大于劳动力需求对工资率的反应程度。此种波动称为“发散型蛛网”，如图 5.7 所示。

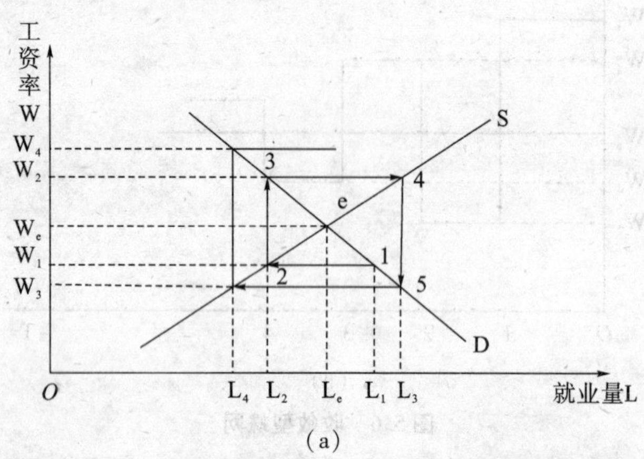

(a)

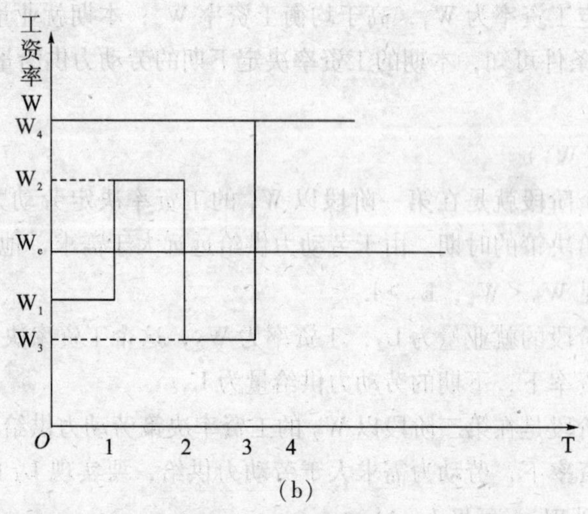

(b)

图 5.7　发散型蛛网

图5.7与图5.6相似，但劳动力供给弹性大于劳动力需求弹性，故曲线S比曲线D更为平缓，e点为均衡点，W_e为均衡工资率，L_e为均衡就业量。与前述不同的是，当市场失衡时，工资率和就业量的波动会越来越大，两个变量离均衡点越来越远。这种变动表明，均衡不可能再恢复，因此，劳动力供给弹性大于劳动力需求弹性被看成“蛛网不稳定条件”。

在实践中，一般难以见到“发散型蛛网”，这是因为劳动力供给的决策者对工资率存有某种预期。如果现实工资率比均衡工资率高，他们的预期会降下来，所以不会贸然地将本期的高工资率作为决策下期劳动供给的依据。同样，现实工资率远低于均衡工资率，他们也不会都以低工资决策下期的劳动力供给。当然，这并不是说劳动力供给曲线必定比较陡峭，其弹性必定小于需求弹性，从而满足稳定条件，而是说在劳动力供给决策中，决策是分散进行的，以个人和家庭为决策主体。虽然他们被假设为追求效用的最大化，但是他们存在一定的工资预期，而预期的稳定有助于劳动力市场的稳定。

（3）劳动力供给弹性等于劳动力需求弹性。在这种情况下，供给曲线和需求曲线的斜率相同，即劳动力的供给量和劳动力的需求量对工资变动的反应程度是相同的。此时工资和就业量的波动既不是收敛型的即越来越小，也不是发散型的即越来越大，而是在同一波动程度上变动起点的工资率和终点的工资率并在同一点上相交，从而形成一个循环，形成“封闭型蛛网”，如图5.8所示。

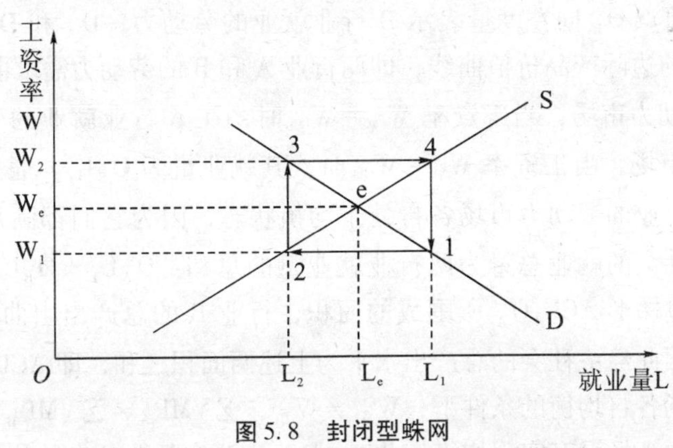

图5.8 封闭型蛛网

5.3 劳动力市场均衡的意义

5.3.1 使劳动力资源实现最优分配

在完全竞争的市场结构中，劳动力市场实现均衡，劳动力资源就能得到最有效的分配。在给定资源与总需求水平的前提下，社会产出也能取得最高水平。这是劳动力市场均衡的重要意义之一。

劳动力市场均衡，使得工资率等于总的边际产品价值。在完全竞争市场条件下，企业、行业不同，其资本存量也不同，但是所有的企业、行业都将劳动力雇佣到使其劳动边际产品价值等于均衡工资率的水平，这就必然导致所有行业和企业的边际产品价值相等。这样，在生产技术状况不变。资本存量既定的情况下，就可以保证一个经济社会的产出水平实现最大化。图 5.9 可以对此做出说明。

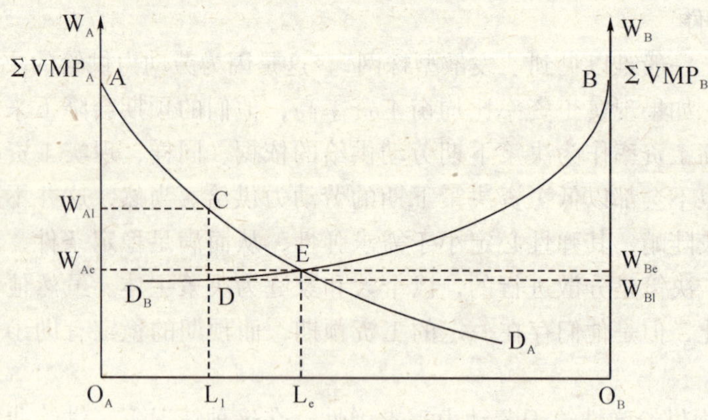

图 5.9　完全竞争均衡下劳动力资源的最优配置

假设一个经济社会由 A 行业和 B 行业两个行业构成，存在着 A 行业劳动力市场和 B 行业劳动力市场。在图 5.9 中，纵轴分别表示两个行业的工资率 W_A 和 W_B 以及两个行业各自总的劳动的边际产品价值 $\sum VMP_A$ 和 $\sum VMP_B$；原点 O_A 向右度量表示 A 行业就业的劳动力，原点 O_B 向左度量表示 B 行业就业的劳动力；D_A 和 D_B 分别为行业 A 和行业 B 的劳动的边际产品价值曲线，即两行业 A 和 B 的劳动力需求曲线。

在 A 行业劳动力市场，当工资率 $W_A = W_{A1}$ 时，在 A 行业就业的劳动力为 O_AL_1。在 B 行业劳动力市场，当工资率 $W_B = W_{B1}$ 时，其就业量为 O_BL_1。通过分别考察，在上述条件下两个行业的劳动力市场各自处于均衡状态，因为它们都满足 $\sum VMP = W$ 的条件。此时经济社会的就业总量为两行业就业量的总和：$O_AL_1 + O_BL_1 = O_AO_B$。行业 A 的总产出由曲边梯形 ACL_1O_A 所围成的面积，行业 B 的总产出由曲边梯形 BDL_1O_B 所围成的面积，因此经济社会的总产出水平为上述两面积之和，即 $ACL_1O_A + BDL_1O_B$。

在上述两市场各自均衡的条件下，$W_{A1} \neq W_{B1}$，$\sum VMP_A \neq \sum VMP_B$，所以整个经济社会统一的劳动力市场没有实现均衡。此时，A、B 两个行业各自的均衡工资率存在着 $W_{A1} > W_{B1}$ 的关系，因此决定 B 行业劳动力向 A 劳动力市场流动。A 行业劳动力市场因为外来劳动力的流入，劳动力供给增加，使得 $\sum VMP_A$ 下降，工资率随之下降；B 行业劳动力市场因为劳动力的流出，劳动力供给下降，使得 $\sum VMP_B$ 上升，工资率随之提高。最终，当两个市场的均衡工资率都等于 W_e，并且 $\sum VMP_A = \sum VMP_B$ 时，统一的劳动力市场便实现了均衡。

在上述变动过程的同时，劳动力资源实现了优化配置：低生产率的行业 B 由于 L_eL_1 部分劳动力的流出，生产率得以提高；高生产率的 A 行业由于 L_1L_e 部分劳动力的流入，资本得到了更充分的利用。在劳动资源总量 O_AO_B 不变的条件下，使得经济社会净增加了产出，其增加产出为曲边三角形 CDE 所围成的面积部分。进而可知，只要劳动力市场没有实现均衡，必然使经济社会的产出水平受到损失，劳动力资源没有得到最优配置。如果两个市场实现了均衡，劳动力仍然流动，也会对社会的产出水平产生负面影响。

当然，现实中的经济社会不可能只由两个行业构成，当经济社会由 N 个行业构成时，上述分析仍然成立。A 和 B 是经济社会任意两个行业，两行业统一的劳动力市场实现了均衡，两行业的劳动的边际产品价值相等，社会获得最大的产出水平和劳动力资源的最优配置。任意两行业劳动力市场实现均衡的条件是所有行业劳动力市场都实现均衡。因此，只有经济社会所有行业、部门、地区劳动力市场都统一地实现了均衡，劳动力资源才能得到最优配置，经济社会的产出也才能实现最大化。

5.3.2 使同质劳动力能获得同等报酬

劳动力市场均衡的这个意义表现为同质劳动力能获得同样的工资，不存在任何职业的、行业的和地区的工资差别。

完全竞争市场结构的基本假设指出：劳动者具备完整的信息，各类流动成本为零且不存在任何制度性障碍，劳动力是同质的，即都存在或不存在对当前特定技能的任何预先投资，其他劳动或工作条件一样，等等。自由流动和完全竞争，必然导致没有任何工资差别。

如图 5.10，我们假设经济社会由 A 和 B 两地区构成，劳动和资本在 A 和 B 两地区间有较大差异，A 地区均衡工资 W_A 比 B 地区均衡工资率 W_B 高。A 地区的高工资必然导致 B 地区的劳动力流向 A 地区。B 地区劳动力供给减少，自然使供给曲线左移，同时使得 A 地区的劳动力供给曲线右移。因为劳动力的流动使得两地区劳动力供给曲线位移，最终使地区工资差别趋于消失，A、B 两地区劳动力市场实现均衡，都等于均衡工资率 W_e。在两地区市场工资都等于 W_e 的情况下，地区间劳动力停止流动。

从资本流动的角度观察地区工资差别的变动，可以得到同样的结论。A 地区工资比 B 地区高，为了取得 B 地区较低劳动成本的利益，A 地区资本向 B 地区转移。随着 B 地区资本的增加，劳动力需求曲线右移，导致 B 地区工资率上升。资本总量不变时，A 地区因资本转移，劳动力需求曲线左移，使该地区工资率下降。当 A、B 两地劳动力工资相同时，资本流动不会带来劳动力成本的节约，于是资本停止流动。可见资本在地区间的转移，同样会使地区间工资差别消失，实现统一的均衡工资率。

同样的道理也可以解释行业、职业的工资差别为何趋近于零。假设图 5.10 中的 A、B 两地区描述的是 A、B 两行业或 A、B 两种职业，劳动者在行业和职业间的流动，使得他们的工资逐渐接近，最终收敛于均衡工资 W_e。同等的劳动会获得同等报酬，不会因职业、行业、地区差异而形成劳动力工资差别。

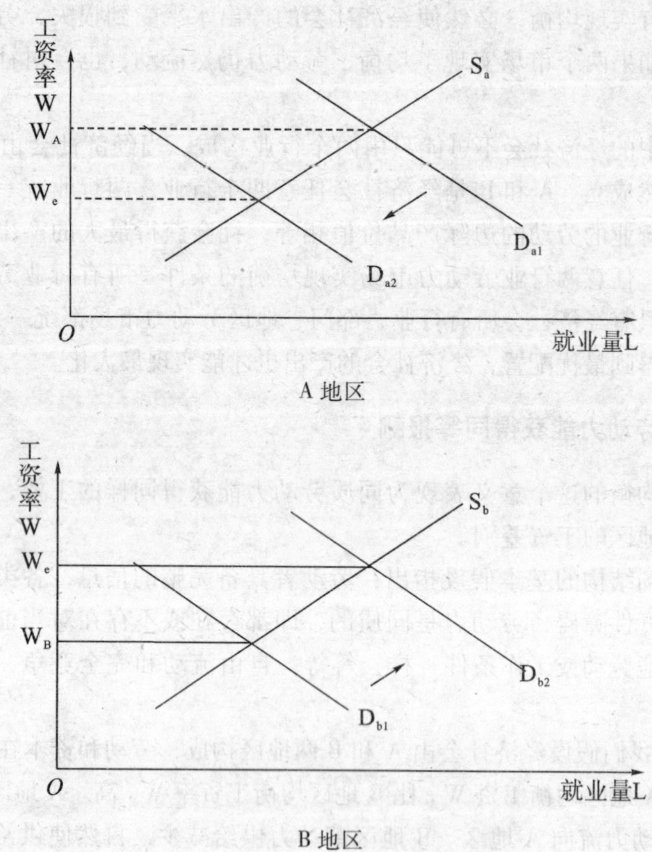

图 5.10 资本流动导致地区工资均衡

5.3.3 实现充分就业

劳动力市场均衡的第三个意义是指在劳动力市场具有充分弹性的前提下，使经济社会实现充分就业。当社会平均工资率高于均衡工资率时，劳动力供给过剩，即出现失业状况；当社会平均工资率低于均衡工资率时，造成劳动力供给不足，即存在职位的空缺。当社会平均工资率等于均衡工资率时，既不存在供给过剩，亦不存在供给不足，此时劳动者都能找到就业机会，企业也都能雇佣到它们所愿意雇佣的劳动力。经济社会在均衡时，实现了充分就业。

5.4 内部劳动力市场

前面的研究都针对企业之外的劳动力市场，但是，企业中很多岗位的劳动力供求问题往往可以通过企业内部原有人员之间的调剂来解决。这引出了内部劳动力市场的概念，并引起相应研究。内部劳动力市场问题，是企业人力资源管理的主要研究对象之一。

5.4.1 内部劳动力市场的概念及构成要素

5.4.1.1 内部劳动力市场概念

内部劳动力市场是指一个企业范围内，以特定的规则和习惯来调节劳动力供需的资源机构。此概念是由多林格、彼得和皮奥里提出来的，作为外部劳动力市场的对立概念，如今已被劳动经济学界广泛承认。在这里，内部是指企业组织的内部，外部则指企业之外，因此有人也将内部劳动力市场称为企业内劳动力市场。在几乎所有的大中型企业中，都建有完善的内部劳动力市场制度。

5.4.1.2 内部劳动力市场构成要素

（1）组织结构。企业有一定的结构，但它在很大程度上是由生产活动的技术所规定的。在组织中有保证企业活动、协调一定合作关系的横向联系和按照服从决策、指挥、命令系统的责任与权限排列起来的纵向联系。在很多小企业中，这些职能可能没有专业划分，但在大企业中，对这些职能都有专门化规定。这一点从组织结构的特性也可以反映出来。

横向联系建立在研究与开发、生产、营销、财务、人力资源管理等不同职能部门的分工协作的体制之上，有时也因为需要的不同而选择不同的工厂、营业部来进行。特定的产品和企业活动，也可采用事业部制的形式。

纵向联系是从工作现场的一般工人开始，经过现场监督人员或管理人员、中间管理人员直至最高经营者的层级序列。该序列以组织管理中的责任与权限为序列标准，可以成为组织内报酬序列和企业内晋升的阶梯。

（2）组织原理。组织形成的最本质原理是其成员属于组织。按照这一原理，进入市场的买卖双方形成的只是以市场价格为依据进行交易的互补关系而不是从属关系。卖方在价高时进入市场，价低时退出。也就是说，可以把市场称为将价格信号作为媒介的经济主体自由进入或退出的社会性系统。

组织成员所属的组织由按价格自由进出市场的原理支配，故其并不一定都是固定的。组织与成员的结合受到组织心理契约的影响，此种所属关系并不能按照相对价格变化直接产生或者消除掉。

组织成员的“人”与市场中的“人”不一样，后者会因为工资的变动而自主选择流动，而前者不会因为工资差别立即离开其所属的组织。劳动者进入组织后，时间越久，工作岗位越重要，组织的“人”的性质就越强。这样，他们与其离开组织，还不如通过在组织中表达自己的真实意见来要求改善劳动条件。

雇佣关系具有归属企业组织这种性质的倾向，不仅因为经济以外的许多重要原因而得以加强，而且还因经济本身的原因被强化。这就是从信息的共同占有中生成的经济性。通过长时期对组织的所属关系和以这种关系为中心产生出的组织成员间的人际关系，以每个人的特点和工作为中心的多种详细的信息随着时间的推移积累起来。这种大量的信息是在长时间的经验积累中获取的，不是短期内得到的。因此，雇佣关系是在所属关系上的那种本质、长期的关系。

5.4.2　内部劳动力市场存在的原因

内部劳动力市场可以弥补外部市场的不足，其存在具有客观的效率基础。现代企业之所以用内部劳动力市场进行招聘、工资、晋升等人力资源管理活动，主要有以下三个方面的原因：

（1）劳动者在工作期间享受较多的在职培训，这会使得企业在考虑到已投入的人力资本投资的情况下，不敢轻易解雇劳动者，增强了雇佣双方长期合作的预期，从而确立了人力投资的有效激励基础。内部劳动力市场能够有效地发挥人力资本作用，使员工更有归属感。

（2）现在的劳动力市场与过去竞争激烈的劳动力市场相比，已处于不完全竞争状态。因此，企业在控制劳动力投入量时，并非采取任意辞退劳动力的强硬手段，而是尽量发挥内部劳动力市场的机能。另外，在重要职位出现空缺时，利用内部劳动力市场调剂恰当的人选就位要比“空降”形式更能有效地激励内部人才。

（3）从历史发展来看，社会意识形态对西方劳动制度造成了很深的影响。世界上出现的社会主义和资本主义的竞争，竞争的压力促使西方国家政府鼓励企业采取有利于劳动者的内部劳动力市场。

5.4.3　内部劳动力市场的特点

（1）内部市场主要以管理规范和制度为调节手段。它是一个层级组织，其人力资源的配置过程完全被纳入到管理规范。与此同时，外部市场则通常以价格为调节手段，而内部市场则利用特有的习惯与传统作为非正式规则施加潜移默化的影响。

（2）内部劳动力市场有利于减少交易成本，包括因信息不对称而造成的各种招募、筛选与培训成本及因经济当事人的机会主义行为而导致的风险成本。

（3）内部劳动市场的就业合约一般较长，这是其最典型的特征之一。企业在完成初次雇佣后，往往通过心理契约维系就业关系的稳定性，为劳动者在企业内提供职业生涯长期发展的机会，不会轻易解雇员工。即使经济不景气或企业面临经营困难时，也不会立即将多余的员工“退回”社会，而是通过一系列内部优化重组的措施来应对困境。与此相对应，员工通常也很少流动或“跳槽”。这与外部劳动力市场上供求关系的频繁波动形成反差。

（4）内部劳动力市场的工资决定机制也具有特点。工资是与工人的长期绩效相联系的，即所谓的“年功工资”的分配制度。内部劳动力市场也有助于实现长期激励相容，它通过工作阶梯与内部职位晋升制度、资历导向的薪酬制度等一套长期激励机制，来确保企业的长期动态效率。

本章小结

均衡概念最初借用自物理学，指的是一个系统的特殊状态，即相互对立的各种力量同时对该系统发生作用，当合力为零时系统所处的相对稳定的状态。

局部均衡是经济学中用来分析单个市场、单个商品价格与供求关系变化的一种方法。一般均衡分析，又称为瓦尔拉斯一般均衡或瓦尔拉斯均衡分析，是经济学中用来考察市场上所有市场、所有商品的价格和供求关系变化的一种分析方法。

静态均衡分析抽象掉时间因素，假定变量的调整能在可以忽略的瞬间完成，调整时间为零。现实经济中均衡的调整过程有一定的时间间隔，需要我们运用到动态均衡分析。动态均衡分析强调了经济变量调整中时间的重要性，着重考察经济变量在不同时间的变动情况。

现代经济学描述的均衡：一般意义上的经济均衡、凯恩斯失业均衡、非均衡概念。

完全竞争，又称纯粹竞争，是指不受任何阻碍和干扰的市场情况。

劳动力供求变动对均衡的影响有：劳动力供给的变化对静态均衡的影响、劳动力需求的变化对静态均衡的影响、劳动力供需双方的变化对静态均衡的影响。

劳动力市场动态均衡的研究，涉及经济学原理中的蛛网理论及预期问题。蛛网理论于20世纪30年代产生，是一种关于动态均衡分析方法的微观经济学理论。蛛网理论运用供求原理，主要研究和分析某些生产周期长、供给调节时间长的产品的价格和产量。其基本内容在于考察前期价格波动对后期产量所产生的影响，以及由此而引起的均衡的变动。

劳动力市场动态均衡的三种模型：收敛型蛛网、发散型蛛网、封闭型蛛网。

劳动力市场均衡的意义：使劳动力资源实现最优配置、使同质劳动力能获得同等报酬、实现充分就业。

内部劳动力市场是指一个企业范围内，以特定的规则和习惯来调节劳动力供需的资源机构。在这里，内部是指企业组织的内部，外部则指企业之外，因此有人也将内部劳动力市场称为企业内劳动力市场。在几乎所有的大中型企业中，都建有完善的内部劳动力市场制度。

复习与思考

一、关键概念

均衡　静态均衡　动态均衡　蛛网理论　内部劳动力市场

二、思考题

1. 如何理解古典均衡的概念？

2. 如何理解现代均衡的含义？

3. 劳动力市场完全竞争的条件是什么？

4. 结合图形说明劳动力市场动态均衡的三种类型。

5. 内部劳动力市场的主要特征是什么？

6. 结合实际，谈谈劳动力市场均衡的意义。

三、小资料：华为与内部劳动力市场

华为公司管理制度开头就写道：员工是我们公司最大的财富。华为公司对人力资源管理高度重视，人力资源委员会是公司的三个高层管理委员会中的一个，并将人力资本增值目标优先于财力资本增值目标，不断提高员工的境界、技术和专业经验，确定为企业的四大基本目标之一。根据公司的宗旨，华为建立了旨在对人才创造力进行管理和对人才潜能进行开发的人力资源管理体系。该体系突出的特点是实行自由雇佣制和建立内部劳动力市场。

华为以自由雇佣制来规范企业与员工的关系。自由雇佣制的核心是：使人适合于职务，使职务适合于人。为强化企业内部人才流动，华为专设了内部劳动力市场，进行人力资源的合理配置。华为让不同知识结构的人才通过换岗流动，找到自己最适合的岗位；对能力上不去的老员工进行换岗或下岗培训，再竞争上岗，以激活沉淀层。华为对全体员工提倡：爱干什么就干什么去。一旦你干上爱干的这行，就必须干好，干成专家。说到底，华为推行自由雇佣制的目的，是对员工形成约束机制和激励机制，实现人才的选优、培优、留优、用优，最终让你终生为华为服务。

华为的人力资源管理基于这样一种认识：对员工的工资支付不是简单的人工成本的支出，而是人力资本投资。华为今天的巨大财富正是这一投资的回报。

［资料来源］张继辰. 华为的人力资源管理［M］. 深圳：海天出版社，2010：第一章第二节.

6 劳动力流动

本章学习目标

了解劳动力流动的概念与类型；弄清劳动力流动的影响因素；把握劳动力流动的决策和劳动力流动的形式；理解劳动力合理流动的意义；掌握三种劳动力流动模型；思考劳动力的国际流动与人才流失问题。

6.1 劳动力流动概述

6.1.1 劳动力流动的概念

劳动力流动指具有一定劳动能力的劳动者，为了实现与生产资料的结合，在生产过程之外，在不同工作、不同职业、不同地域之间的迁移和流动。从宏观上讲，劳动力流动属于劳动力资源再配置的经济问题；从微观上讲，劳动力流动是劳动力在寻找工作机会过程中的基本现象。

在市场经济条件下，劳动力作为商品，同其他商品一样具有流动性。劳动者在劳动力市场中，为了获得更高的收入，会自主寻求更好的就业机会，不会满足于长期在同一企业或地域就职，从而产生劳动力的流动，以期获得更高的收益。劳动力流动对社会组织来说也是能够获得更高效劳动者的有效途径。从这个意义上说，劳动力流动是一种对人力资本的投资。

6.1.2 劳动力流动的类型

（1）社会组织之间内部的流动。社会组织之间内部的流动，是指劳动者择业中在各类工种及职位间进行的流动。此类内部的流动多数发生在专业人员身上，他们更多考虑的是专长的发挥和经济收入的增长。此类流动最为普遍。

（2）职业之间的流动。职业之间的流动，是指劳动者的职业变动而住所不变，当劳动者发现更适合自己的工作时，会流向自己最满意的职业。这既包括类似职业的变动，比如会计人员转职做审计人员；也包括不同职业间的流动，比如教师转职做公务员，等等。

（3）地域之间的流动。地域之间的流动，是指地域变动而职业不变，包括地区间流动或国家间流动。比如从 A 市的劳动力市场转到 B 市的劳动力市场，或研究人员从一国转移到另一国继续进行研究。

（4）特定劳动力群体的流动。此类流动是指特定劳动力进入劳动力市场的流动，主要是指学生毕业之后，集中进入劳动力市场的流动；或是女性劳动者为了照顾家庭，主动退出劳动力市场的流动。

（5）失业与就业之间的流动。失业与就业之间的流动是指失业者重新就业，或者就业者失去工作机会的此类流动。多数情况下，就业转为失业属于非自愿流动，主要受经济周期波动及劳动力供求状况的影响。

6.1.3 劳动力流动的影响因素

对劳动力流动的研究分析表明，多数流动源于经济原因，其次才是为了职业生涯的发展和家庭原因。

6.1.3.1 宏观方面

（1）经济发展水平的差异。劳动力的需求与供给均受到经济发展水平的影响。经济发达地区有庞大的经济规模效应、巨大的劳动力市场、广泛的就业机会及诱人的工作条件和福利，对劳动力的吸引力远远大于欠发达地区。作为“经济人”的劳动者自然就会从欠发达地区流动至发达地区。

（2）地域间劳动力供求的不平衡。劳动力需求与劳动力供给在不同地域有很大差异。各地域的劳动力资源的数量和质量以及不同地域的经济发展水平和速度都会影响劳动力的流动。在经济发展较快的地区中，因其自身劳动力的增长速度赶不上生产对劳动力需求的增长速度，劳动力出现短缺，更容易吸引劳动力相对过剩的其他地域的劳动力流入，以满足当地经济快速发展的需要。总体来说，劳动力是从经济发展较慢的地区流向经济快速发展的地区的。

（3）经济周期引起的流动波动。在经济复苏及繁荣阶段，社会各组织生产活跃，对劳动力需求大，就业机会多，企业愿意用较高的工资来吸引劳动者，原本部分失业的人大量涌入劳动力市场，重新就业。反之，在经济衰退、萧条阶段，劳动力市场急剧收缩，失业率节节攀升，劳动者开始接受较低的工资来保住现有工作，部分劳动者流出劳动力市场。

劳动力市场周期对劳动力流动具有重要影响。当劳动力市场紧缩时，劳动力供不应求，劳动者能有更多更好的选择，因此辞职率上升，劳动力市场的流动加快。当劳动力市场较为宽松时，劳动力供过于求，雇主在答应提供工作之前可以进行更为仔细的挑选，有了更多的选择；而劳动者为了维持就业的状态，会减少辞职的概率，劳动力市场的流动变得缓慢。

6.1.3.2 微观方面

（1）年龄因素。年龄是影响劳动力流动的一个重要因素，从表 6.1 可以看出这种趋势：在其他条件不变的情况下，年龄越大，流动行为越少。之所以如此，可能出于以下几个原因：

表 6.1　　新成员国在英国的移民年龄特征（2001—2006 年）

人口统计特征	波兰人		其他 A8（八国集团）移民	
	2000—2003 年	欧盟扩人后	2000—2003 年	欧盟扩大后
16 ~25 岁（%）	33.1	42.9	44.4	47.1
26 ~36 岁（%）	51.5	42.5	37.3	28.0
36 ~59/64 岁（%）	15.4	14.7	18.3	24.8

［数据来源］S. DRINKWATER，J. EADE，M. GARAPICH，2006.

① 年轻劳动者的流动成本小于年长劳动者。第一，年轻劳动者自身财物较少，携带方便，流动比较容易。而年长劳动者因为生活积累，财物较多，搬家费用高，流动不易。第二，年轻劳动者的直接流动成本小于年长劳动者，因为其工作年限短，收入水平低，所以养老金对其的吸引力往往较小。第三，年轻劳动者的流动心理成本小于年长劳动者。年轻劳动者更容易融入新的工作生活环境，建立其社交圈，了解当地的社区文化。年长劳动者因为要离开朝夕相处的朋友，到一个陌生的地方重新寻找工作，使得心理成本增长，使得其从流动中获得的收益降低，因此妨碍了流动。

② 年长劳动者人力资本投资收益年限较短。同样的劳动力流动后，时间越短，净收益现值就越小。年轻劳动者流动后有较长的工作年限享受到新的地区、新的职业所带来的更高收入。因为劳动者在流动时对自身人力资本投资预期收益持乐观态度，他们会比年长劳动者更愿意承担暂时失业的风险。

③ 年长劳动者拥有较多人力资本。在一个组织中，劳动者的工资收入与其年龄、工作时间的长短有正相关关系。劳动者工作时间越长，其雇主为其投入的培训费用越多，特别是特殊培训这种人力资本投资，不容易转移到其他组织。劳动者的工资中包含有这部分的人力资本投资收益，这笔收益有可能高于其他工资收入，因此年长劳动者在权衡这笔收益的多少后，大多表示不太愿意流动。

④ 在同一年龄群体中，未婚者与已婚者相比更易流动，无子女的已婚者比有子女的已婚者更易流动。

（2）教育程度。教育是同一群体内部影响流动性大小的重要因素。从教育程度划分来看，流动性的高低和受教育程度正相关。从表 6.2 及表 6.3 可以看出：

表 6.2　　结束全日制教育不同年龄的群体的流动意向　　单位:%

	15 岁以下	16 ~19 岁	20 岁以上
高流动性的 EU15(欧盟成员)国家	1.46	3.7	4.26
低流动性的 EU15(欧盟成员)国家	0.76	2.11	3.57
高流动性的新成员国	1.09	4.57	9.69
低流动性的新成员国	0.85	1.62	2.8

［数据来源］欧盟统计局.

表 6.3　　1993—1994 年 30 ~ 34 岁美国公民的迁移率　　单位:%

教育水平（年）	县际间迁移	洲际间迁移
9 ~ 11	3.9	2.7
12	4.4	2.6
13 ~ 15	4.8	3.3
16	4.9	4.4
17 年以上	6.7	5.0

［资料来源］伊兰伯格，史密斯. 现代劳动经济学［M］. 潘功胜，等，译. 北京：中国人民大学出版社，1999：313.

流动性差异主要是由于各产业科学技术含量越来越高，拥有技术的知识劳动者受到企业的追捧，受教育程度越高的劳动者有越好的技能，因此能够较为容易地找到工作并适应不同的国家和地区。因此，受教育程度越高，其流动倾向越明显。

中国改革开放之后，出国留学或做访问学者的人员大大增加，占“出国潮”的绝大部分比例，这也说明了这一劳动力流动的特征。

（3）与工作匹配的意愿。从劳动者个人角度来看，人力资本理论认为，变换工作是一种有成本的交易，这种交易只有在劳动者预期收益超过变换成本的基础上才会被自愿采纳，因此，劳动力流动被劳动者看成是改善自身福利的一种手段。从更为全局性的角度来看，劳动力流动具有社会调节功能，即让劳动者能与最认可他技能的雇主相匹配的功能。每个劳动者都有区别于他人的技术和偏好，而雇主也对劳动者的技术及偏好有着不同的需求，这种需求由几个变量函数组成：消费者对雇主产品的偏好、可能的生产技术以及雇主的管理。劳动者与雇主在最初匹配时很可能不是“最优选择”，因为双方的信息是不完全对称的，则使得匹配没法保持在最优的水平上。因此，最初的匹配实现之后所发生的流动，在改善劳动者某一段时间内的工作匹配状况方面扮演着极为重要的角色。雇主希望解雇那些实际生产率比他雇佣时所预期的生产率要低的劳动者，而劳动者所具备的资质足以使得他在其他地方有更高“要价权”（因为他有更高的生产率）时也会选择离开现组织，自主择优。这样，经过一个试用过程之后，整个经济会逐步接近劳动者与雇主达到适度匹配的目标。当劳动者与雇主之间的匹配出现失误之后，雇佣关系自然终止，劳动力流动便会出现。而如果两者之间达成了一种和谐匹配关系，工作时间越长，雇佣关系越稳定，其离职流动的可能性就越小。

（4）迁移距离。一般来说，迁移距离远近通过两方面影响劳动力流动。首先，就业信息获取的难易。劳动者在离家近的地方比离家远的地方更容易获取就业信息，可以通过电话、报纸和亲朋好友获取，这些途径都无形中降低了迁移的交易成本。其次，迁移成本的高低。迁移成本与迁移距离成正比，包括探望亲友家属的交通费以及迁移的心理成本。因此，在其他条件相同的情况下，人们更愿意进行短距离的迁移。

（5）职业与技术等级。职业也是影响劳动力流动的因素之一。职业流动是劳动市场上劳动力供给的调整和劳动者的职业选择过程。职业流动的快慢用职业流动率的大小来表示。职业流动率，是指某段时间内（一般以一年为准）变换职业的就业人数与总的就业人数之比。学者们通过调查研究，发现职业流动率与技术等级成反比，即技术等级越高，职业流动率越慢。管理人员和专业人员的流动率小于工人流动率，但某些职业技术性很强的工作，因其季节性和短期性特点，导致工人为了保持技术和较高薪金而不断地搜寻最佳雇主。

从人力资本投资方面来看，专业技术特长的形成需要长期的教育和培训，劳动者随意变换职业，不仅使已投入的人力资本投资无法收回，更无法“获利”。从劳动力需求方面来看，因为专业人员技术的稀有性，专业人员的较高报酬和较高的职业稳定性等职业优越性便体现出来，劳动者一般不会轻易放弃自己的专业，因而专业流动率较低。同时由于技术越来越专业化，在地方劳动力市场上往往找不到需要服务的雇主，而在另外的地区又需要，所以专业技术人员为寻找更好的工作岗位而进行跨地区之间的流动的比率就自然要比体力劳动者高一些。另外，劳动力迁移需要一笔可观的费用，体力劳动者的工资恰恰不高，很难承担，而较高工资的专业人员与之相比，更具有流动的条件，因此，专业技术人员的地区流动率会相对高一些。

除了上述因素以外，还有许多其他的影响劳动力流动的因素，比如人际网络、居住条件及环境和公共设施的完善程度。其中，人际网络因素包括更好地获得朋友和家庭的支持、离朋友和家人更近、结识新的朋友；居住条件和环境因素包括更好的住房条件、更好的环境、改变生活环境以及更好的天气；而公共设施的因素包括更好的医疗条件、更好的学校以及更便利的交通。

6.2 劳动力流动的决策

6.2.1 劳动力流动决策分析

通常，劳动力流动有两个基本假设：

（1）劳动力流动是劳动力为了获得利益而自愿迁移的行为，即劳动力流动不包括因为雇主造成的流动，比如失业而导致劳动力工作岗位的变化。

（2）劳动力有自由流动的选择性。

劳动者在流动之前会对流动收益与流动成本进行比较，这是劳动力流动的最基本依据。假设劳动者在不流动情况下的收入趋势曲线为 W_0，流动后的收入预期曲线为 W_1，ABC 区域反映流动成本和暂时舍弃的收入之和，流动带来的收益是 W_1 和 W_0 “剪刀差”部分（如图 6.1）。

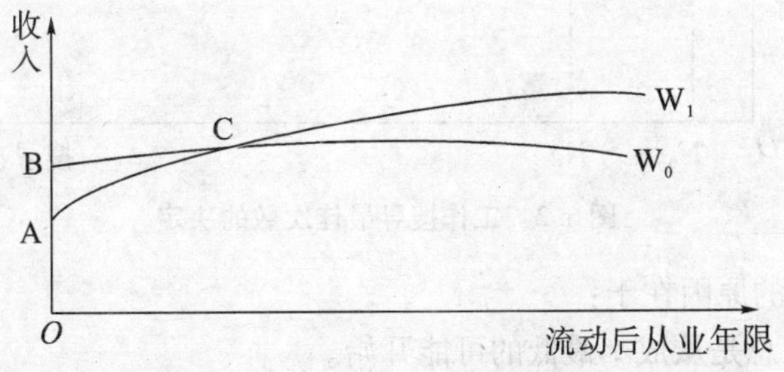

图 6.1 劳动力流动决策

从图6.1可知 W_1 和 W_0 “剪刀差”的大小直接制约着劳动者的流动决策。用公式表示，劳动力流动决策为：

$$Y = \sum_{t=n}^{60} \frac{W_1}{(1+r)^{t-n}} - \sum_{t=n}^{60} \frac{W_0}{(1+r)^{t-n}} - C \tag{6.1}$$

式（6.1）中，n代表劳动者年龄，r代表折现率，t代表特定年龄，C代表流动成本，同时假定每个人的退休年龄均为60岁。

根据分析公式，我们得出结论：当 $Y>0$ 时，即流动后期望收入现值减去流动成本后的差额超过不流动收入的现值，劳动者便会流动；当 $Y<0$ 时，情况相反。影响流动净收益现值Y的因素主要有：①流动到新岗位所获得的收益；②变换工作发生的费用；③新的工作时间长短。

6.2.2 工作搜寻的成本收益分析

工作搜寻会带来直接和间接的成本。直接的成本包括流动带来的交通成本、搬家成本、获取信息所付出的电话费及网费等。间接的成本则主要包括了放弃从事其他工作的机会成本，以及放弃现有工作而继续搜寻时所放弃的机会成本。由此可知，工作搜寻成本主要是间接的机会成本，通过降低工作搜寻的直接成本的政策对工作搜寻并不会产生明显的影响，应该通过改变工作搜寻的间接成本，如调整失业保险水平。失业保险降低了不接受工作机会而继续搜寻的成本，因此，从理论上分析，如果失业保险水平降低，部分以前倾向于进行工作搜寻的人会因为间接成本增大而放弃，因此此类摩擦性失业便会减少。

通过推理可知，工作搜寻的最佳次数会出现在工作搜寻边际收益与边际成本相等的时候。我们可以通过下图（图6.2）来说明工作搜寻的过程。假定搜寻过程是连续的，然后可以分别用向右上方倾斜的 MC_0 曲线和向右下方倾斜的 MR_0 曲线表示工作搜寻的边际成本和边际收益。

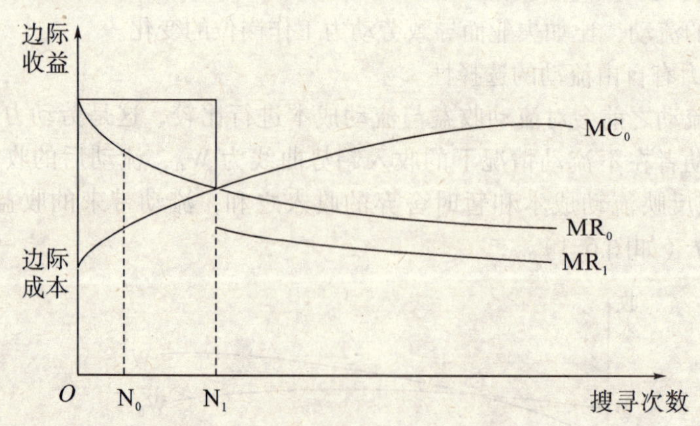

图6.2 工作搜寻最佳次数的决定

边际成本递增的原因在于：

（1）工作搜寻总是从成本最低的可能开始。

（2）工作搜寻的时间越长，劳动者可能拥有的工作机会的收入就越高，因此搜寻的机会成本也就越大。

(3) 工作搜寻的时间越长，劳动者越可能耗尽他的储蓄。

边际收益递减的原因在于：

(1) 工作搜寻总是从最有可能的机会开始的。

(2) 工作搜寻时间越长，劳动者在新岗位中的工作时间越短。

(3) 随着搜寻的不断进行，工资越来越高，进一步搜寻获得更高工资的难度也就越来越大。

从图 6.2 看，当劳动者的搜寻次数为 N_0 时，其工作搜寻的边际收益高于边际成本，因此，他会选择继续搜寻，直到搜寻次数达到 N_1 时，搜寻边际收益与边际成本相等，继续搜寻并不能给劳动者带来更大的收益，因此劳动者会结束搜寻，此时的搜寻次数是最佳的。图中的边际收益和边际成本曲线描述的是劳动力市场中劳动者进行工作搜寻的平均边际收益和边际成本，因此是平滑的。但对单个搜寻者来说，边际收益和边际成本曲线是不平滑的。MR_1 描述的是一种更为现实的情况，即当一段时间里没有新的工作机会时，搜寻的边际收益会下降的很慢，但突然间来了一个相当的工作机会，此时边际收益就会迅速地下降至低于边际成本的水平，因此出现拐点并曲折的曲线 MR_1。从图 6.2 可知，搜寻者将会在 N_1 次搜寻之后接受最后一次工作机会。

6.3 劳动力流动的形式

6.3.1 劳动力从农业部门流向非农业部门

随着科学技术的发展，农业现代化的进程加快，农业劳动生产率得到了极大提高，同样的工作不再需要以往那么多劳动力，因此，农村富余劳动力日益增加，开始往非农业部门转移，已成为社会经济发展的重要条件。一组数据表明，这一现象在世界各地普遍存在：美国 1940 年全国共有农业劳动力 1 000 多万人，占总劳动力的 23.2%，而到 1970 年仅有 260 万人，只占总劳动力的 3.7%，1993 年又下降为 2.7%；日本从 1950 年到 1993 年，农业劳动力占总劳动力的比例从 56.1% 骤降至 5.9%。

根据学者对各国劳动力转移的研究来看，经济越发达、科技越进步，农业劳动力流向非农业部门的速度就越快，同时，农业劳动力的转移也加快了经济现代化和市场化的进程。

6.3.2 体力劳动流向脑力劳动

脑力在生产发展及社会产品中所占的比重越来越大，因此，在劳动力总数中，脑力劳动者占的比重上升，成为财富的主要创造者。据统计，美国从 1996 年到 1997 年，脑力劳动者人数占全部就业人数的比例从 43.3% 增至 50.1%。进入 21 世纪以来，脑力劳动者人数增长得更快。

6.3.3 第一、第二产业流向第三产业

随着科技进步和劳动生产率的快速提升，第一和第二产业的劳动力逐渐减少，转而从事金融业、运输保险业、商业等第三产业的劳动力逐渐增加，即从事非直接物质资料生产的劳动人口在总劳动人口中占的比重上升。1978—2002 年，中国第一产业、第二产业的劳动力占总劳动力的比重从 87.8% 下降到 71.4%，第三产业的劳动力比重从 12.2% 增至 28.6%。

6.3.4 农业劳动力流向城市

农村劳动力流向城市是社会分工不断完善和生产力发展的必然结果。农村劳动者随着农业劳动生产率的不断提高而退出劳动力市场，转而变成从事工业、商业等其他工作的非农业人口，不断聚集在一起，扩大了城市的范围，从而推动了城市化的进程。因为城市使产业、技术、科学、劳动力、资金集中在一起，产生了一种新的聚集效益，所以农村劳动力流向城市，逐渐实现人口城市化，是社会经济发展的一个趋势。

6.4 劳动力合理流动的意义

6.4.1 可以产生最佳的经济效益

社会和组织想要获得最佳的经济效益，就必须实现劳动力与生产资料的最佳组合，这需要劳动力流动来实现。过去一段时间内，我国实行的户籍制度和劳动人事制度，限制了劳动力市场上劳动力的自由流动，其结果自然是没有实现劳动力与生产资料的最佳匹配。在这个过程中，劳动者普遍专业性不强，劳动积极性不高，效率低下，这是劳动力资源的一种严重浪费。随着市场经济体制的建立，劳动力流动渠道逐步畅通，未被充分利用的劳动力得以流向合适岗位，实现人尽其才。

6.4.2 利于提高劳动者的地位

劳动力可以流动，是劳动者作为劳动力的所有者产权的根本体现。劳动者作为劳动力的唯一所有者，在根本上要承认并允许劳动者可以自由选择职业，可以自由流动。如果劳动者无法自由选择适合自己的职业，那就剥夺了劳动者对自己所拥有的劳动力的所有权和支配权，劳动者失去了他的主体地位。劳动力可以自由流动，意味着劳动者具备了劳动力所有者和人格主体的资格，劳动者的地位也就大大提高了。

6.4.3 使人力资源得到充分利用

劳动力流动对劳动力市场的运行和劳动力资源的合理利用有重要影响。发达国家劳动力资源配置的重要特征，就是用高度流动的、开放的劳动力市场去满足不断变革的生产过程对劳动力的需求。劳动经济学家认为，工作职位是雇主与雇员匹配过程的

结果，而不是单方选择的结果。劳动力流动具有劳动者选择职业、企业选择劳动者的双重内在特性，这样可以使劳动者和职位日益接近最佳搭配，从而使企业内部劳动力资源得到充分合理的利用。

6.4.4 保证劳动力市场的活力和效率

劳动力流动给市场带来了生机和效率，以适应不断变化的需求和产业调整，成为经济发展的重要保障。劳动力自由迁移和流动是保证劳动力市场有效运行的重要条件，也是完全竞争市场的内在要求。通过劳动力流动，可以消灭各种原因造成的劳动力的“短缺”或“剩余”，使劳动力市场既不存在空缺也没有失业。

6.4.5 可避免劳动力的积压浪费

传统计划经济体制下的统包统分、终身固定的劳动制度使得劳动力进入单位后，除组织调动外，既不能辞退流出，也不能随意辞职流动，企业缺乏生气。其结果必然使单位的劳动力资源得不到充分利用开发，而当今劳动者可以自由地在劳动力市场上流动，避免了劳动力的积压浪费。

6.5 劳动力流动模型

19 世纪末，E. G. 雷文斯坦对人口的迁移、流动进行了具有开创意义的研究。英国经济学家希克斯在 1932 年提出：“区域间的经济利益差异，其中主要是工资差异，是劳动力迁移的首要原因。”1962 年，芝加哥大学教授沙斯特德发表了题为《劳动力迁移的成本与收益》的经典论文，阐述了伴随迁移的主要经济成本与收益。但影响最大的，则是 W. A. 刘易斯的二元结构模型、拉尼斯—费景汉的劳动力流动模型、托达罗的劳动力流动模型这三种劳动力流动模型。

6.5.1 刘易斯的二元结构模型

美国经济学家、诺贝尔经济学奖得主刘易斯是第一个提出劳动力流动模型的经济学家，他描绘了剩余劳动力由农业部门向现代工业部门流动的模型。他在研究经济发展问题时认为，广大的发展中国家是二元的经济结构。就生产部门而言，一个是以现代方法进行生产的、以城市为中心的工业部门；另一个是以传统工艺生产的、以农村为中心的农业部门。传统农业部门劳动的边际生产率较低，劳动力存在大量剩余，且工资率较低；现代工业部门劳动的边际生产率较高，工资远远高于农业部门。在不受限制的情况下，城市现代工业部门只要保持一种高于农村工资率的收入水平，就可以从传统农业部门源源不断地获得劳动力，现代工业部门的劳动力供给是“无限的”，具有完全的弹性。

在图 6.3 中，横轴表示劳动力数量，纵轴表示实际工资或劳动边际产品，OA 为农业部门的实际工资水平，OW 表示工业部门的实际工资水平。在 OW 水平下，农村向城市的劳动力供给是无限的，具有完全的弹性。也就是说，在刘易斯二元结构模型中，劳动力从农村流向城市的决策被认为是唯一地取决于城乡实际收入差异。只要城市工业部门的一般工资水平高于乡村农业部门，且一般水平达到一定比例，农民就愿意离开土地而迁移到城市中谋求新职业。这就隐含了一个假定：城市部门不存在失业，任何一个愿意迁移的农民都可以在城市现代工业部门中找到工作。

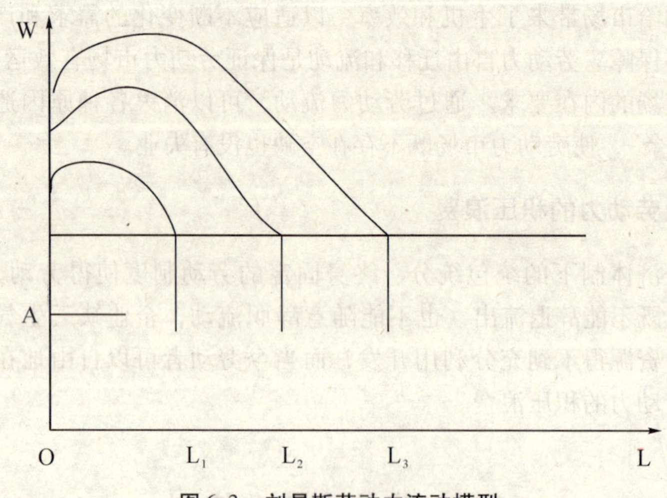

图 6.3　刘易斯劳动力流动模型

刘易斯的劳动力流动模型，充分说明了工业部门是吸引劳动力的源泉，剩余劳动力的流动可以带来农业收入的提高和农业的进步。二元经济结构分析符合发展中国家的特点。但刘易斯模型存在明显的缺点：他认为农村有剩余劳动力，而城市不存在失业，认为城市在吸收完农村的剩余劳动力之前，工资率是不变的。这一分析，很大程度上与现实不吻合。

后人在刘易斯研究的基础上提出了一系列的劳动流动力模型。其中比较突出的是拉尼斯—费景汉的劳动力流动模型和托达罗的劳动力流动模型。

6.5.2　拉尼斯—费景汉的劳动力流动模型

美国发展经济学家拉尼斯和美籍华人费景汉，在刘易斯模型的基础上进行了进一步探索。他们认为，应该充分注意农业的进步问题，当农业的边际生产率提高时，现代工业部门所需的农业劳动力的供给就不会具有完全的弹性，而是具有有限的弹性。因为随着农业劳动生产率的提高，农业劳动部门工资率上升，其对劳动力的需求也在逐步增加。

如图 6.4 所示，拉尼斯—费景汉提出的劳动力流动模型，最重要的是提出了农业剩余劳动力向外转移的先决条件，从而发展了刘易斯“劳动力的无限供给”理论。

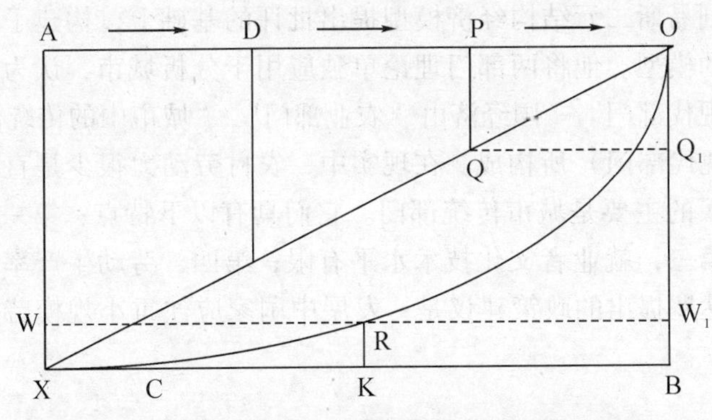

图 6.4　拉尼斯—费景汉劳动力流动模型

他们假设劳动力为 OA。农业生产率曲线为 ORCX，但图 6.4 表明，所有农产品都是由 DO（D→P，加上 P→O）的劳动力生产的。因此，他们认为，农业劳动力向外转移应该被分为三个阶段。第一阶段为 AD 段劳动力，他们的生产率为零，即不生产任何农产品。他们此时是绝对剩余的劳动力，转移出农村不会对农业生产产生任何的损失。刘易斯模型研究的就是此部分劳动的转移。只要城市现代工业提供高于农村的“不变制度工资”（图中 $W \rightarrow W_1$）的报酬，这部分劳动力就会源源不断地向城市转移。待到他们转移完毕之后，进入第二阶段，即 DP 段劳动力。这部分劳动力的特点是，他们生产一部分农产品，但是其所生产的农产品不能满足自己消费。他们是农村中相对剩余的劳动力。他们要向城市转移，就必须具备一个先决条件，即农业生产率的提高。否则，他们转移出去之后，不仅不能够为城市做出任何贡献，甚至连自身生存都成问题。只有当农业生产率提高到足以保证农村和城市对于农产品的需要之后，这部分相对剩余的劳动力才能向城市非农产业转移。第二阶段的劳动力完全转移出去后，进入了农村劳动力转移的第三阶段，即 PO 段劳动力。第三阶段的农村劳动力，实际上已经同城市现代工业劳动力一样，农业工人的工资完全等同于城市，一样具有竞争力。这时，城市现代化工业还能不能吸引农村劳动力，完全依靠现代工业的竞争能力了。

6.5.3　托达罗的劳动力流动模型

发展经济学家 M. P. 托达罗对发展中国家的人口流动做了大量的调查研究，发现发展中国家城市失业问题越来越严重。与此同时，劳动力从农村流入城市不但没有放缓，反而持续增加。他认为，一个农业劳动者的迁移决策不是取决于城乡实际收入差异，而是取决于预期收入差距及城市就业情况。当城市失业率很高时，即使城乡收入差距很大，农业劳动力也不会简单地做出迁移决定。托达罗在《第三世界的经济发展》一书中指出，教育与迁移的关系比教育与出生率之间的关系更密切。一个人的受教育程度，与他（她）要从农村迁移到城市的动机或倾向之间，存在着明显的正相关的关系。具有较高教育程度的个人所预期的农村与城市之间收入的差额也较大，获得现代工业部门工作的机会也较多。由于教育具有促进迁移的作用，托达罗认为，在政府所能支配的资源极为有限的情况下，如果超过基础教育范围，过分扩张中、高级学校，便会加剧国内迁移活动，而过多、过快的人口迁移会促使城市失业率上升。

托达罗在对刘易斯二元结构经济模型提出批评的基础上，构建了自己更加接近于发展中国家现实的模型。他将两部门理论单独应用于分析城市，认为在城市中同时并存着传统部门和现代部门。一国经济由“农业部门”、“城市中的传统部门”、“工业部门”（城市中的现代部门）所构成。在现实中，农村劳动力很少是直接进入现代部门的，他们大量进入的主要是城市传统部门。它们具有以下特点：第一，小私有制；第二，资本有限；第三，就业者文化技术水平有限；第四，劳动生产率低；第五，福利极差。就此，托达罗提出的政策建议是：发展中国家应注重小规模劳动密集型产业的发展。

6.6 劳动力的国际流动与人才流失

劳动力的流动有时会跨越国界，成为移民。产生劳动力国际流动的原因有多种，以期望获得更高的工资和收入、更好的工作环境和研究环境以及给后代带来更好的教育环境和机会为主。一个理性的劳动者会比较移民收益与成本，当收益大于成本时，就会选择国际移民。

从世界范围看，移民的规模越来越大。根据联合国的估计，大约有6 000万人口居住在出生国以外的国家，这些移民约占世界人口的1.2%。美国被称为一个移民国家，在20世纪初大量移民进入美国，1901—1910年间移民数量达到了800多万人，后来政府对移民进行了限制，20世纪30年代的移民数量只有50万人。而第二次世界大战结束后，又出现了新一轮移民高潮，在20世纪80~90年代，移民数量接近800万人，这一数字接近20世纪初的历史高峰。这些数字只是指合法的移民，此外还有相当数量的非法移民未计入该数字。

6.6.1 经济移民与政治移民

基于经济方面的原因而选择自主迁移的人被称为经济移民，而另一些人则可能是因为政治巨变而被迫逃离他们原来所在的国家，他们的迁移决策很少是出于经济方面的考虑，迁移时间也难以事先规划，且很少出于自愿性的，他们被称为政治移民。

这两种移民进入输入国之后，因为经济移民迁移决策动机就是为了改善自己的经济福利水平，可预见他们初期可获得的工资报酬会比没有准备的政治移民更高；而且，政治移民不像经济移民那样拥有自由，其回迁之路已被堵死，因此，他们在那些只能在输入国得到回报的人力资本进行投资方面，比经济移民有着更强烈的动机，而经济移民更多地投资其回国后仍然有用的技能。此外，政治移民流出前常常抛弃了已有的物质财富和金融资产，他们更愿意把后来投资的较大比例放在人力资本上。从这两个原因来看，政治移民的时间—工作报酬曲线将会比经济移民的时间—工作报酬曲线更陡直。即政治移民随着工作年限的增长，其工作报酬增长速度会更快一些。

6.6.2 劳动力国际流动对输入国劳动力市场的影响

一般的观点认为，来自国外移民的直接影响是夺取了木国居民的工作，减少了就业机会。这样的认识过于单纯化，实际情况是移民和本国居民两者之间的关系往往是互补的，而不是相互替代的。一方面，移民中有相当多的人是高素质人才，他们的到来，不仅不会减少本国居民的就业，反而会大大带动经济的增长而创造更多的就业机会；另一方面，移民中的低技能劳动者所从事的大多是处于社会底层、本国居民不愿意从事的工作。

即使移民和本国居民在劳动质量上没有任何差异，对移民的控制也不会等量地增加本国居民的就业以及降低输出国的移民倾向。我们可以借助图 6.5 来分析政府控制移民数量的影响，其中 AC 是劳动力的需求曲线，BD 是本国劳动力的供给曲线，而 BD 右边更平坦的曲线是包含移民后的劳动力总供给曲线。总供给曲线之所以更平坦，是因为移民供给对工资的上涨做出的反应比本地劳动力更敏感。

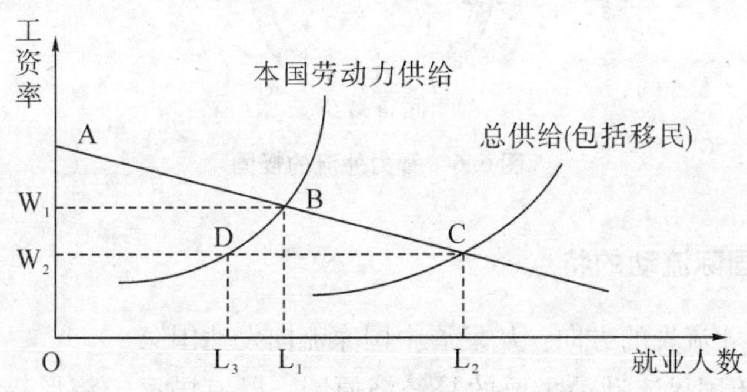

图 6.5 移民对本地劳动力市场的影响

假定在控制移民之前，市场的均衡点在 C 点，市场均衡工资为 W_2，就业量为 L_2，L_3 是本国劳动力数量，L_2-L_3 是移民数量。政府控制移民数量后，供给曲线左移，新均衡点出现在 B 点，此时，均衡工资为 W_1，就业量为 L_1。由图 6.5 可知，控制移民造成了工资从 W_2 升至 W_1，岗位减少了 L_2-L_1，可见控制移民并不能 1∶1 地增加本国劳动力的就业。在现实中，控制移民造成移民的就业率下降，同时均衡工资水平却上升了。不难发现，移民的期望工资并不一定会下降。所以控制移民就业，并不一定能减少移民流动的规模。

尽管大量的移民流入对于本国劳动力来说确实有一定的冲击，但会令部分消费者获利，随着工资的下降和就业量的上升，由这些劳动力生产出来的产品和服务将会出现数量上的增加和价格上的降低；另外，移民们在本国的各种消费需求的增加将会为社会其他人创造就业机会，从而获得利益。

6.6.3 劳动力国际流动对输出国的影响

关于劳动力流动对输出国的影响仍存在诸多争议。西方传统理论认为，这部分国际移民的流动使得其在国外的收入和生产率都有所提高，使全世界的福利有所增加。

如果劳动力市场是竞争性的，从输出国来看，每个劳动者获得收入与他的边际产品是相等的，一个移民迁往别国后，减少了对本国产出的贡献，但同时也放弃了相当数量的国民收入，因此输出国没有损失。另外，不少国际移民获得高收入后，会将大部分以汇款的方式返回输出国，会对输出国的经济发展产生一系列的正面效益。

但国际移民日益成为发展中国家向发达国家的单向迁出，会使发展中国家的人力资本存量下降，因为其中有很大一部分是高素质人才，他们的迁出会使输出国人力资本投资无法收回。在多数发展中国家，教育成本的很大一部分是由国家承担的，教育级别与国家开支成正比，当这部分高技能劳动力流失到国外时，输出国便遭受了损失，必须要投入巨额的成本才能恢复原来的人力资本，之后再次流失，便陷入了智力外流的怪圈，如图6.6所示：

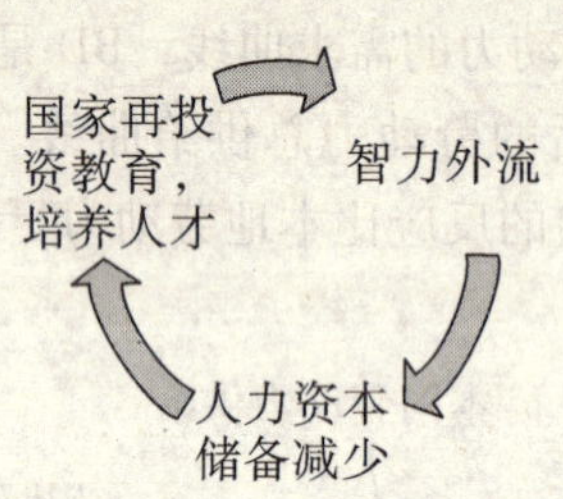

图6.6　智力外流的怪圈

6.6.4　劳动力国际流动的特点

6.6.4.1　人才流失的方向：从发展中国家流向发达国家

造成劳动力跨国界流动最主要的是经济原因，既有国家经济形势的影响，也有地域间劳动收入差异的影响。由于人力资本的回报率在发达国家高于发展中国家，因此具有高技能的劳动者的流动方向几乎均是从发展中国家流向发达国家。大量统计数据也证明了这一趋势：20世纪60年代到70年代，美国的高技能移民中来自发展中国家的比例从37%升至70%，有些年份甚至超过了85%。其中，亚洲是美国最大的人力资本输出国，其次分别是北美、南美和欧洲。

6.6.4.2　国际人力资本流动主体的素质较高

移民中以年轻人和高技能劳动者为主，在相同年龄段内，受教育的年限越长，移民的倾向越大，因为劳动者受教育时间越长，移民带来的收入差异就越高。1998年，美国学者Carrington和Detragiache曾对来自于61个发展中国家的移民人口数据做了统计，发现只受初等教育（受教育年限为0~8年）的移民，无论从绝对数量还是相对数量上来说都微不足道，只占有700万移民人口中的7%；比例最大的是受过中等教育（9~12年）的来自于北美及中美墨西哥等国的移民；受过高等教育（超过12年）的移民比重排在第二位，其中亚洲移民占了很大比重。来自菲律宾的73万移民中绝大部分受过高等教育，而来自中国的40万移民中受过高等与中等教育的移民各占一半。

6.6.4.3　国际人力资本流动的不可持续性

美国学者Nadeem U. Haque构建了内在经济增长模型，指出单向的国际人力资本流动降低了输出国的经济增长速度，其降低速度与流出人力资本占该国总人力资本存量的比例成正比。人力资本流动最初会给输入国带来持续的经济增长，此增长要由输入国的人力资本素质决定。如果流入的人力资本素质不高于输入国的人力资本素质，那么，此次流动不会给输入国经济增长带来额外的贡献，而输入国因低素质人力资本流入，经济增长速度也会降低。

本章小结

劳动力流动指具有一定劳动能力的劳动者，为了实现与生产资料的结合，在生产过程之外，在不同工作、不同职业、不同地域之间的迁移和流动。从宏观上讲，劳动力流动属于劳动力资源再配置的经济问题；从微观上讲，劳动力流动是劳动力寻找工作机会过程中的基本现象。

劳动力流动的类型可以分为：社会组织之间内部的流动、职业之间的流动、地域之间的流动、特定劳动力群体的流动、失业与就业之间的流动。

影响劳动力流动的宏观方面因素有：经济发展水平的差异、地域间劳动力供求的不平衡、经济周期引起的流动波动。微观方面因素有：年龄因素、与工作匹配的意愿、迁移距离、职业与技术等级。

劳动者在流动之前会对流动收益与流动成本进行比较，这是劳动力流动的最基本依据。

劳动力流动的形式有以下规律：劳动力从农业部门流向非农业部门，体力劳动流向脑力劳动，第一、第二产业流向第三产业，农业劳动力流向城市。

劳动力合理流动的意义在于：可以产生最佳的经济效益，利于提高劳动者的地位，使人力资源得到充分利用，保证劳动力市场的活力和效率，避免劳动力的积压浪费。

W. A. 刘易斯的二元结构模型、拉尼斯—费景汉的劳动力流动模型、托达罗的劳动力流动模型是劳动力流动的三个主要模型。

复习与思考

一、关键概念

劳动力流动　劳动力流动成本及劳动力流动收益　刘易斯模型

二、思考题

1. 简述劳动力流动的主要类型。
2. 影响劳动力流动的因素是什么？
3. 劳动力流动一般有什么规律？结合中国国情加以论述。
4. 劳动力流动的意义是什么？我们应该如何利用？
5. 劳动力流动的条件是什么？
6. 简述劳动力流动的理论模型的类型及内容。

三、小资料：农村劳动力转移存在四大障碍

经济改革以来，农村劳动力突破了传统体制的束缚，从农业转移到非农产业，从农村转移到城市地区，从中西部地区转移到东部地区。从宏观层次来看，这种劳动力流动现象是十分积极的。研究表明，劳动力从低生产率部门（农业）向高生产率部门（如工业）的转移，是我国改革以来经济增长的一个重要源泉。劳动力流动对国内生产总值增长率的贡献份额在16%～20%之间。实现了转移的农村劳动力及其家庭从流动中获益明显。根据许多调查结果，每个迁移者平均每年往家里汇寄2 000元。假设目前我国流动劳动力的总数为8 000万人，每年外出打工并积累下的收入达1 600亿元，相当于1998年财政支持农业生产支出总额的12.9%，以及农村个人固定资产投资总额的59.7%。

但是，一些大中城市的政府对劳动力流动的态度却十分消极，利用各种手段限制这种流动。最近几年，许多城市政府对外地民工定居和就业的限制有增无减，大有继续加强的趋势。在这样的政策倾向下，农村劳动力向城市和非农产业的转移障碍，不仅很难得以克服，而且被不合时宜的政策不断地复制出来。

影响我国农村劳动力转移的障碍，可以归纳为四个方面：

第一是待转移劳动力能力上面产生的障碍。许多调查显示，实现了地域转移的劳动力，绝大部分集中在20～35岁之间，其中男性的比重大大高于女性，与农村劳动力的平均水平相比，受教育程度较高。从迁移者的家庭经济状况来看，通常在其家乡处于中上等水平。和这些已经走出去的人相比，还留在农村的劳动力相对素质偏低，要实现向外转移，需要克服文化、年龄以及经济条件等方面的限制。

第二是待转移劳动力面临的信息障碍。从劳动力转移的流向和转移劳动力的地区分布来看，其中比重最大的一部分是省内转移（按照统计定义，迁移是指跨县或跨区的流动行为），通常占转移人口的50%以上。这是因为跨地区寻找就业机会，其信息获取目前几乎全部依靠亲戚、朋友和同乡等社会网络的帮助，而由于长期以来迁移行为都很少见，所以超越省界之后，社会关系也大大减少了。

第三是待转移劳动力面临的偏见障碍。农村劳动力转移到工资更高的城市部门就业，不仅仅产生提高流动劳动力收入的效果，同时产生了压低城市劳动力收入的效果。因此，大规模、无限制的劳动力流动，意味着构成对城市居民特权的冲击，其结果是引起后者的不满甚至抵制。

第四是待转移劳动力面临的制度障碍。由于地方政府首先代表本地居民的利益，在城市居民通过各种渠道表达了对于外地劳动力的不满之后，地方政府便相应地采取一系列政策手段，排斥外地民工在城市就业，阻碍劳动力流动，导致劳动力市场继续被分割。户籍制度和排他性的城市劳动就业制度就是阻碍劳动力流动的典型制度安排。

［资料来源］中国经济信息网，2002－10－21.

7 工资

本章学习目标

工资问题历来是人们所关心的问题。劳动者关心它，因为工资是他们生活的主要来源；生产者关心它，因为工资是生产的一项重要成本；经济学家关心它，因为工资是经济学中一个重要而持久的讨论领域。而本章我们要讨论的问题主要涉及工资的本质、工资的相关理论、工资水平、工资形式以及工资制度等。

7.1 工资概述

工资是以货币形式按期付给劳动者的劳动报酬。国际劳工组织《1949 年保护工资条约》对工资的定义是："工资"一词指不论名称或者计算方式如何，由一位雇主对一位受雇者，为其已经完成和即将完成的工作或已提供或将要提供的服务，可以货币结算并由共同协议或法律或条例予以确定而凭书面或口头雇佣合同支付的报酬或收入。这个定义表明，工资的支付者是雇主，领受者则是雇员，即定义所指的受雇者；工资支付的依据是劳动者"已经完成和即将完成的工作或已提供或将要提供的服务"；工资支付的形式是货币，而不论其名称或者计算方式；工资支付标准是依据"共同协议或法律或条例予以确定而凭书面或口头雇佣合同"形成的合约。按照我国《劳动法》的规定，工资应当以货币形式按月支付给劳动者本人。

需要指出的是，这是从狭义上讲的工资。狭义上的工资表明，企业单位根据劳动合同的规定，对员工为企业单位所提供的贡献，以及工龄、技能、体力和工作表现等支付给员工相应的报酬，它包括直接经济报酬如工资、奖金、奖品、津贴、利润分成等和间接经济报酬如公共福利、保险计划、退休保障、住房、培训、餐饮、带薪休假、病事假、休息日等。这揭示出工资在本质上是一种公平的交易或交换，因此必须服从市场交易或交换的规律。由此可见，自营性劳动者获取的收入，不属于工资范畴。

狭义的工资按其表现形式分为货币工资与实际工资。货币工资也称名义工资，它是以货币数量表示的工资。实际工资是劳动者得到的货币工资实际能够购买到的生活资料和服务（包括房租、水电、交通、教育等各项支出）的数量。货币工资的购买能力受劳动者必需的生活资料和服务的价格所制约。在通货膨胀、货币贬值的条件下，即使货币工资提高，生活资料和服务价格的上涨仍然可能使货币工资的增加水平赶不上物价的上涨水平，货币工资有可能反而下降；在货币工资不变的条件下，物价上升、房租提高、赋税增加、赡养的失业人口增加等原因也可能使货币工资的购买能力下降，实际工资降低。因此，货币工资实际上是一种名义工资。

进一步从广义上讲，工资除了经济学上的含义外，还包括非经济报酬的内容，如工作挑战性、趣味性、责任感和成就感等，良好的软硬环境，合理的政策与机制，高素质的人力资源结构，弹性工作时间，一定的社会地位、个人成长、个人价值实现等。在实际生活中，虽然人们大都只讲经济报酬，但从职业生涯发展的角度，员工越来越看重非经济报酬，而企业也更加注重利用非经济报酬作为手段保持员工的工作积极性，实现高增长和高效率。

7.2 工资的相关理论

各个时期的经济学家们都试图以合理的理论来解释工资如何决定。古典经济学派工资理论的代表有威廉·配第、杜尔阁、亚当·斯密、大卫·李嘉图以及约翰·穆勒，近现代最有影响的工资理论则是克拉克的边际生产力理论、均衡工资理论以及劳资谈判理论。

7.2.1 古典经济学派的工资理论

7.2.1.1 威廉·配第的工资理论

威廉·配第是英国古典政治经济学的创始人。那时的英国，由国家法律规定工资。国家规定了工资的最高限额，超过规定的限额，支付者和领受者都要受到政府的处罚，尤其对领受者的处罚更重。

配第的工资理论是指按维持劳动者的生存和进行劳动以及生育后代所需的生活资料水平来确定工资。配第还认为，工资不能过高也不能过低，过高或过低都会对社会造成不利影响。显然，配第只从劳动者的生活需要出发，提出了决定工资水平的自然因数，而没有考虑影响工资的社会因数。但配第的工资理论仍然是一个很有价值的见解，成为英国古典政治经济学工资理论的基本观点。

7.2.1.2 重农学派的工资理论

杜尔阁是18世纪法国重农学派的重要代表人物之一。杜尔阁在承认工资只限于维持工人生活必需的生活资料的基础上，提出竞争是决定工资高低的重要因素。他认为工资是工人必要的生活资料，但决定工资高低的因素是劳动者同购买他的劳动的人双方协议的结果。工人人手过多的现象使工资必然趋向于工人最必要的生活资料。在这里，杜尔阁实际上已经开始注意到了劳资协议对工资水平的影响。

7.2.1.3 亚当·斯密的工资理论

18世纪初，以分工为基础的工场手工业广泛发展。亚当·斯密是英国古典政治经济学理论体系的建立者，他的工资理论涉及了工资水平的决定、工资的变动趋势以及工资差别的原因等方面。

斯密认为，在资本积累和土地私有产生以后，也即是在生产资料的所有者与劳动者分离的条件下，工资只是劳动产品的一部分，是劳动者的劳动报酬。劳动产品的另一部分以利润或地租的形式被生产资料的所有者占有。他认为工资是劳动的价格。劳动也是一种商品，同其他商品一样也有价格，即劳动价格。劳动价格既有自然价格，也有市场价格。工资在劳动产品中所占份额的大小是由劳动的自然价格决定的。劳动的自然价格就是解决维持劳动者的生活以及赡养家庭、延续后代所必需的生活资料的需要。与此同时，劳动的市场价格是以其自然价格为基础的，由劳动的供求竞争关系决定，也就是劳动者实际得到的工资。

工资差别是怎样形成的？斯密认为，工资水平在同一地区应该是趋于相等的。因为在一个能够自由选择职业并且可以非常自由地改变职业的社会中，一旦不同职业之间的工资水平出现较大差距，则工资水平较低的从业者就会放弃自己目前从事的职业，从而转入工资水平较高的职业。正是由于从业者的自由流动，使得各职业的工资水平趋于相等。

但是，事实上工资是有差别的。他认为造成这种工资差异的原因有两个：

（1）职业本身的性质不同，包括职业学习的难易程度、职业安全性、风险性及舒适性等。

（2）政策不让事物完全自由地发展。譬如政策限制或增加某些职业中的竞争人数，使得从业者低于或超过这些职业实际需要的人数；限制资本和劳动跨职业、跨地域的自由流动，使从业者不能由一种职业转入另一种职业或从一个地方转移到其他地方。

7.2.1.4　大卫·李嘉图的工资理论

大卫·李嘉图是英国工业革命时期的资产阶级经济学家，古典政治经济学的集大成者。分配理论是李嘉图经济理论的核心内容，工资理论又是分配理论的主要内容之一。

李嘉图认为，劳动也是一种商品，具有自然价格和市场价格。劳动的自然价格是公认大体上说能够生存下去并且能够在人数上不增不减的延续其后代所必需的价格。劳动的市场价格是根据供求比例作用而实际支付的价格。劳动的自然价格可能与其市场价格相背离，但劳动的市场价格不论和其自然价格有多大的背离，它也还是和其他商品一样，具有符合自然价格的倾向。在这里，李嘉图所说的劳动的自然价格实际上是指劳动力的价值。他所说的劳动的市场价格实际上是指劳动力价值的货币表现，也就是支付给工人的工资。因此尽管李嘉图未能科学地区分劳动与劳动力、劳动价值与劳动力价值，但实际上他已经正确地阐明了工资的本质以及劳动力价值与其货币表现之间的关系。

李嘉图试图用劳动力供求关系的变化来解释工资水平的变动，说明工资必然以劳动的自然价格即工人最低限度生活资料的价值为基础。他认为，超过劳动的自然价格的高工资会刺激人口的自然增长，当人口的增长使得劳动的供给超过了对劳动的需求时，劳动的市场价格就会降低到其自然价格之下。一旦工资低于劳动的自然价格，劳动者的生活状况就会恶化，贫穷将使劳动者人口减少。当人口减少而使劳动的供给不能满足劳动的需求时，工资就会上升。李嘉图用人口的自然增长来解释工资水平的变动显然是不正确的。事实上，劳动力的供求关系变化和工资水平的变动，取决于社会生产的发展和一定的社会分配方式。

7.2.1.5　约翰·斯图亚特·穆勒的工资理论

19 世纪中叶，约翰·斯图亚特·穆勒和其他学者提出了工资基金理论，即工资水平取决于劳动力人数与用于购买劳动力的资本之间的比例的理论。工资是由竞争从而也就由劳动的供求关系决定的。劳动的供给取决于人口数量或者说工人的数量，而劳动的需求取决于直接用于购买劳动的那部分资本的量的大小。在穆勒看来，工资实际上是由劳动的人口数与资本量两个因素决定的。工资水平与用于购买劳动的资本量成正比，与劳动人口的数量成反比。工资的地区差异实际上是不同地区资本与人口比例的差异。

7.2.2　近现代工资理论

7.2.2.1　克拉克的边际生产力工资理论

约翰·贝茨·克拉克是 19 世纪末 20 世纪初美国的理论经济学家，他提出边际生产力工资理论，即工资水平决定于劳动力创造的边际收益的理论。边际生产力工资理论是现代工资研究的基础理论。

该理论以雇主追求利润最大化为假设前提，用边际分析的方法，揭示了边际生产力递减规律，并得出工资取决于雇员边际生产力的结论。其基本思想是，在一个完全自由竞争的市场上，雇主总是力图通过每一种生产要素在生产中的最佳配置，来谋求每种生产要素的最佳利用，获取最大的利润。所以，工资决定于劳动力的边际生产力，雇主雇佣雇员的边际产量等于付给雇员的工资，也就是劳动力的边际收入等于劳动力的边际成本。

劳动力的边际收入是指新增雇员使企业总收入增加的部分；劳动力的边际成本是指新增雇员使企业总成本增加的部分。边际收入等于边际成本点，就是劳动力的最佳雇佣点。如果边际收入小于边际成本，雇主就不雇佣或裁减雇员；如果边际收入大于边际成本，雇主就会增加雇员；两者相等，雇主不增人也不减人。

7.2.2.2　马歇尔的均衡价格工资理论

阿尔弗雷德·马歇尔是 19 世纪末 20 世纪初最著名的经济学家、剑桥学派创始人和主要代表人物。他以均衡分析为方法论基础，提出了均衡价格工资理论，即工资是由劳动的需求价格和供给价格相均衡时的价格决定的。劳动的需求价格取决于劳动的边际生产力，也即取决于边际劳动者生产的产品；劳动的供给价格取决于劳动者的生活费用，即劳动者维持自身及其家庭生活所需的最低生活费用。

按照该理论，当劳动力需求大于劳动力供给时，工资会上升，从而劳动力供给会增加，最终导致工资回到均衡价格水平；当劳动力需求小于劳动力供给时，工资会下降，从而劳动力供给会减少，工资又会回到均衡价格水平上。但实际上，现实存在普遍的非完全竞争市场，均衡价格工资理论缺乏说服力。

7.2.2.3　劳资谈判工资理论

劳资谈判工资理论，又称为“集体交涉工资理论”。其核心观点认为：短期工资水平在一定程度上取决于劳资双方谈判力量。在斯密的工资理论中，就已经注意到劳动市场上的集体交涉对工资水平的影响，但因那时候劳资谈判对工资水平的实际影响不大而未引起重视。直到1890年以后，英国的韦伯和美国的克拉克才将劳资谈判与工资水平的决定相联系。对该理论研究有较大贡献的还有英国的阿瑟·赛斯尔·庇古、希克斯和莫里斯·多布等人。事实上，随着工会组织的日益强大，西方国家相当一部分雇员的工资水平是通过劳资谈判确定的，从而推动了劳资谈判理论的研究。

7.3 工资水平

7.3.1 工资水平的含义

工资水平是指在一定时期和一定范围内劳动者工资的高低程度。工资水平这一概念适用于一切以工资形式获取劳动报酬的人口，即工资劳动者或雇员，而不包括自营性的非工资劳动者。为便于计算和比较，工资水平一般用一定时期内劳动者的平均工资水平加以衡量。衡量工资水平的标准是一定时期内（通常为一年）每个劳动者的平均工资额。其计算公式为：

$$工资水平=\frac{工资总额}{平均人数}$$

上述公式表明工资总额和劳动者人数是直接影响工资水平的两大因素。工资水平与工资总额成正比，与劳动者人数成反比。

按时期不同，工资水平有月工资水平和年工资水平；按范围不同，工资水平有单位工资水平、部门工资水平或行业工资水平、地区工资水平和全国工资水平。考察工资水平还可以进行横向和纵向的比较。所谓横向比较，是将同一时期不同范围劳动者的工资水平进行比较，反映不同范围劳动者工资水平的差别；而纵向比较是将同一范围不同时期劳动者的工资水平相比较，反映不同时期劳动者工资水平的动态变化。

7.3.2 影响工资水平的因素

不同国家、同一国家的不同地区以及不同的行业之间，工资水平有很大的差异。影响和制约工资水平的因素既有宏观方面的因素也有微观方面的因素。宏观因素主要有国民收入及其分配状况、劳动生产率、人口与劳动数量等。微观因素主要有劳动力市场上劳动力的供求状况、劳动者的特殊生产技能、市场的竞争程度、劳动者的个人能力等。下面就着重对影响工资水平的宏观因素进行分析。

7.3.2.1 国民收入及其分配状况

工资水平受一国国民收入的总体水平以及积累与消费比例、社会消费与个人消费比例的制约。国民收入经过初次分配和再分配形成积累基金和消费基金，分别用于积累和消费。消费基金又分为社会消费基金和个人消费基金。工资基金是个人消费基金的一部分。因此，在国民收入一定的条件下，若积累率过高、社会消费基金过多，则工资基金的总额减小，从而工资水平就要下降。反之，若积累率过低，社会消费基金过少，则会影响社会生产、科学文化事业的发展和国民收入的增长。虽然当年工资水平可能有所提高，却难以保证工资水平的持续上升，甚至还有可能下降。

7.3.2.2　劳动生产率

工资水平是每个劳动者平均从社会获得的收入，劳动生产率是每个劳动者平均给社会做出的贡献。因此，工资水平取决于劳动生产率的水平。从动态或一个较长的时期来看，工资水平增长的快慢首先取决于劳动生产率增长的快慢。从1965年至1977年的12年间，美国每人小时报酬提高了140%，扣除物价上涨的因素后每人每小时的实际报酬提高25%。与此同时，美国每人每小时的产量增加了25%，工资率与小时劳动产量增长的速度相一致。可见，在美国，劳动生产率的提高是工资水平上升的重要因素。

7.3.2.3　人口增长状况

人口规模及其增长与社会生产及其增长之间存在一种适度的比例关系。人口规模超过一定点，受收益递减规律的作用，劳动生产率及人均收入将下降；人口规模过小，收益递增规律的作用得不到有效的发挥，社会难以获得最高劳动生产率和人均收入的最大化。只有当人口规模达到一个适当的点，“在这一点，收益递减的作用刚刚开始大于收益递增的作用”，“这一点会使实际工资或实际收入保持最高水平”。美国经济学家萨缪尔森将这一理论称为“最优人口理论”。人口数量之所以会影响工资水平的变化，这是因为人口规模会直接导致人均占有资源、人均占有资本量以及人均人力资本量的变化，从而对劳动生产率的变化产生重要的影响。萨缪尔森在解释美国工资水平高于欧洲的原因时认为：“相对于我们的有劳动能力的人口而言，我们拥有丰富的土地、煤、铁、石油以及水力等自然资源。”在他看来，人均占有资源量大，是美国保持高工资水平的重要原因之一。

7.3.3　物价对实际工资水平的影响

劳动者是以货币形式获得其劳动报酬的。劳动者的实际工资水平受到物价水平和赋税水平的影响。其中，物价是影响实际工资的主要因素。

如前所述，实际工资是劳动者得到的货币工资实际能够购买到的生活资料和服务（包括房租、水电、交通、教育等各项支出）的数量。因此物价的变化必然会影响到货币工资的实际购买力，也即必然会影响到实际工资水平。物价对实际工资的影响表现为直接影响和间接影响两个方面。

物价对实际工资的直接影响表现为：在货币工资不变的情况下，物价水平与实际工资呈反方向变化。即物价上升，实际工资会下降；而物价下降，实际工资将上升。在货币工资与物价都上升的情形下，若工资的增长幅度高于物价的上涨幅度，则实际工资提高；反之，则下降。

物价对实际工资的间接影响表现为：物价的变动引起企业收益水平的变化，从而也影响劳动者货币工资与实际工资的变化。一方面，物价水平影响工资。例如当生产资料价格上涨从而引起产品成本增加时，若最终产品的销售价格不能同步提高，则将导致企业盈利水平的下降，从而影响劳动者的货币工资和实际工资水平。另一方面，工资对物价水平也有一定的影响。当工资上升而劳动生产率没有提高，或者工资上升的幅度超过了劳动生产率提高的幅度，则将加大单位产品的人工成本，形成工资推动型的物价上涨。由于社会的实际供给并没有增加，增加的货币工资将使社会有支付能力的需求超过实际的供给水平，从而引发需求拉动型的物价上涨。物价上升反过来又迫使劳动者要求增加工资，由此引发新一轮的物价上涨，最终形成工资、物价的互推上涨。

7.4 劳动报酬形式

劳动报酬形式是指劳动计量与工资支付的方式。其核心是劳动计量的方式，即以何种方式准确地反映和计量劳动者实际提供的劳动数量。

7.4.1 基本工资

基本工资是工资的主要构成部分。其普遍形式是计时工资和计件工资。

7.4.1.1 计时工资

（1）计时工资的计量。计时工资是依据劳动者的工资标准和工作时间的长度来支付工资报酬的形式。其计算公式是：

计时工资 = 工资标准 × 实际工作时间

工资标准也称工资率，是指单位时间的劳动价格。根据单位时间标准的不同，可分为小时工资率、日工资率等。按照计算所采用的时间单位不同，计时工资又可以分为小时工资制、日工资制、周工资制、月工资制以及年工资制。目前我国的计时工资一般采用月工资制。

（2）计时工资的特点。计时工资的特点在于按照一定质量的劳动持续的时间长度支付工资。由于时间是劳动的自然尺度，因而在劳动质量得到保证的前提下，计时工资制能够较为准确地反映劳动者所提供的劳动数量。因此，计时工资制简便易行，容易推广，几乎所有的劳动均可采用此种工资支付形式。

（3）实行计时工资制的关键。一是科学合理地制定由劳动等级决定的工资标准，使得工资标准能够更加准确地反映劳动质量的差别。二是对同一工资等级劳动者劳动质量的控制与管理。如果劳动质量不能得到有效的保证，则计时工资制将不能真正体现按劳分配原则，容易形成出工不出力的现象，难以激发劳动者的劳动积极性。因此，在实行计时工资制的条件下，对劳动者的控制和管理是十分重要的。

7.4.1.2 计件工资

（1）计件工资的计量。计件工资是依据劳动者创造的劳动成果数量以及计件单价来支付工资的报酬形式。其计算公式为：

计件工资 = 计件单价 × 合格产品数量（或作业量）

计件单价是生产某种产品或完成某种作业量的工资支付标准，它是根据工作等级和劳动定额加以确定的。计件工资的具体形式包括直接无限计件、直接有限计件、累计计件、超额计件等。

（2）计件工资的特点。其特点是直接以劳动成果来计量劳动者的劳动量。由于劳动成果是衡量劳动的最终尺度，因而与计时工资相比，计件工资更能准确地反映劳动者实际付出的劳动量。但与此同时，劳动成果能否计件成为实现计件工资的条件。

（3）实行计件工资的条件。一般来说，实行计件工资的条件是：产品或作业的数量能够单独准确地计量，且能够反映劳动者实际付出的劳动量，合格的产品数量或作业量容易验收或检验；工作任务饱满，且具备提高产量或作业量的物质技术条件。

在实行计件工资的条件下，劳动者的基本工资取决于所生产合格产品数量或作业量，因此，计件工资能够有效地刺激劳动者的劳动积极性，促进劳动者自行改进生产作业方式，提高劳动生产率。但计件工资也容易诱使劳动者片面追求产量或作业量，忽视产品质量、生产安全、原材料的节约以及设备的正常使用和维护，工作劳累过度等。实施计件工资需要企业完善相应的生产组织和劳动组织，管理成本会相应升高。

7.4.2　奖金

奖金是对劳动者超额劳动的报酬。超额劳动是指劳动者付出的超过额定劳动以外的劳动。按我国现行统计口径，奖金包括支付给劳动者的超额劳动报酬和增收节支的劳动报酬。因此劳动报酬可以分为定额内的劳动报酬和超定额的劳动报酬。定额内劳动报酬体现为基本工资，超出定额的劳动报酬体现为奖金。

奖金是工资的一种辅助形式，以补充基本工资的不足，具有单一性和灵活性的特点。奖金的形式多种多样。按发放的周期长短，可分为月奖、季度奖、半年奖和年奖；按奖励的考核项目数量，可分为单项奖与综合奖；按一定时间内发放的次数，可分为一次性奖金和经常性奖金；按发放对象可以分为个人奖与集体奖。

奖金既然是支付给劳动者超额劳动的报酬，那么奖金制度科学与否就取决于两个基本因素：一是定额以内的劳动规定是否先进合理，定额内劳动规定过高或过低都会影响奖金发放的实际效果；二是奖励条件及奖金标准是否合理。

7.4.3　津贴和补贴

除了基本工资和奖金外，用人单位往往对员工在特殊劳动条件下或工作环境下所从事的特殊劳动，以及在特定条件下额外生活费用的支出给予合理补偿。它是标准工资以外的一种劳动报酬。习惯上一般把属于生产性质的补偿报酬称为津贴，把属于生活性质的补偿报酬称为补贴。

由于劳动条件或工作环境不同，劳动者在劳动消耗和生活支出上存在一定的差别。这种额外劳动消耗或生活支出是难以在标准工资中加以反映的。通过津贴与补贴这种形式可以体现在上述劳动条件或工作环境下的劳动者在劳动报酬上的差别，补偿其额外或特殊的劳动消耗，调节在工资标准上不能反映的地区之间、行业之间以及单位内部不同工种和岗位之间的工资关系。

7.4.4 福利

福利是一个被广泛使用的概念，包括了理念、道德责任和制度实体等不同层次的含义。就现在而言，福利常常被理解为具体的公共援助或社会补贴项目。

提供福利的主体主要包括政府和企业单位。而企业福利则包括职工福利或集体福利、职工生活福利、生活服务等，是指基于业缘关系，行业和企业单位在工资和社会保险之外，为满足职工物质文化生活需要，保证本系统、本行业、本单位职工及其亲属的一定的生活质量，以职工为对象而提供的各种福利津贴、设施、服务和福利项目的总称。

一个多世纪以来，福利已经由最初企业主的“慈善”演变成一种义务，由个别企业行为演变成企业的普遍行为，由随意性的管理行为演变成受到一定法律约束的制度安排。因为相对于工资来说，福利在提高企业声望、培养团队精神、增强凝聚力和稳定职工队伍方面的作用更为明显。

根据福利的表现形式，企业福利可以分为实物福利、货币福利、服务福利、集体文化娱乐活动、股权福利等。

7.5 工资制度

7.5.1 工资制度的基本含义及原则

工资制度是指与工资决定和工资分配相关的一系列原则、标准和方法。它包括工资原则、工资水平、工资形式、工资等级、工资标准、工资发放等内容。

工资制度可以从不同的角度进行分类。根据其特征不同可分为工资等级制度、工资升级制度、工资定级制度。根据其地位不同可分为基本工资制度、辅助工资制度。根据其对象不同可分为机关单位工资制度、事业单位工资制度、企业单位工资制度等。根据其特点不同可分为绩效工资制度、能力工资制度、资历工资制度、岗位工资制度和结构工资制度。

在现实中，不同组织可有不同的工资制度。但不论组织选择哪一种类型的工资制度，都必须遵循以下四项基本原则：①按劳取酬原则；②同工同酬原则；③外部平衡原则；④合法保障原则。

7.5.2 我国现行的工资制度

我国以等级工资制为基础，采取计件工资、计时工资和工资加奖励、津贴等工资形式。工资制度要随着生产设备、工艺过程、劳动组织、劳动条件的变化适时进行调整和改革。

我国现行的工资制度一般包括下列内容：

（1）工资等级制度。这是指根据工作的复杂程度、繁重程度、风险程度、精确程度等因素，将各类工作进行等级划分并规定相应工资标准的一种工资制度，是其他工资制度的基础，也称基本工资制度。其主要特点是从劳动质量方面来反映劳动差别。

(2) 工资调整制度。工资调整制度是工资等级制度的补充。其主要内容有考核升级、自动增加工资、考核定级、提高工资标准等，使工资制度在变动中趋向平衡和合理。

(3) 工资支付制度。这是指计算支付职工工资的有关原则、标准和具体立法的一种制度。它主要包括支付原则、各类人员的工资待遇和特殊情况下的工资处理等内容。

(4) 工资基金管理制度。工资基金指用人单位从其经营或者利润中提取的用于职工工资的那部分基金。通常所说的工资基金管理指国家规定一系列的工资基金审批程序和监督措施，对各地单位工资基金的使用进行监督、审计等行政管理活动。我国现阶段企业执行的基本工资制度主要有等级工资制、岗位工资制、结构工资制、岗位技能工资制等。

我国工资制度是国家依据按劳分配原则所制定的劳动报酬制度，体现个人消费品的分配关系和分配原则。

本章小结

工资是以货币形式按期付给劳动者的劳动报酬。工资的支付者是雇主，领受者则是雇员，即定义所指的受雇者；工资支付的依据是劳动者已经完成和即将完成的工作或已提供或将要提供的服务；工资支付的形式是货币，而不论其名称或者计算方式；工资支付标准是依据共同协议或法律或条例予以确定而凭书面或口头雇佣合同形成的合约。

古典工资理论的代表有威廉·配第、杜尔阁、亚当·斯密、大卫·李嘉图以及约翰·穆勒，近现代最有影响的工资理论则是克拉克的边际生产力理论、均衡工资理论以及劳资谈判理论。

工资水平是指在一定时期和一定范围内劳动者工资的高低程度。影响和制约工资水平的因素既有宏观方面的因素也有微观方面的因素。宏观因素主要有国民收入及其分配状况、劳动生产率、人口与劳动数量等。微观因素主要有劳动力市场上劳动力的供求状况、劳动者的特殊生产技能、市场的竞争程度、劳动者的个人能力等。

劳动报酬形式是指劳动计量与工资支付的方式。其核心是劳动计量的方式，即以何种方式准确地反映和计量劳动者实际提供的劳动数量。包括基本工资、奖金、津贴及补贴和福利。

工资制度是指与工资决定和工资分配相关的一系列原则、标准和方法。它包括工资原则、工资水平、工资形式、工资等级、工资标准、工资发放等内容。我国现行的工资制度包括工资等级制度、工资调整制度、工资支付制度、工资基金管理制度。

复习与思考

一、关键概念

工资、劳动报酬形式、工资制度。

二、思考题

1. 工资的本质是什么?

2. 古典的工资理论有哪些?现代的工资理论有哪些?

3. 工资水平的影响因素都有哪些?

4. 劳动报酬的形式有哪些?

5. 阐述我国现行的工资制度。

6. 比较计时工资和计件工资之间的区别。

三、小资料

广州最低工资标准上调至1 100元　所辖五市区为960元

2010年4月27日，广州市人力资源和社会保障局宣布广州市最低工资标准上调至1 100元，新标准从2010年5月1日起正式实施。市人社局局长崔仁泉表示，在全国一线城市中，广州属于较高水平。在北京、深圳两城市暂时没进行调整的情况下，目前广州的最低工资水平仅次于上海，与杭州持平。

穗最低工资标准高于全省标准70元

据了解，最新公布的广州市最低工资标准为：本市（花都区、番禺区、南沙区、从化市、增城市除外）企业职工最低工资标准调整为1 100元/月，比省公布的1 030元/月标准上调70元，上调幅度为6.8%，小时最低工资标准为6.32元，非全日制职工小时最低工资标准调整为10.6元；花都区、番禺区、南沙区、从化市、增城市企业职工最低工资标准调整为960元/月，比省公布的920元/月的标准上调40元，上调幅度为4.35%，小时最低工资标准为5.52元，非全日制职工小时最低工资标准调整为9.2元。其中，考虑到南沙区经济发展水平与番禺区相近且地域邻近的实际情况，此次调整南沙区执行二类地区最低工资标准。

离岗退养人员退养费同步调整为880元

此外，企业离岗退养人员离岗退养费、待岗人员待岗生活费最低保障线也实行同步调整。本市企业离岗退养人员离岗退养费、待岗人员待岗生活费最低保障标准为当地最低工资标准的80%，最低保障标准随当地最低工资标准的调整而调整，本市（花都区、番禺区、南沙区、从化市、增城市除外）企业离岗退养人员离岗退养费、待岗人员待岗生活费最低保障标准同步调整为880元/月。

五成招工难企业因薪酬低

最低工资标准的高低是外来务工者选择务工地的关键参考指标。市人社局最近做的一个调查显示，广州市五成招不到工的企业都是因为工资水平低。广州市人社局局长崔仁泉表示，适当上调最低工资标准有利于增强就业吸引力，为经济持续稳定发展提供充足的劳动力资源。

［资料来源］中国劳动咨询网，2010-04-28.

8 就业

本章学习目标

掌握就业、就业者和充分就业等概念，了解影响就业的因素、促进就业和提高就业效率的途径，熟知西方各派就业理论的主要派别和内容，掌握中国经济转型期间劳动就业的特点。

8.1 劳动就业的含义

8.1.1 就业与就业者

8.1.1.1 就业

就业，是劳动经济学中的一个重要问题。从现实角度讲，它直接关系到一国政治、社会、经济的稳定；从理论层面讲，它是劳动者的两种状态（就业和失业）中的一种。不同的国家对就业有不同的认识。按照国际劳工组织的定义，就业是指一定年龄阶段内的人们所从事的为获取报酬或为赚取利润所进行的活动。如果再进一步分析，则需要把就业从三个方面进行界定：①就业条件，指一定的年龄；②收入条件，指获得一定的劳动报酬或经营收入；③时间条件，即每周工作时间的长度。

在美国，所谓就业就是劳动者在一个星期以内干15个小时以上的工作（包括无报酬的情况）。根据这个定义，就业者包括以下几个部分：①所有在规定的调查周内从事任何一项有报酬的工作15小时以上者；②所有在自己的企业或自己的农场工作的劳动者；③所有那些已有工作，但由于疾病、恶劣气候、休假或其他个人原因请假而暂时未工作的人；④从事一周15个小时以上的无报酬工作者。

为什么从事15小时以上无报酬的工作也算就业？这是因为这种人虽然没有报酬，但对生产、社会有贡献。从事无报酬工作的人多半是家庭妇女，且其家庭情况比较好，她们出去找工作做的主要目的就是为社会尽一定的义务。此外，还有一些退休人员，他们有退休金作为生活的保障，外出工作是为了为社会做贡献或增加生活乐趣，报酬对他们来讲是可有可无的。

8.1.1.2 就业者

就业活动的主体是就业者。世界各国和有关国际组织从劳动统计学和国民经济学的角度出发，对就业者的统计确定了数量上的标准（如劳动时间、工资或经营收入等）。

按照国际劳工组织的规定，凡是在有关劳动法规规定年龄之内，符合下列情况的人就属于就业者：①正在工作中的人，指在规定的时间内从事有报酬或收入工作的人。②有职业，但是临时没有工作的人，例如，由于疾病、事故、休假或临时停工的人。③雇主或自营人员，或正在协助家庭经营企业或农场而不领取劳动报酬的家属。如在规定时间内，从事正常工作时间的三分之一以上者（如一周内从事15小时以上工作就可以被认可）。

在我国，对就业（又称劳动就业）的概念的普遍定义为：劳动者运用生产资料从事社会劳动，并获得可赖以为生的报酬收入或经营收入的经济活动，称为就业。由此定义，我们可以看出，就业需要符合下述三个基本条件：第一，它是具有劳动能力的人所从事的某种社会经济活动；第二，这种劳动属于社会劳动，为社会所承认；第三，从事这种社会活动可以获得赖以为生的收入。1994年，我国当时的劳动部与国家统计局一起对我们国家的就业概念进行了定义——“就业人员，也称从业人员，是指从事一定社会经济活动并取得劳动报酬或经营收入的人员。已办理离休、退休、退职手续，但又再次从业（报酬或自营等各种方式）的人员，计算为就业人员。就业人员中不包括从事经济活动的在读学生。统计中将对就业人员中的不充分就业人员，即‘工作时间不足就业人员’、‘收入不足就业人员’及‘就业不足人员’予以特别关注。”① 以上这个定义，实际上是我国对就业人员的定义。

综上所述，劳动就业人员是指达到法定劳动年龄、具有劳动能力的劳动者，能够运用生产资料依法从事某种社会活动，并获得赖以为生的报酬收入或经营收入的经济活动。这个概念包括五方面的含义：第一，劳动者需具有劳动能力，包括劳动权利能力和劳动行为能力；第二，达到法定劳动年龄，在我国为年满16周岁；第三，其从事的劳动属于社会劳动；第四，其所从事劳动是有报酬的职业而不是义务劳动；第五，是得到社会承认的职业并且是合法的劳动。而根据国际规定，凡在规定年龄之上且符合以下情况者都属于就业人员：第一，正在工作的人；第二，有职业但临时因疾病、休假、劳动争议等暂时不工作的人，以及单位因各种原因临时停工的人；第三，雇主和自营人员；第四，已办理离休、退休、退职手续，但又再次从业（报酬或自营等方式）。各国根据本国的情况，又分别制定了各自的统计标准。我国1982年人口普查时，对就业人口的统计也有数量标准。例如，该标准规定，1982年6月30日有工作并在6月份从事社会劳动16天以上者即为就业人口。

劳动就业的概念是对就业现象的本质概括。通过对就业现象的理论抽象，可区别就业与其他社会现象的本质差异。根据劳动就业的概念可以清楚地看到：①就业与生产资料所有制无关。在社会主义国民经济体系中，无论在生产资料的全民所有制企业、集体所有制企业、中外合资合作企业、外资独资企业、民营企业，还是从事个体劳动，都属于就业者。②就业与一定的劳动制度所决定的企业用工形式无关。劳动者不论是固定工，还是合同工，或是其他临时工，均属于就业者。③就业与国民经济部门无关。劳动者不论在何种经济部门从事劳动并取得合法劳动报酬或经营收入，均参与了就业

① 经济日报，1995-01-04（1）.

活动。④劳动者从事义务性劳动、社会救济性劳动或从事非法劳动，则不属于就业者的范畴。

8.1.2 充分就业

8.1.2.1 充分就业的概念

提高劳动就业的数量和质量并进一步提高劳动者的收入（福利），促进社会经济的稳定发展是一国政府的重要职能。无论实行哪种经济体制，各国都为自己提出了充分就业这一社会经济目标。

“充分就业”这一概念始于凯恩斯的代表作《就业、利息和货币通论》一书。按照凯恩斯的定义，充分就业就是“在某一工资水平下，所有愿意接受这种工资的人都能得到工作”。凯恩斯把失业分为“自愿性失业”和“非自愿性失业”两种。按照凯恩斯的思想，只要解决了“非自愿失业”人员的就业问题，就算达到了充分就业。凯恩斯提出的达到充分就业的经济主张是：刺激私人投资，为扩大个人消费创造条件；促进国家投资，通过公共工程、救济金、教育费用、军事费用等公共投资，抵补私人投资的不足；政府通过实行累进税来提高社会消费倾向等。

在凯恩斯以后，理论界对“充分就业”进行了深入研究，对“充分就业”概念的认识大致形成了两种意见：一是认为充分就业是指劳动力和生产设备都达到充分利用状态；二是认为充分就业并不是零失业率，而是总失业率等于“自然失业率”（这一概念由弗里德曼首次提出）。根据后一种意见，人们引申出另一个说法，即认为充分就业就是让整个经济增长保持必要活力时的失业率的就业。除利用概念来说明充分就业之外，经济学家们还定量地对社会的充分就业与否进行了界定。例如在20世纪50年代，有些经济学家认为，失业率不超过3%～4%可算做充分就业。20世纪80年代以来，有的经济学家提出只要失业率不超过6%即为充分就业。这些观点的不同，一方面是因为社会经济发展的不同阶段的要求和容忍程度不同，另一方面则是为了迎合当时的政府的政治需要。

我们认为，充分就业可以从两个方面来进行考察。从劳动力供求的相互关系看，所谓的充分就业是指劳动力供给与劳动力需求处于均衡，国民经济的发展充分地满足劳动者对就业岗位需求的状态。此外，我们还可以从社会总供给和总需求的管理角度来看，充分就业就是指总需求增加时总就业量不再增加的状态。换言之，就是凡接受市场工资率愿意就业的人都能实现就业的状态。

从以上的分析我们可以认识到，充分就业是一个灵活的概念。在动态的市场经济中，在连续的基础上保持总供给与总需求、劳动力供给与劳动力需求在总量及其结构上的持续均衡是非常困难的事情。充分就业并非意味着不存在失业的状态。当然，对于不同国家，其充分就业的标准存在一定的差异。在同一国家的不同发展阶段，充分就业的定量指标也肯定是不一样的。

8.1.2.2 充分就业是国家宏观经济管理的重要内容

由于就业问题对一个国家的社会稳定和经济发展的重要性，许多国家都将充分就业作为国家宏观经济政策（Macroeconomic Policy）的四大目标之一（经济学家普遍认为，宏观经济政策应该同时达到四个目标：充分就业、物价稳定、经济增长、国际收支平衡）。在一个国家的基本经济政策中，都免不了把充分就业作为该政策是否实现的重要标志。例如，一国的货币政策是国家对经济进行宏观调控的重要杠杆，而充分就业则是货币政策的目标，许多国家甚至将其放在了首要位置（美国、英国、加拿大等国均是这样），我国也是如此——因为失业意味着稀缺资源的浪费或闲置，从而使经济总产出下降，社会总福利受损，甚至影响社会稳定，导致政局动荡。因此，失业的成本是巨大的。降低失业率，实现充分就业就常常成为当今各国宏观经济政策的首要目标。

8.2 就业理论

8.2.1 传统的西方就业理论

传统的西方就业理论发展于自由资本主义时期，那时生产迅猛扩张，失业现象还不十分严重。因此，在西方传统经济学家看来，只要存在着完全自由竞争，工资就可以随着劳动供求的变化而自由涨落，使一切可供使用的劳动力资源都被用于生产，从而实现充分就业。代表人物有萨伊、马歇尔和庇古。

8.2.1.1 萨伊的就业理论

法国政治经济学家让·巴蒂斯特·萨伊（Jean Baptiste Say）在1803年发表的代表作《政治经济学概论》一书中，提出了著名的“市场法则理论”。萨伊认为，在“W—G—W”这一以货币为媒介的物物交换过程中，卖就是买，买就是卖，因而供给本身创造了需求。在萨伊看来，市场经济内部不会有生产过剩的危机和失业。因为商品的供给与需求只是一枚硬币的两面，一种商品的供给量，相当于另一种商品的需求量。任何一种商品的市场价值，必然等于生产此种商品时所耗的劳动力、资本和土地三要素之和。举例来说，资本家把商品卖掉，就需要买机器、原材料和劳动力；农民把粮食卖掉，就需要买布匹和其他生产生活资料。由于供给和需求经常是趋向平衡的，因此，不会产生大规模的、经常性的失业，只会产生局部的和暂时的失业。从全局和整个国家看，就不会产生失业。如果出现了较多的失业，就会引起货币工资下降，资本家就会多雇佣工人。在货币工资下降到一定程度时，雇主就会把工人全部吸收到企业中来，这样，失业问题就可以依靠市场的自发调节作用得到解决。因此，他反对政府干预经济。

萨伊一方面在宏观角度排除了因总需求不足引起的生产过剩危机和大规模失业的可能性，另一方面又在微观方面探讨了工资率的变动对劳动供求的巨大影响，从而奠定了西方传统就业理论的基础。但不可否认的是，萨伊的观点只是资本主义早期社会经济发展阶段的产物，反映了特定时代的经济运行特点，也对后人的劳动的认识发挥了理论指导的作用。

8.2.1.2 马歇尔和庇古对就业的研究

继萨伊之后，英国剑桥大学教授马歇尔及其学生庇古等对劳动就业进行了深入研究。

马歇尔在1890年出版的《经济学原理》一书中，在分析了资本主义失业现象之后，提出在自由竞争的条件下，只要劳动力市场没有人为阻力，就可以通过工资的自由涨落和劳动力供需之间的自发调节达到充分就业。马歇尔和古典经济学一样，在就业问题上提倡自由放任原则，反对政府对劳动力市场的干预行为。

庇古是马歇尔的门徒。庇古继承了萨伊的就业思想，并在理论上进一步发展和严密化，提供了决定就业的两个假设：一个是工资率等于劳动的边际生产物即产值；另一个是工资的效用等于就业量的边际负效用。这两个假设，集中体现和佐证了传统就业理论的主要观点，即工资率的自由升降可以调节劳动供求，实现充分就业。

第一个假设说明，工人所创造的产值必须等于工资。因此，只要工人愿意降低现行货币工资水平，使之持续低于产值，那么资本家就会增加雇用数量，直到实现充分就业。第二个假设说明，工人只有在他们所获得的工资能够抵消他们参加劳动所带来的不愉快和痛苦时才愿意就业。因此，如果工人能够提高自己忍受劳动所引起的痛苦和不愉快的能力，就可以将劳动的边际负效用降至工资效用以下，从而增加自己参加工作的机会或保住饭碗。基于这样的认识，庇古认为，劳动力市场的供给不可能与需求脱钩。如果失业增多，工资就会下降，资本家将会多雇佣工人；反之，如果劳动力短缺，工资就会上升，资本家就会相应地减少工人雇佣量。

从上面的分析我们可以看出，庇古对工资率调节劳动供求的能力估计得比较大。其实，尽管工资率的变动对就业量的影响十分明显，但也不是决定性的，只是影响就业量众多因素中的一个。它的作用主要表现在两个方面：一是对资本家是否扩大投资，增加雇佣工人产生影响；二是它决定着资本家或厂商采取何种技术来进行生产（如机械化程度的高低）。

西方传统就业理论对于工资率的变动对劳动力供求的影响，以及阐述适当控制工资增长对刺激投资、加快经济发展、增加就业的作用方面具有重大的理论意义，它开创了从微观角度分析就业问题的先河。但是，由于它过分相信工资率的调节作用，认为仅仅依靠物价、工资率的伸缩性就能自动地实现充分就业，特别是忽视总需求不足对社会生产的破坏性，从而导致了该理论最后破产。

8.2.2 凯恩斯的就业理论

资本主义的经济危机在20世纪上半叶愈演愈烈，众所周知的1929—1933年大萧条导致了数以千万的产业工人长期失业。社会现实宣告了古典学派就业理论的破产。经济危机带来了古典就业理论的危机，人们急需对这种社会经济现象做出合理的说明。凯恩斯以古典理论的叛逆者姿态出现，提出了以国家干预经济生活来摆脱失业和萧条困境的主张。

约翰·梅纳德·凯恩斯（John Maynard Keynes）是英国经济学家，他在1936年出版了他最重要的和最有影响力的代表作《就业、利息和货币通论》（简称《通论》）。

该书的主要内容就是论述充分就业问题的。凯恩斯的就业理论指出，在一国的国民经济中，任何一个时期都有一个唯一决定性的就业量，它是全体厂商在他们效用最大化情况下提供给该国居民的。这一就业量是与整个国民经济生产水平同时被决定的。因此，凯恩斯的就业理论实际上就是研究生产水平及相应的就业水平是由哪些因素决定、如何决定的理论。

首先，从供给方面考察，要让企业提供一定的就业量，就必须使雇主能够获得必要的利润，这个利润不能低于雇主为达到效用最大化目标所需要获得的最低限度的利润。显然，企业生产规模越大，提供的就业量越大，它所需要得到的这一最低利润的数额也就越高。因此，如果把生产中要花费的成本与这一最低利润相加之后所得到的货币额称为厂商的供给价格的话，那么，就业量与供给价格呈正相关函数关系。社会就业总量是每个厂商提供的就业个量的总和，社会总供给价格是每个厂商提供相应就业量所要求的个别供给价格的总和。所以社会就业总量与总供给价格之间也呈正相关函数关系。

其次，从需求方面考察，厂商把生产规模扩大到什么水平，从而把就业量扩大到什么水平，还要考察社会对他的产品可能的需求。经济学把用货币表示的厂商预期的社会对其产品的需求称为厂商的需求价格。需求价格实际上就是厂商的与每一生产水平（雇佣水平）相对应的预期收益。社会总的生产规模和就业规模是所有厂商的生产规模和就业规模的总和。所以，社会的总需求价格就是所有厂商的与其生产规模相对应的需求价格的总和。厂商对收益的预期是根据社会居民的收入做出的，因而社会总需求价格也是由社会居民的总收入水平决定的，因而社会总需求价格也是由社会居民的总收入水平决定的。厂商的生产规模越大，提供的就业量越大，社会居民的收入水平就越高，所以，社会就业总量与社会总需求价格之间也呈正相关的函数关系。图8.1可以清楚地反映出凯恩斯的就业理论思想。

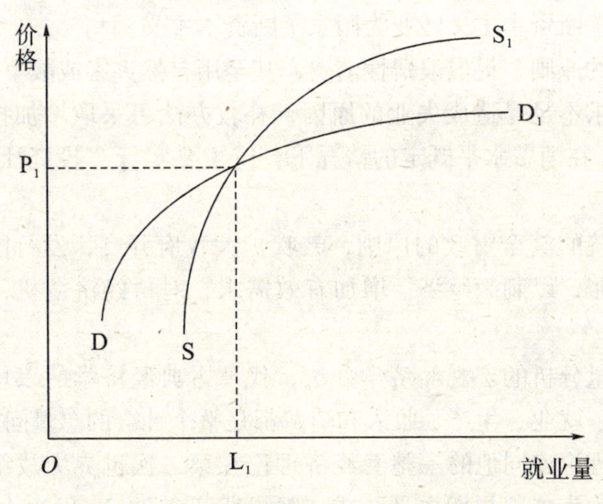

图8.1　社会总供给、总需求与就业

图8.1中的SS_1曲线就是总供给曲线，DD_1曲线是总需求曲线。总供给曲线与总需求曲线相交于点E，E点所对应的社会总需求P_1，即凯恩斯所定义的有效需求（是

指预期能够给资本家带来最大利润量的社会总需求）；E点所对应的就业量L_1，即一国的当其有效需求为P_1时的唯一决定性的就业量，定义为均衡就业量。显然，在这一点上，该国的就业量不会被确定在小于L_1的水平上。因为，如果实际就业量小于L_1，社会总需求一定会大于社会总供给。这时，一些厂商一定会发现：在这一生产水平和就业水平上，他们的预期收益大于他们所需要的最低利润和生产成本，如果再进一步扩大生产、扩大就业，还有利可图，故厂商们一定会继续扩大生产，增加雇佣从而扩大社会就业。同样，在这一时点上，该国的就业量也不可能被确定在大于L_1的水平上。因为，如果实际就业量已超过均衡就业量，就意味着社会总需求已小于总供给。在这种情况下，全部或部分厂商也一定会发现他们的生产规模过大，按这一生产规模生产，预期收益将小于他们在这一规模上所需要的最低利润和生产成本，因此，厂商们将纷纷缩小生产规模，减少雇佣从而减少社会就业。只有在实际就业量与均衡就业量相等时，社会总需求与总供给相等，厂商们也普遍认为预期收益与预期成本（其所需要的最低利润与生产成本之和）相等，其效用可达最大化。

图8.1反映的均衡就业量L_1显然不是由劳动力市场的局部均衡所决定的，它是由多种市场均衡共同作用的结果。凯恩斯以前的就业理论认为，这一就业量同时是劳动力市场上的均衡就业量，因而一国经济总是趋向于充分就业的。凯恩斯则不然，他发现，总需求与总供给均衡时，劳动力市场不一定正好达到均衡。如果总供给与总需求均衡所决定的就业量正好是劳动力市场上的均衡就业量，即在总供给与总需求达到均衡时，劳动力市场也正好达到均衡的话，那么，此时的均衡就业量也就是充分就业量，经济处于“充分就业均衡”这样一种状态上。

凯恩斯认为，一般来说，均衡就业总量是小于充分就业量，其根源是有效需求不足。凯恩斯开出的医治需求不足、达到充分就业的“处方”是：

第一，抛弃传统的自由放任政策，扩大政府职能，采取政府干预和调节经济的一系列措施，把私人垄断资本主义转变为国家垄断资本主义。

第二，放弃节约原则，提倡浪费性消费，甚至用自然灾害或战争来增加财富消耗。

第三，有效需求不足是造成失业的原因，补救办法可采取增加投资与提高消费的“双管齐下”策略。在消费水平既定的情况下，应主要实行“投资社会化”，由国家总揽投资。

第四，放弃传统的健全财政的原则，鼓吹扩大政府开支，发行国债，实行赤字财政和温和的通货膨胀，以刺激经济，增加有效需求，对付经济危机，达到并保持充分就业。

第五，采用总量分析的宏观经济学办法，代替古典经济学的以均衡价格为中心的微观分析。他认为，就业、生产、收入和消费都是整个社会的总量问题。

凯恩斯的就业理论连同他的一整套经济理论在第二次世界大战结束后很长一段时间得到了推崇，被称为“凯恩斯主义”或“凯恩斯革命”。20世纪40年代至70年代，凯恩斯理论一直是主要资本主义国家社会经济决策的理论依据。

8.2.3 货币学派和供给学派的就业理论

20 世纪 70 年代中期以后，在美国和英国等西方发达国家，货币学派和供给学派很快取代了凯恩斯学说，成为美、英政府制定社会经济政策的理论基础。因为西方国家在经济发展中出现了凯恩斯学说难以理解的“滞胀”现象，凯恩斯提出的通过扩大有效需求来实现充分就业的办法在现实中已经行不通。

8.2.3.1　货币学派的就业理论

货币学派主要从需求方面探讨如何抑制总需求的过度膨胀率，将其降至正常水平。其代表人物是弗里德曼。

弗里德曼提出了自然失业率的概念。他指出，在市场机制自发调节下达到总需求与总供给均衡时的失业率，是不会受货币因素影响而发生变动的，因而是一种不可逾越的“自然失业率”。即使政府强行扩大总需求，将实际失业率降至自然失业率之下，不久也会回到自然失业率水平。因此，当自然失业率高于充分就业水平时，不管政府怎样扩大有效需求，也不会消除“非自愿失业”，只会加剧通货膨胀。

为了降低失业率，货币学派提出了一些积极措施，从更有效地发挥市场机制的调节作用出发，开辟新的就业领域。具体措施有：①改进劳动力市场工作，消除各种人为障碍和限制，提高工人的劳动积极性。②加强失业人员培训。③建立效率更高的职业介绍所，为失业者及时获得用工信息创造条件。

8.2.3.2　供给学派的就业理论

与货币学派不同的是，供给学派是从供给方面寻求促进经济增长、实现充分就业的途径。其代表人物有阿瑟·拉弗、保罗·罗伯茨等。

供给学派认为，凯恩斯主义只重视需求分析，忽视供给因素的作用，这在萧条和衰退时期可行，需求实际决定了产量。但在通货膨胀时期，总需求已明显超过总供给，供给不足成为经济的主要问题，应该将主要力量放在刺激生产上，鼓励个人和企业进行生产储蓄，更加勤奋地工作，更积极地投资，以扩大供给，填补总需求与总供给之间的差额。其主要措施就是减税。

当然，在供给学派的政策建议中，减税虽然是一项主要措施，但并不是唯一措施，他们还主张限制政府开支，放松政府干预和限制，加强市场调节作用，实行相对有节制的货币政策。这些都与货币学派的观点不谋而合，都是传统经济自由放任主义的继承和升华。

总之，货币学派和供给学派认为，促使经济增长，实现充分就业的最好办法，是刺激经济等式中的供给（生产）方面，而不是增加商品和劳务的消费，即需求方面。关键在于降低税率，鼓励个人和企业进行生产储蓄，使人们更卖力地工作，更积极地投资。他们提出的主要措施有：

（1）大幅度（有实质意义地）、不断地降低个人所得税和企业税的税率，以刺激人们的工作劲头和资本投资。

（2）实行相对的有节制的货币管理，使货币的增量和长期的经济增长潜力相适应。必要时还需转向某种形式的金本位制。

（3）取消财政和货币政策的调节作用，更多地依靠市场经济的内在动力。

（4）减缓政府开支的增长速度，以便遏制全国税务负担在国民生产总值中所占的比重不断增长，并且自动地为私人投资提供资金。

这四条措施都与税率的调整有关，可见供给学派和货币学派的理论核心和精髓在于通过降低税率促进经济增长和实现充分就业。供给学派强调边际税率，因为供给学派相信，税收可以通过改变对工资、储蓄、投资和承担风险的刺激来影响经济。这一不同的观点（指不同于凯恩斯的观点）是供给学派在经济政策上的革命的实质所在。

我们可以看到，供给学派和货币学派实际上是古典经济学理论的翻版，是“新古典主义”的经济学理论。

8.3 影响劳动就业的因素

影响劳动就业的因素是复杂多样的，笼统地说，主要有人口因素、科学技术进步因素、经济因素、劳动制度因素、国家宏观政策因素和心理因素等几个方面。

8.3.1 人口因素

人口是社会经济活动的主体，是劳动力资源再生产的基础。在一定的经济条件下，人口是决定劳动力供给量的决定性因素。人口的数量和素质，直接决定着就业水平。

人口为社会经济提供劳动力资源，在物的要素一定的条件下，劳动力资源的数量和质量直接影响着社会经济发展的规模和速度，而劳动力资源的数量和素质又直接取决于人口的数量及其素质。人口的发展变化引起劳动力资源的发展变化。因此，人口是影响劳动就业的直接因素。人口对就业的影响主要表现在就业者供应量和就业结构等方面。

8.3.1.1 人口数量影响就业者供应量

劳动力资源是全部人口中有劳动能力的那一部分，也就是具备就业主观条件而要求就业的那部分，即劳动力人口。劳动力人口占总人口的比重与人口的年龄构成有着密切的关系。在人口年龄构成一定的条件下，劳动人口的数量与人口总量成正比关系，人口总量对就业水平、就业率、就业劳动收入等起着直接的决定性作用，即人口数量变化直接影响着就业者的供应量。

从社会发展来看，人口数量由于社会中人的出生和死亡而随时处于变化之中。在一定的自然资源和科学技术水平的条件下，如果人口总量不断增长，那么劳动力资源也呈不断增长的趋势，就会给就业带来困难。如果人口总量不仅不增加，反而不断减少，从而劳动力资源也呈不断缩小的趋势，需要就业者的人数也呈下降趋势，那么在这种条件下，就业问题比较好解决，可以实现充分就业，而且劳动者的劳动收入依然可以随着生产力的发展而有较快的提高。

8.3.1.2 人口构成影响着就业结构的合理性

我们这里所研究的人口构成包括性别构成、年龄构成以及素质构成。

人口的性别构成中，某一地区女性比重大，就业的困难也就相应大一些。当劳动力人口构成在一段时间过于年轻时，必然使就业供给量过大，给就业带来困难；反之，如果劳动力人口构成在一段时间过于老龄化，则会引起就业供给不足，影响社会经济发展。

在社会化大生产背景下，知识更新、科学技术发展速度越来越快，产业结构、职业结构不断发生变化，要求就业结构相应地变化。因而要实现充分就业，不仅要使生产的发展和劳动生产率的提高为充分就业的实现提供可观的物质条件，而且要求劳动力资源的素质能适应上述各种结构变化的要求。因此，在总人口一定的情况下，人口素质对充分就业的实现也直接发生影响，特别是在科学技术迅速发展的知识经济时代，人口素质的状况对就业结构合理性的影响越来越大。

人口素质主要包括人口的身体素质、思想素质和文化科技素质三个方面。人口素质对就业的影响直接表现在两个方面：一方面是人口的身体素质是否适应产业结构、部门结构对劳动力资源的要求；另一方面是人口的文化科技素质是否适应产业结构、部门结构变化对劳动力资源的要求。这就是说，劳动力年龄人口中有就业要求的人能否充分就业，还要取决于该就业群体的身体素质和科学技术素质。

人口素质越高，就业结构越合理，可就业人口也就会越多，充分就业实现的可能性就比较大；反之，如果人口素质低，就业结构不合理，就业人口就会减少，充分就业就难以实现。

8.3.2 科学技术进步因素

科学技术的进步、劳动生产率的提高，是实现社会就业的根本途径。社会化大生产的实践证明，科学技术越来越成为直接的生产力，尤其是新技术革命的发生和发展，推动了社会生产力的迅猛发展，大大增加了就业的容量。

科学技术的发展在增加就业容量的同时，也改变了社会产业结构和就业结构。新技术的发展使劳动构成的要素发生了变化：劳动资料的种类和形态越来越多样化，新型劳动材料不断涌现，信息成为劳动构成要素。新的技术革命也促使劳动的自然方式和劳动形态发生变化：劳动者由直接参加劳动变为对劳动过程进行调控；劳动形态逐步由以体力劳动力为主转化为以脑力劳动为主，因而对劳动者的文化素质与技术素质的要求也不断提高。新的技术的产生和发展，使得一些传统产业不断萎缩而新的产业不断涌现。传统产业的萎缩减少了对就业的需求，而新产业的发展又提供了新的就业机会，而且有可能比萎缩的多得多。如美国商务部《美国工业展望》统计，美国的钢铁、汽车、造船及修理三个传统工业部门 1973 年就业人数为 103 万，1982 年下降到 80.2 万，而同期电子计算机、控制仪器和宇航三个新型工业部门就业人数由 50.2 万上升到 116.9 万，扣除传统工业部门排斥出的 22.8 万人，新增就业机会尚有 43.9 万个。

当然，我们知道，科技进步与劳动生产率的提高是紧密相关的，而提高劳动生产率与扩大就业又存在着对立统一的关系。从短期和局部看，二者是对立的。要提高劳动生产率，必须依靠先进的技术，从而排斥大量的劳动力，在生产规模不变的情况下，必须减少就业人员。但是，从长远和全局来看，提高劳动生产率与扩大就业又是统一的。因为只有提高劳动生产率，劳动者才能在同样的时间内为社会提供更多的剩余产品，从而提供充分的资金积累，这是扩大就业必不可少的物质基础。劳动生产率的提高，加快了经济的增长，创造了更多的就业岗位，同时扩大就业，实现了人尽其才、物尽其用，反过来又会极大地提高整个社会的劳动生产率。20 世纪 90 年代后半期，美国经济快速增长的一个重要原因，就是美国的技术进步非常快，走在了知识经济时代的最前面，而也正是在这个时期，美国实现了经济的高增长、低通胀，其失业率很长一段时间都保持在一个较低的水平。美国经济的增长打破了传统经济学对经济增长、通货膨胀率以及就业时间关系的认识，被称为“新经济”。

科学技术进步对劳动就业影响的总趋势是：总就业人口中，体力劳动者所占的比重下降，脑力劳动者所占的比重上升；服务部门劳动力所占的比重上升而农业劳动者所占的比重则不断下降；妇女和残疾人的就业容量也得到了增加。

8.3.3 经济因素

在影响就业的诸因素中，经济因素是最为重要的。提高经济增长的速度和效益，增加就业机会是解决就业问题的基本保证。因此，经济因素是影响劳动就业的决定性的因素。

8.3.3.1 经济发展的水平决定劳动就业的总体水平

劳动力需求是由整个经济发展的需要派生出来的，企业增加劳动力需求是为了发展生产，以满足社会需要，增加盈利。因此，经济越发达，增长速度越快，相对而言的劳动力需求也就越多，就业也就越充分。相反，如果经济发展停滞甚至萎缩倒退，对劳动力的需求就会大幅度减少，失业人数增加。所以保持一定的经济增长率，促进经济的发展是解决就业问题的根本途径。

8.3.3.2 经济形式是解决社会就业的前提条件

所谓的经济形式，亦称经济成分，就是生产资料所有制形式，它体现生产资料所有者与劳动者在社会再生产过程中的经济关系。我国在很长一段时间里的经济形式都比较单一，整个社会的就业水平比较低。而改革开放以后，随着多种经济形式的快速发展，社会就业水平得到了提高。通过改革，我们认识到，在社会主义初级阶段，生产力的发展要求实行多种经济形式。多种经济形式的存在和发展，一方面可以适应不同层次的生产力发展从而使社会各产业得到发展，为扩大就业提供了广阔的空间；另一方面又可以适应不同劳动素质而需要就业的劳动者的就业需求，使之在不同的经济形式中实现与生产资料的恰当对接，使充分就业得到实现。

8.3.3.3 不同的产业结构决定了劳动者的就业结构

在社会化大生产中，劳动者与生产资料结合的自然形式和就业总量取决于社会各产业所提供的就业岗位总量。产业对就业的影响，表现在两方面：一是产业发达程度决定了社会所能提供的就业容量；二是产业结构的变化要求就业结构和劳动者素质随之变化。因此，能否正确确定产业结构，直接影响到就业的容量和结构。现代社会经济发展中产业结构高度化演进规律告诉我们，随着科学技术的发展和劳动生产率的提高，第一产业就业容量不断缩小，第二产业就业容量呈曲线变动趋势，第三产业就业容量则急剧扩大。

8.3.4 劳动制度因素

劳动就业和社会再生产的发展一样，既要受到生产关系的影响，又要受到上层建筑的影响。因此，能否实现充分就业，除了受生产力发展水平影响外，还要受到劳动经济管理制度方面的一些影响。

8.3.4.1 国家的劳动就业方针政策直接影响就业问题解决的程度

如果国家的方针政策符合生产力发展的要求和国情，就业问题的解决就比较合理；反之，就业问题就难以合理解决。新中国的劳动就业历史充分证明了这一点。

8.3.4.2 用工制度的内容和形式及其执行机构，直接影响着充分就业的实现

所谓的用工制度，是指国家在使用劳动力方面所实行的各项制度。用工制度正确，有劳动能力而需要就业的人不但能够就业，而且在就业之后能充分地发挥其能力，为社会经济的发展多作贡献。反之，就会使一些本来可以就业而要求就业的人不能就业，或者即使就业也不能充分发挥其特长或充分调动其劳动积极性，从而闲置了他们的劳动能力。例如，我们国家的许多大城市规定一些工种只允许具有本地户口的劳动力就业。这种用工制度是一种歧视性制度，一方面阻碍了要在此工种就业的外地劳动力的就业，另一方面又使本地劳动力产生惰性，从而在工作中不能充分地调动其积极性。再如，在改革开放之前及改革开放之后的很长一段时间里，我们的国有企业没有用工自主权，由相关的部门统一按照计划分配，而且实行终身就业。这就经常造成人才的终身错误配置，使得人不能尽其才，而企业也不能按需选才，同时还使企业的员工没有压力，工作积极性较差。

在资本主义国家有两种劳动就业制度，一种是放任自流、自由竞争的劳动就业制度，另一种是国家干预下的自由就业制度。20 世纪 30 年代的世界性经济危机强烈地震撼了资本主义经济生存的基础，其基本特征之一就是大批工人失业，而这次危机实际上宣告了自由竞争就业制度的终结。因此，在现今世界各国，大多采用国家干预下的自由就业制度。

在我国建立社会主义市场经济的过程中，提出要建立与社会主义市场经济制度和现代企业制度相适应的新型劳动就业制度，即“政府促进，市场调节，供求双方自主选择”。我们国家的新型就业制度具有以下的基本特征：确立充分就业地方目标；以社会为主体提供就业保障；向劳动者提供就业竞争条件，提高其就业能力；个人自主择业，单位自主用人；政府促进，市场调节就业。

8.3.4.3 工资制度和政策也是影响劳动就业的重要因素

所谓的工资制度是有关工资支付的原则和方法的总称。所谓的工资政策是国家遵循客观经济规律及工资制度制定的、作为有关部门处理工资问题时的指导原则和依据。正确的工资制度和政策，既能吸引劳动力到各种就业岗位就业，又能吸引劳动力按照社会化大生产发展的客观要求流动；既能保证在就业时充分发挥其劳动积极性，又能保障在不适宜于原岗位就业时能及时调换工作；既能吸引有相应劳动能力而需要就业的人积极到各种经济形式、经济组织中就业，又能鼓励他们自谋职业。这样，充分就

业就有了很好的基础。我国在很长一段时间里，都实行“大锅饭”式的平均分配，这样的分配方式使得劳动分配对人的工作积极性的刺激大大减弱，企业工人的积极性普遍较低。改革开放以来，我们的国有企业实施了多种改革措施，这些措施在实质上就是“放权让利”，打破国有企业原有的分配机制，但这些改革并没有从根本上解决问题。

8.3.5 国家宏观政策因素

一个国家确定什么样的社会经济发展战略目标和战略思想，对于就业有很大的影响。国家能否确定劳动就业在社会经济发展中的战略地位，树立充分就业的战略思想，把实现充分就业作为各级政府的一个重要的战略目标；政府是否制定和出台有利于就业的各项经济政策，如投资政策、财政政策、金融政策、税收政策、外贸政策、收入政策、技术政策和产业政策，对就业的影响是很大的。如在20世纪90年代中期，我们政府把对通货膨胀率的控制放在国家经济宏观管理的首要位置，并采取了相应的措施，使得通货膨胀率得到了控制，并使中国市场经济从通货膨胀转变为通货紧缩。而在通货膨胀得到控制的同时，却使中国就业形势非常严峻（当然，造成就业形势严峻的原因不单是国家对通货膨胀率的控制，但不可否认，对通货膨胀率的控制是重要因素之一）。在我国现行五年计划的规划中，明确要求适度发展一些劳动密集型产业，其政策的意义就是考虑到我国绝大多数劳动者的素质比较低以及我国劳动力相对过剩的现实。

8.3.6 心理因素

影响劳动者就业的心理因素，实质上就是就业意识，例如就业意愿、职业评价、择业动机以及对一系列就业行为过程及其结果的估计等。它是人们对于就业问题的基本认识和根本态度。

就业意识影响和指导着人们的行为，使劳动者的就业行动具有目的性、方向性和预见性，影响着人们对某种职业的取舍。不同的时期由于受到不同的社会和家庭环境的影响，就业意识会发生相应的变化。

据2006年世界精神病协会年会发表的数字，目前我国有5%的人存在不同程度的心理障碍，13%的人患有不同程度的精神疾病。据我国卫生部提供的数字，在20世纪50年代，我国精神病总发病率为2.7%，20世纪80年代以来呈上升趋势，目前已达13.47%，上涨了5倍。现在总发病人数达1 600万人，其中精神分裂者600万人，相当于每60户中即有一例，并以每年10%以上的速度增加。据北京心理危机研究与干预中心调查，我国每年有28.7万人自杀死亡，另有200万人自杀未遂。自杀成为我国15~34岁人群的首位死因、全部人群的第五位死因。据不完全统计，1980年以来，我国已有1 200多位企业家自杀身亡。这些数字无不说明我国社会心理不健康问题日益严重，而心理不健康人口中不少都和职业、就业问题有关，所以说，我国人口中就业心理障碍显然也是普遍存在的。

自20世纪90年代放开以来，我国社会的就业心理障碍主要体现在下岗工人群体，因为爱“面子”、胆怯、回避现实、缺乏应变能力、缺乏自信、就业目标不明确等心理原因，严重地阻碍了下岗职工再就业。进入21世纪以来，大学生就业难又成为了社会广泛关注的焦点问题，给我国社会经济的良性发展造成了很大的障碍。

因此，要实现社会的充分就业，除了国家要有正确的产业发展政策，促进经济快速健康发展，创造更多的就业岗位外，还要求劳动者具有相应的素质和健康的就业心理，否则充分就业将难以实现。

8.4 改革开放以来我国就业制度改革的回顾①

中国的就业增长和结构变化是三十余年来改革、开放和发展的结果。因此，理解就业的增长和结构变化机制，是我们认识中国改革、开放和发展的一个重要侧面。反过来也是一样，这个时期特殊的就业问题，以及就业制度改革的过程与成绩，也需要在改革、开放和发展的大背景下进行研究，才能更深入地认识其本质。

8.4.1 改革开放前的中国城镇就业制度

中国是一个城乡差别非常明显的国家。在国家对就业问题的认识中，我们重视的是城镇劳动适龄人口的就业问题，而对于农村则不加考虑，形成了具有中国特色的城镇就业制度。

就业制度是国家或其授权机关指定的，以法律、法令或其他形式体现的与劳动者就业直接相关的办事程序、规章、条例的统称。它包括招工制度、用工形式、就业方针等。在一定意义上，也把就业制度称为用工制度。

8.4.1.1 新中国就业制度的建立

（1）国民经济恢复时期和就业制度的建立时期。新中国就业制度的建立，是从解决旧中国遗留下来的失业问题和安置城镇新成长的劳动力就业方面开始的。其特点是由政府统一介绍就业和劳动者自谋职业相结合。首先是建立劳动力统一介绍制度，无论是何种经济形式的企业，在招用劳动力时，都要向劳动部门申请，由劳动部门设立的劳动力介绍所统一介绍。企业自行招工，也要向劳动部门备案。

（2）“一五”计划末期到“文化大革命”。“一五”计划中后期，就业制度逐渐发生变化，其集中表现是1955年中央政府确定招工和职工调配实行“统一管理、分工负责”的原则，明确规定招工必须经过劳动部门批准才能进行。这实际上取消了用人单位自行招工的权利，将招工权利集中于劳动部门。另外，对要求就业的劳动力由政府“包下来”的范围不断扩大，而这些“包下来”的人员成为用人单位的固定工，不得随便辞退。这样，在“一五”计划结束时，传统体制下的就业制度就形成了：国家用统一招收的办法将要求就业的劳动力“包下来”，统一分配工作；用工形式以固定工为主，能进不能出。

在“一五”后，我国的社会主义经济发展遇到了挫折。由于指导思想上的主观主

① 本小节内容部分来自：蔡昉. 中国就业制度改革回顾与思考［J］. 理论前沿，2008（11）.

义和急于求成，我国生产资料所有制结构的调整进一步脱离生产力基础，在所有制形式上片面追求“一大二公”、“纯而又纯”，采取了个体向集体过渡、集体经济向全民经济过渡的政策。在这种大的经济背景下，于“一五”计划时期末形成的就业制度到“文化大革命”结束时，已经发展成为一种极为典型的形式。

8.4.1.2　我国传统就业制度的特点

起源于20世纪50年代、形成于20世纪60年代中后期的我国传统劳动就业制度，是国家宏观经济高度集中统一、生产资料所有制以及生产经营方式单一化的产物。它的主要特点有：

（1）劳动者就业由政府包揽。

（2）劳动力配置靠行政调配，而非市场（价值规律失效）。

（3）企业没有用工自主权，只能执行国家用工计划。

（4）工资、福利、保障全部由国家负担，企业没有分配自主权，而且员工的收入在很长一段时间都被压抑在一个较低的水平，不能反映劳动的价值。

（5）劳动力流动受到严格控制，企业不能辞退员工，人员实行“能进不能出”。

这套劳动就业制度一直沿用到20世纪80年代改革开放以前，经过多年演变，逐步形成了以高度集中的指令为龙头的，包括劳动计划、就业制度和用工制度三位一体的结构：传统劳动计划的主要特征是指令性“人头”计划；传统就业制度的主要特征是“统包统配”；传统用工制度的主要特征是“国家固定工”制度。这种劳动制度在新中国成立后的一段时间内，对社会主义建设和社会安定起了一定的作用，但是随着经济的发展，其弊端日益明显，劳动者的就业竞争意识和劳动积极性越来越低，相应的劳动就业效率也大大降低。传统的劳动就业制度，在改革改革开放后越发显出其与社会经济发展的不适应性。

8.4.2　我国劳动力市场发育遵循经济改革整体步骤与逻辑

中国在改革开放时期的经济增长，是一个城市农村二元经济转换的过程，中国特殊的改革、开放和发展变化，又赋予这个过程一系列中国特色。

首先，在如何通过经济增长和产业结构变化创造就业机会，消除劳动力无限供给特征这一点上，中国的现实与理论模型是一致的。在实现二元经济结构转换之前，农业中存在大量剩余劳动力，城乡劳动力市场处于制度性分割状态，以及因此形成的农村向城市转移劳动力工资水平长期停滞等，是这个阶段的显著特点。同时，伴随着改革和发展的迅速推进，即劳动力市场的发育和人口红利被充分利用，上述特征被不断消除，迎来了中国经济发展的重要转折点，劳动力市场也进入到一个更为成熟的发展阶段。

其次，中国的二元经济转换，同时又是从计划经济向市场经济体制转轨的过程，集中表现为劳动力资源从计划配置向市场配置的机制转变。在经历就业迅速扩大和遭遇劳动力市场冲击的同时，就业形式和就业增长方式发生了巨大的变化。通过实施积极的就业政策和强化劳动力资源的市场配置，中国强劲的经济增长一直伴随着城乡就业的快速增长。这个趋势在20世纪80年代后期开始的国有企业固定工就业制度改革，以及90年代后期国有企业进行减员增效改革以来并没有改变。但是，就业结构以及推动就业增长的构成因素却发生了巨大的变化，非公有经济、中小企业以及非正规部门成为就业创造的主力军，也表明劳动力资源的市场配置机制，在就业扩大中逐步取代了计划经济的配置机制。

最后，上述同一过程又是在经济全球化背景之下，通过扩大对外开放而实现的。经济全球化的总趋势是国际贸易的空前发展。中国在劳动力的质量和价格上体现出来的资源比较优势，通过确立劳动密集型产品在国际市场的竞争地位而得到发挥。在改革开放的30年中，世界经济正迎来其新一轮全球化高峰，中国通过加入世界贸易组织，深深地融入经济全球化过程之中，并成为最大受益者。在世界贸易总量迅速增长的同时，中国对外贸易以更快的速度增长。此外，资本在世界范围的流动与配置，为中国提供了来自外部的更有效率的资源配置能力。

遵循经济改革整体逻辑与步骤，劳动力市场的发育也伴随着农村家庭承包制的实行及其效果的显现，以农村劳动力这种生产要素的重新配置为标志而起步，并逐渐推进到城市，以渐进和激进结合的方式进行。

8.4.3 农村劳动力重新配置与城乡一体化

中国的经济改革是20世纪70年代末从农村开始的，主要从实行农业家庭承包制起步。一旦这种改革对于农业生产产生巨大的激励效果，并且大幅度提高生产效率之后，农业劳动时间大大节约，形成公开的劳动力剩余，便开始了劳动力资源重新配置的过程。因此，家庭承包制这个农业经营的基本制度，对于农户劳动力的重新配置具有更加重要的效果，即它除了具有调动劳动积极性的基本效果之外，同样重要的是，通过给予农户安排劳动时间、决定劳动方式和劳动内容的自主权，解放了劳动力这一最重要的生产要素。因此，我们可以把这项改革看成劳动力市场改革的出发点和认识改革过程的逻辑起点。

从转移的途径和过程看，农村劳动力转移依次有以下几个步骤：第一步是在农业内部从（以粮为纲的）种植业部门向林牧渔业部门转移，使农业内部的生产结构和就业结构得到了调整。第二步是在农村内部向以乡镇企业为主要载体的非农产业转移。第三步便是农村劳动力跨地区和向城镇流动。

各种制度障碍的逐渐拆除是劳动力得以跨地区流动的关键。20世纪80年代以来，政府逐步解除限制农村劳动力流动的政策。随着农村劳动力就地转移渠道日益狭窄，1983年起，政府开始允许农民从事农产品的长途贩运和自销，第一次给予农民异地经营以合法性。1984年进一步放松对劳动力流动的控制，甚至鼓励劳动力到邻近小城镇打工。而到1988年，中央政府则开了先例，在粮票制度尚未取消的情况下，允许农民自带口粮进入城市务工经商。

到20世纪90年代，在对待农村劳动力流动的政策倾向上，政府本身产生了分歧，包括中央政府和地方政府之间以及劳动力流出地政府和流入地政府之间。尽管如此，劳动力流动的积极作用仍是不容忽视的，即便对于劳动力流入地的政府也是如此。即便存在这种不同的政策倾向和政策的周期性摇摆，中央政府和地方政府仍然分别采取了一系列措施，适当放宽对迁移的政策限制，也就意味着对户籍制度进行了一定程度的改革。

中央政府对于农村劳动力转移重要性的认识，对于改革的推进作用十分明显。从2000年开始，中央政府的有关文件表现出对农村劳动力流动的积极支持和鼓励，明确提出改革城乡分割体制，取消对农民进城就业的不合理限制的指导性思路，被称为城乡统筹就业的政策。这种政策倾向明确写进2001年公布的"第十个五年计划纲要"和2006年公布的"第十一个五年规划纲要"中。并且，这种对待劳动力流动的鼓励政策，通过改善流动人口的就业、居住、子女教育、社会保障条件，逐渐成为可执行的措施。这些政策变化，归根结底是中国政府对于现实中制度需求所做出的积极反应，因而是顺应经济发展阶段性变化要求的。

地方政府对户籍制度改革的力度也明显加大。近些年来，大多数省市在户籍制度改革方面做出了颇为不凡的动作。一个具有共性的改革，是尝试建立城乡统一的户口登记制度。到2007年，全国已有12个省、自治区、直辖市，相继取消了农业户口和非农业户口的二元户口性质划分，统一了城乡户口登记制度，统称为居民户口。另外，很多城市进一步放宽落户条件，以准入条件取代各类进城人口控制指标。

但是，改革遇到了种种难题。其中最突出的问题就是，地方政府发现，户籍制度实际上并不是一个简单的人口登记制度，其核心是户口背后所包含的福利差异。当改变了户籍登记的归类方式或者放宽了落户条件之后，现行的城市财政体制和公共服务体制却无法承受加大了的负担。结果是，户籍登记方式的改变没有实质内容，即作为统一的居民户口中居住在农村的那部分人口，甚至按照条件落户在城市的新居民，仍然不能平等地享有城市人口所享有的社会福利、社会保障和公共服务。经过一个周折之后，户籍制度改革的路径更加清晰了。户籍制度改革的目的就是形成一个一体化的劳动力市场和城乡统筹的公共服务体系。

目前与户籍身份附着在一起的种种福利因素，如社会保障、社会保护、教育获得以及其他公共服务，都处于改革的过程中。不仅中央政府把缩小城乡公共服务差距作为重要的政策目标加以实施，地方政府也认识到了改变这个方面的现状将是更加有效地改革户籍制度的途径。归根结底，户籍制度改革的实质并不在于是否放宽了入籍的条件，而根本在于是否把福利因素与户籍身份相剥离。因此，把户籍制度与这些领域的改革相结合，从而形成一种互相补充、相互促进的关系，有助于政策调整和制度改革的推进，也抓住了改革的实质内容。

随着劳动力流动政策环境的逐步改善，农村劳动力流动的规模和范围都大幅度提高，形成人类和平历史上最大规模的流动劳动力群体。在这种自由的流动择业和就业过程中，农民工工资的地区差异逐渐缩小，甚至他们与城市普通劳动者之间的工资差异也趋于缩小。根据经济学原理，这种工资趋同恰恰是劳动力市场一体化程度提高的标志。事实上，由于农民工的就业市场与城市本地普通劳动者的就业市场逐渐融合，城市职工的工资也出现了相同的地区间趋同现象，是劳动力市场一体化程度提高的表现。而伴随着劳动力市场供求关系的改善，出现了全国范围的"民工荒"现象，长期踟蹰不前的农民工工资，也开始以较快的速度提高。

8.4.4 城市就业冲击与劳动力市场发育

城市劳动就业制度的改革是从增量上开始的。1980 年政府推行的“三结合”就业模式（即在国家统筹规划和指导下，劳动部门介绍的就业、自愿组织就业以及自谋职业三者的结合），第一次突破了城市劳动力配置的完全计划化，形成了一个边际意义上的政策调整。同时，它与对产业结构调整和所有制多元化的最初认同是相互补充的政策。劳动就业制度的存量改革始于 1987 年开始的“搞活固定工制度”改革，在要求企业招收新工人一律实行劳动合同制，企业与职工自愿签订劳动合同的同时，改革也涉及企业原有职工，标志着城市以国有企业为重点的劳动就业政策改革的全面开展。

与此同时，20 世纪 80 年代初开始的国有企业放权让利式改革的每一步深入，其实都意味着企业在使用劳动力方面自主权的扩大。也就是说，随着国家逐步扩大国有企业的包括劳动用工权在内的各项经营自主权，企业管理者开始具有筛选、解雇职工的合法权，也有权根据企业效益和职工的表现决定和调整工资水平。这个制度条件具备以后，随着企业竞争压力的提高，企业雇佣行为就倾向于市场化，“铁饭碗”就逐渐被打破了。

20 世纪 90 年代末以来，在职工大批下岗、城市失业率上升的情况下，政府实施了一系列政策，采取了很多措施缓解劳动力市场压力，涉及政府自身、企业和劳动力等不同层面。在这个促进就业和再就业的过程中，政府显然是不可替代的角色，涉及就业、再就业的重大政策的实施、重要制度的建设和重要服务体系的建立，政府都参与其中，并承担主要责任。

虽然政府对于特殊困难群体的就业扶持起到了重要的作用，但是，就业岗位归根结底不能依靠政府来创造。中国劳动力市场在经历这次冲击之前，非公有经济已经获得了很大的发展，因而为冲击发生时应对城市职工下岗、失业的严峻局面做了一定的铺垫。同时，通过拆除城乡之间、地域之间、部门之间和所有制之间的制度分割，矫正生产要素价格信号，从而利用劳动力市场促进就业，比政府扶持本身可能产生的效果要大得多。因此，也可以说，政府积极就业政策的各种措施中，效果最明显的莫过于劳动力市场机制作用的发挥。

改革以来，中国强劲的经济增长一直伴随着城市就业的快速增长。这个趋势在 20 世纪 90 年代后期经历劳动力市场冲击以后并没有改变，1995—2005 年期间，即使不考虑农村进城劳动力就业，城市就业也增长了 43.5%。而这种就业增长主要是通过改革以来非公有制经济和非正规部门的扩大推动，由逐步得到发育的劳动力市场机制配置的。2002 年以来按照国际劳工组织标准计算的城镇失业率稳中有降。国有企业下岗职工基本生活保障向失业保险并轨已经完成，同时城镇登记失业率却相当稳定地呈现下降的趋势。

在 20 世纪 90 年代后期，国有企业进行旨在减员增效的就业制度改革之前，由于当时国有企业“大锅饭”还没有被打破，虽然非公有制经济已经得到了一定的发展，但是，其吸纳就业的作用主要还是边际上的。而一旦城镇就业制度进行了根本性的改革，尽管在一段时间里发生了较为严峻的下岗和失业现象，但是通过包括下岗再就业政策、失业保险制度、基本养老保险制度和最低生活保障制度的重建，而保证了基本平稳的过渡；同时通过劳动力市场的发育和持续的经济增长，保证了就业的扩大，最终实现了劳动力资源由市场配置的改革目标。

8.4.5 劳动力市场转型和发育的三个特征

就业制度的改革或劳动力市场的发育，整体上保持着稳健、渐进的推进节奏，在一些特定时期也发生了相对激进改革的事件。从一个改革整体和相对长的时间，结合就业增长和结构变化的真实情况看，劳动力市场的发育在改革中并不处于滞后地位。中国劳动力市场转型和发育，清晰地显示出三个重要特征。

第一个特征是增量调整与存量调整两种改革方式并用。一般认为，中国经济改革的特点是以增量调整为主的渐进方式。然而，劳动力市场的转型与发育却结合并运用了渐进和激进的两种方式。中国劳动力市场在经历这次冲击之前，非公有经济已经获得了很大的发展，因而为冲击发生时应对城市职工下岗、失业的严峻局面做了一定的铺垫。同样，由于城乡劳动力市场在此前得到的发育，使得遭受冲击以后的高速经济增长同步地创造了大量的就业机会，不仅化解了严峻的劳动力市场冲击，而且通过各种市场化的途径促进了就业、再就业、创业和劳动力流动，使城乡就业增长实现了一个新的跨越。

第二个特征是数量调整和价格（工资）调整两种改革方式并用。其他转轨国家的经验表明，由于转轨时期的经济增长衰退，在劳动力市场的调整中，当以数量调整为主时，则出现严重的失业现象，造成社会动荡。而当以价格（工资）调整为主时，由于工人工资大幅度下降，会产生严重的贫困现象，同样导致社会不安定。中国的就业制度的改革经历了若干步骤，把两种调整方式加以综合利用，最大限度地发挥了改革的正面效果，消除了调整的负面效果。

在改革的较早阶段，通过边际改革的方式进行了工资的调整。通过吸引农村剩余劳动力进入城市劳动力市场，以及用新的机制吸纳新增劳动力，把计划经济时期和改革初期形成的制度性工资调整到接近市场均衡的水平。随着这个新生劳动者群体规模的扩大，总体工资水平逐渐接近市场均衡水平。但是，对于已经在国有企业和城镇集体企业就业的工人来说，制度性工资却成为既得利益，难以调整，同时形成了大规模的冗员。继而，借劳动力市场冲击的时机进行了数量调整。一方面，大规模失业和下岗以一定的代价实现了数量调整；另一方面，失业群体在实现再就业的过程中，只能接受市场形成的工资水平，从而同时进行了工资的调整。而工资调整的结果意味着劳动力资源在越来越大的程度上通过市场配置，从而有利于就业的扩大，进而消除了数量调整的负面影响。

第三个特征是“自下而上”和“自上而下”两种改革方式并用。中国就业制度改革过程具有激励相容的特点，即城乡劳动者追求收入增长与各级政府追求提高居民收入、缩小收入差距的目标，在扩大就业这个点上达到相会。在整个劳动力市场转型过程中，一方面是寻求就业机会的城乡劳动力突破制度的束缚，自发地跨越城乡、地区、部门和所有制界限；另一方面是政府因应这种劳动力流动性增强的新情况和新的制度需求，有节奏地放松制度限制，并相应地对传统体制进行改革。在遭受劳动力市场冲击的特殊时期，为了应对严峻的劳动力市场压力，政府不仅着眼于通过社会保障体系的建立来对失业群体进行社会保护，更重要的是利用各种有效手段扩大就业，并在实际中逐步确立了就业优先的政策制定和实施原则。因此，这种上下结合的改革方式，保证了政府职能与市场作用的方向通常是一致的。

作为改革特别是劳动力市场发育以及经济发展的结果，中国经济已经进入一个发展阶段的转折点。由于这个转折点以劳动力无限供给性质的逐渐改变为表征，所以，我们不妨借鉴发展经济学的现成名称，将这个转折点叫做“刘易斯转折点”。这个转折点的到来，并不意味着就业和社会保障制度改革的完成，而是标志着一个制度变迁的新阶段的来临，并且对经济发展方式的转变、劳动力市场制度模式的选择等提出了新的任务。

本章小结

就业一般是指具有劳动能力的人所从事的某种社会经济活动。这种社会经济活动是社会承认的合法活动，人们依靠这种活动获得赖以为生的收入。虽然世界上几乎每一个国家都把充分就业作为自己追求的几大长期经济目标之一。然而，说到底劳动就业的实质是劳动者为谋取生活资料而与生产资料结合。从劳动就业问题提出开始，西方经济学家就不断地探讨劳动就业理论，迄今为止最有名的有传统就业理论、凯恩斯就业理论以及货币学派与供给学派的理论。所有这些理论都是在一定的时代背景下提出的，对于解决就业问题都曾经起到过积极作用。我们应该结合中国的国情，借鉴西方的理论与实践，研究适合于中国的就业理论，指导我国劳动用工制度的改革实践，为社会稳定和改革开放的进一步发展奠定基础。

复习与思考

一、关键概念

就业　就业者　充分就业　就业制度

二、思考题

1. 影响就业的因素有哪些？
2. 改革开放前我国传统的就业制度有哪些特点？
3. 试评价传统就业理论。
4. 简述凯恩斯理论关于就业的主要观点。

三、小资料

日本的女性劳动力很少外出工作，即使工作，也大多是非正式的短工。其劳动参与率在国际比较中处于较低的水平。1999 年，女性的劳动参与率为 49.6%（男性 76.9%），而美国 1999 年女性劳动参与率为 60%。造成日本女性劳动参与率低的因素是多方面的。风俗习惯和传统意识造成的劳动力市场上对女性的歧视至今仍普遍存在，妇女工资与男性工资之间的差距依然很大，所以，日本妇女外出工作的积极性不大。从非劳动收入和家庭生产模型来看，丈夫的较高收入降低了女性外出工作的必要性，妻子对丈夫在经济上依赖的传统意识在今天的日本仍存在着。女性的家务劳动也节省了家政服务的支出，即丈夫外出工作、妻子在家做家务或者打短工对家庭总收益来说往往能达到最优效果。从家庭偏好来看，日本家庭更愿意母亲自己照顾小孩，因而小孩的数量也对日本女性劳动参与率产生影响。此外，还有税收方面的考虑。樋口和早见（1984）对日、美两国女性的就业率进行了计量分析，结果如下：户主（丈夫）的收入增加1%，日本女性的就业概率下降0.24%，而美国的相应数字为下降0.09%；日本女性的工资上升1%，其就业概率上升1.10%，而美国的相应数字为上升0.35%。所以，与美国的女性相比，日本女性的就业意识不强，受工资和家庭其他成员收入的影响较大。

［资料来源］荣轶．浅析日本社会的女性劳动参与率［J］．经济师，2003（11）．

9 失业

本章学习目标

学习失业理论，了解失业的类型及相应的原因。认识失业与通货膨胀的关系，把握降低失业率的政策，为拓宽就业渠道打下基础。

9.1 失业的界定与类别

9.1.1 失业的概念

在经济学范畴中，一个人愿意并有能力为获取报酬而工作，但尚未找到工作的情况，即被认为是失业。失业与就业相对应。从传统的最简单的经济分析观点来看，失业是劳动者与生产资料相分离的一种状态。它意味着劳动者失去了运用生产资料进行生产活动的机会，从而也失去了获得相应的劳动报酬的机会，甚至对生存构成威胁。

从劳动经济学的角度看，失业是指劳动力供给与劳动力需求在总量或结构上的失衡所形成的，具有劳动能力并有就业要求的劳动者处于没有就业岗位的状态。从统计学角度可对失业者做出若干具体规定，如劳动年龄的规定、就业要求的规定等。在通常情况下，在劳动年龄之内，有就业要求并在职业介绍部门或就业服务机构登记求职的人，均为失业者。按照国际劳工组织的定义，失业是指有劳动能力并愿意就业的劳动者找不到工作的一种社会现象，其实质是劳动者与生产资料的分离。劳动者不能与生产资料相结合进行社会财富的创造活动，从而也失去了获得报酬的机会，因此失业的存在对宏观经济的运行以及整个经济增长和社会发展都会构成不良影响。

根据国际劳工组织的定义，凡在特定的年龄以上，在规定的的间里属于下列情况的，都被称之为失业：

（1）无工作，即不在有报酬的职业或自营职业中；

（2）本人当前可以从事工作，即具有劳动能力；

（3）正在寻找工作，即正采取各种方式寻找工作。

由于国情不同，世界各国对失业的理解存在一定程度的差异，但现代市场经济国家一般都接受下述失业定义：凡是统计时被确定有工作能力但没有工作，且在此以前四周内曾做过专门努力寻找工作但没有找到工作的人都被统计为失业者。此外，还包括“暂时被解雇正等待恢复工作的人”和“正等待、等待时间达30天可以到新的工作岗位上报到的人”。这一定义是以下述两种思想为依据的：一是劳动力应该面向市场；二是失业问题的要点是评估经济的状态而不是衡量个人的经济困难。

首先，劳动力应该面向市场，如果他们没有从事市场工作（如只是从事家务而非市场工作），且没有在市场上寻找工作，就不能算作就业，也不能算作失业，而只能算作非劳动力。

其次，失业问题的要点是评估经济的状态而不是衡量个人的经济困难。失业资料有一定的局限性或缺陷。具体来说，尽管它确实反映了某个时点迫切需要工作又未就业人数的比重，但由于多种原因，它未必能准确地反映出一个群体的成员遭遇的经济困难。

9.1.2 我国对失业的界定

在过去很长一段时间内，我们都把失业看成是资本主义国家的特例，否认在社会主义国家有失业问题。苏联在20世纪30年代末就公开宣布已消灭失业，我国也于1958年宣布已经彻底消灭失业。在社会主义国家无失业论的固定思维模式下，为消除失业，我国农村实行适龄劳动力自然就业；在城镇20世纪60年代采取知识青年上山下乡运动；20世纪70~80年代，以城镇待业表示劳动者有劳动能力并愿意就业而未能就业的现象；20世纪90年代以后又以下岗职工（最初提法是下岗待业职工）来说明劳动者离岗情况等。

这样，在我国出现了两个与失业相关的概念。

9.1.2.1 待业与失业

很长一段时间，我们认为在社会主义国家没有失业，只有“待业”。对于待业的标准，1982年中国人口普查时，有关部门做出了如下规定：在劳动年龄之内，有劳动能力的人要求就业而没有任何职业的人为待业。城镇待业人员主要包括城镇待业青年和社会闲散劳动力这两部分。前者是16~25岁的未能升学的初、高中毕业生，即新进入劳动力市场的人口，也叫新成长劳动力；后者是男26~50岁、女26~45岁的其他城镇待业者，其中包括不少非经济原因离开劳动力市场，现在又重新回到劳动力市场来寻找工作的人口。

待业的实质就是失业。“待业”这个概念是特定历史条件下的产物，与国际惯例不相符合，更包含了众多消极被动的因素：对于失业者而言，只要“等待”，就一定能就业，忽视了劳动者作为自我劳动能力所有者的主体地位和积极性，助长了待业者的就业依赖性；对于国家而言，只要有人待业，无论经济状况如何都要安排就业，从而给国家背上了沉重的包袱。在1993年10月召开的党的十四届三中全会的决定中，第一次把“待业”正名为“失业”。

1994年末，我国劳动部会同国家统计局对失业和就业作了重新定义。在这个定义中，失业人员是指在规定的劳动年龄内，具有劳动能力、在调查期内无业并以某种方式寻找工作的人员。

登记失业人员。失业人员中以到职业介绍机构登记的方式寻找工作的称为登记失业人员，是指有非农业户口，在一定的劳动年龄内，有劳动能力，无业而要求就业，并在当地就业服务机构进行登记求职的人员。

调查失业人员。由于不少失业人员并不去劳动部门登记，而登记为失业的人员中又有不少已通过各种形式就业，登记失业已不能反映我国城镇劳动力的失业状况。因此，按照国际上通行的统计方法，我国统计局决定自1996年起建立城镇劳动力抽样调查制度，其中在城镇调查失业率的统计中，调查失业人员为城镇常住人口，年龄在16周岁以上，有劳动能力，在调查周期内未从事有收入劳动，当前有就业可能并以某种方式正在寻找工作的人员。

9.1.2.2　下岗与失业

"下岗"是我们在失业问题上的又一个新发明。对于"下岗"概念的界定主要有两种观点：

一是由劳动部、国家统计局在1997年的第261号统计报表中的填表说明中提出："下岗职工是指由于企业的生产和经营状况等原因，已经离开本人的生产和工作岗位，并已不在本单位从事其他工作，但仍与用人单位保留劳动关系的人员。"根据这一界定，下岗职工具有两层基本含义：首先，下岗的原因不是个人而是单位，因员工个人原因离开企业不算在下岗范畴内；其次，离开了原岗位，且没有在原单位的其他岗位上工作；最后，他们仍与原单位保留着劳动关系，被解除劳动关系的人不属于下岗职工。

二是由原劳动部副部长林用三提出的按"三无"标准来重新界定下岗职工，即由于企业的生产和经营状况等原因，在原企业中没有工作岗位三个月以上，而且没有得到安置再就业，但仍没有与原企业解除劳动关系的职工。根据这一定义，下岗职工实际是失业人员，只是还保留与原单位的劳动关系而已。

从上述的定义，我们可以看出"下岗职工"是特定历史条件下的产物，既与国际惯例不符合，又混乱不清。

9.1.3　我国失业的新概念

城镇登记失业率不能真实反映我国城镇失业情况，而下岗职工又是一个模糊不清的概念，对制定宏观经济目标和政策意义不大。在这种背景下，1998年原劳动部和国家统计局重新界定了"失业"定义，是指在规定的劳动年龄内，具有劳动能力，在调查期内无业并以某种方式寻找工作的人员。具体包括下面五种人：

（1）16岁以上各类学校毕业或肄业的学生中，初次寻找工作但尚未找到工作者；

（2）企业宣告破产后尚未找到工作的人员；

（3）被企业终止、解除劳动合同或辞退后，尚未找到工作的人员；

（4）辞去原单位工作后尚未找到工作的人员；

（5）符合失业人员定义的其他人员。

根据上述规定，我们可以看到，下列人员不包括在失业人员中：

（1）正在就读的学生和转学人员；

（2）调查期内在各种经济类型单位中从事临时性工作并获得劳动报酬的人员；

（3）已达到国家规定退休年龄而无业的人员；

（4）未达到退休年龄但已办理退休（含离休）的人员；

（5）个体劳动者及帮工；

（6）家务劳动者；

（7）尚有劳动能力但需要特殊安排的残疾人；

（8）自愿失业人员及其他不符合失业人员定义的人员。

9.1.4 失业的类型及成因分析

20世纪以来，经济学家对失业的类型及其成因进行了长时期的、广泛而深入的讨论和分析。迄今为止，摩擦性失业、技术性失业、结构性失业、季节性失业、周期性失业和隐性失业等几种失业类型及其成因被大多数的经济学家所接受。

9.1.4.1 摩擦性失业

（1）摩擦性失业的界定。劳动者从进入劳动力市场寻找工作到获得就业岗位之间所产生的时间滞差，以及劳动者在就业岗位之间的变换所形成的失业被称之为摩擦性失业。它反映了劳动力市场经常的动态性变化，表明劳动力经常处在流动过程之中。通过这种形式的失业，使劳动者从对个人和社会较少收益的工作、就业岗位变换到对个人和社会收益较大的工作、就业岗位上。

摩擦性失业是一种经常性失业，即使劳动力市场处在劳动力供求平衡状态时也会存在这种类型的失业。它是动态性市场经济的一个自然特征，是高效率利用劳动力资源的需要。

（2）摩擦性失业的产生原因。一般说来，摩擦性失业是由以下三个方面的原因造成的：

①劳动力市场的动态属性。即使劳动力规模不变，每个时期都会有人进入劳动力市场寻求就业，而另一些就业者或失业者退出劳动力市场，有人辞职寻找其他工作，摩擦性失业的产生是必然的。

②信息不完善。企业之间需求的随机波动引起一些企业解雇工人，而同时另一些企业增雇工人，由于不可能迅速获悉或评价有关求职者特征和职位空缺性质的信息，导致求职者寻求工作需要一定的时间。

③现行经济制度的影响。摩擦性失业率的高低与劳动者就业速率的急缓具有直接关系，而就业速率的急缓在很大程度上取决于有关的经济制度安排。例如，如果失业救济金过高，劳动者的工作搜寻过程就会延长；如果社会福利安排过于慷慨，将不利于鼓励人们积极谋求职业。就业速率的快慢还与就业信息的传播速度有关。为提高信息的传播速度，应对空缺的工作岗位实行数据库管理，改善劳动力市场的服务质量。随着信息高速公路的发展，供求双方直接对话也将变得十分容易，从而会大大提高就业速率。

9.1.4.2 结构性失业

（1）结构性失业的界定。由于经济结构如产业结构、产品结构、地区结构的变动，造成劳动力供求结构上的失衡所引致的失业称为结构性失业。结构性失业在正常失业中占有很大比例，它并不一定表现为劳动力总量上的供大于求。即使在供求平衡状态下，也可能出现“失业与空位”并存的局面。例如，劳动力市场需要技能性较强的工人，如电脑程序员、网络技术人员、高级管理人员等，而劳动力市场的失业者多为蓝领工人或经验不足的年轻人，这部分人因为无法胜任现有的工作空位而不得不继续处于失业状态，这就会产生结构性的失业问题。

失业工人在市场货币工资率给定的情况下，没有具备重新就业所需要的知识和技能，工人之间不能相互替代，造成缓解结构性失业程度的困难。产业需求与劳动力需求结构性的调整，在国民经济各产业部门重新配置劳动力所需要的时间越长。总需求构成的变化造成的劳动力在产业间的转移所需要的人力资本投资越多，结构性失业的持续时间就相应地延长。

（2）结构性失业的产生原因。结构性失业是由于劳动力需求和供给的构成发生变化引起的，这种失业一般源于下述情况：

①经济结构变化与劳动力结构变化不匹配。几乎每个历史时期，未来学家总是提醒人们即将出现大量的技术革命。这是由于新技术的采用，不断地改变着产业结构，新兴的行业大量涌现，传统的行业被淘汰。这就要求劳动力重新配置以适应产业结构的变动，要求劳动力结构发生相应的变化。结构性失业取决于劳动力需求和供给构成的变化程度，以及不平衡和不匹配的调整程度。

②求职者与工作空缺地理位置不匹配。由于各地的地理状况差别很大，劳动者在地区之间变动工作需要花很多时间和努力才能适应新环境，这就不利于就业；反之，如果全国的地理环境差不多，劳动力就业的地理限制也就减少了。

还有一些原因也使失业者很难顺利地跨区域转移。一是信息不完备，甲地的失业者未必知道乙地存在大量的就业机会；二是举家迁移的费用较高；三是迁移者的心理负担较重，对年龄较大的人尤其如此。由于这些原因，失业者往往宁愿继续在甲地观望、等待，而不肯奔赴乙地谋取职业和发展，形成空缺与失业并存的结构性失业现象。

缓解结构性失业的最有效的对策，是推行积极的劳动力市场政策，包括超前的职业指导和职业预测、广泛的职业技术培训以及低费用的人力资本投资计划等。

9.1.4.3 周期性失业

周期性失业是指由经济的繁荣与萧条的周期循环所引起的劳动力市场供求失衡造成的失业。由于经济周期不能科学预测，持续期影响深度与广度等具有不确定性，所以是一种严重而又难以对付的失业类型。

（1）周期性失业的界定。与摩擦性失业和结构性失业相比，周期性失业源于经济总量失衡。摩擦性失业和结构性失业是在假定总量平衡的前提下，研究供求内部的结构失衡。而周期性失业是劳动力市场上供大于求，总量不平衡。当经济处于景气或繁荣时期，总需求旺盛，生产迅速扩展，对劳动力的需求自然也迅速增加，大量的失业者被吸收，失业率降至最低；当经济处于衰退或萧条期时，总需求严重不足，生产停滞，大量企业停产，甚至破产，劳动力需求极度萎缩，失业率上升至最高。

（2）周期性失业的产生原因。为应付经济不景气，企业实际上有两种选择，一种是降低工资，让同量的工人分享更少的工资总量；另一种是解雇工人。企业经常偏好后者而舍弃前者，主要原因在于工资的刚性较大。此外，以下几个因素也是促进雇主偏好解雇工人的理由：

①供需双方信息不对称。雇主对企业的困难比雇员更清楚。当企业面临经营困难时，降低工资可能会受到雇员的抵制，因为在信息不完善的条件下，劳动力可能会误认为这是对他们的欺骗，认为雇主在虚张声势，企图借机压低他们的工资，因而会遭到工人们的拒绝。所以雇主很难通过降低工资渡过难关。

②人力资本投资的非均衡性。一般而言，劳动力参加工作以后，企业要对他们进行基本的职业培训，要支付一定的人力资本投资。但是，由于工作性质不同、人员不同，企业对每个人所支付的培训费用存在着很大的差别。在不景气时期，采取降低实际工资的办法打击面较宽，容易把凝结着高额人力资本投资的精英"赶"到自己的竞争对手那边。而采用临时解雇方法，可以有歧视性地选择打击面，将那些表现欠佳、缺乏经验、凝结低额人力资本投资的劳动者"驱赶"出去。

③劳动力市场竞争力的要求。经济萧条期，企业采用解雇策略，将那些表现不尽如人意的工人清除出去，实际上是向未被解雇者发出了这样一个信号：如果形势不进一步恶化，他们的"饭碗"是有保障的。因而，面对这种形势，未被解雇者接受较低工资的可能性便会大大提高。同时，也会对劳动力产生激励，迫使雇员表现出更高的工作效率，并不断提高劳动技能、积累生产经验，使自己处于竞争的有利位置，从而促进经济效益的提高。

尽管经济学家对经济周期或经济波动的原因的解释不同，但对于在经济衰退期失业所带来的危害以及严重性却是有目共睹的。因此，有效预防或延迟经济的衰退，以及在经济衰退期如何刺激总需求，并实现充分就业的国民收入均衡问题，成为宏观经济学家的基本研究课题。

9.1.4.4　隐性失业

从失业的表现形式上，把失业分为"隐性失业"与"显性失业"。所谓隐性失业，就是指被雇佣者从事不能充分发挥其能力的工作，或者是从事其劳动生产率低于其从事其他工作时所能达到的劳动生产率的工作。

隐性失业具有以下特征：

第一，从表面上看，劳动者没有与生产资料分离，没有如显性失业者那样，处在无工作状态，但实质上是生产的富余人员。

第二，从表面上看，这些富余劳动力已经有了工作，因而不是处于"寻找工作"的状态，但实际上，他们始终存在一种供给愿望，因而也对劳动力市场形成一种潜在的竞争力。

这类失业，需要从对就业人口总体状态所进行的考察中确定出它的存在，测量出它的程度，而不能从个别劳动者的状态中考察出来。因此，我们不能在个体就业人口中确定出哪位是"隐性失业者"，只能推算出在全部就业人口中隐性失业的成分有多大。

9.1.4.5　其他类型失业

以上分析的是几种主要的失业类型以及形成原因，实际上失业类型还有许多，按不同的标准划分有不同的结论。下面简单介绍几种失业类型。

（1）技术性失业。技术性失业是指在生产过程中由引进先进技术替代人力劳动而造成的失业现象。技术性失业产生的主要原因有：引进节省劳动力的机器、使用新的生产方法、改变生产过程、使用新材料和改善经营管理。

从短期和长期两个角度观察，技术进步对就业的影响有着显著的差异。从长期来看，在经济内部，劳动力总需求并不因为使用技术而受影响，只对一些特殊等级和类型的工人需求会造成长期不利影响，这部分一般来讲是有限的；从短期来看，由于引进节省劳动力的机器或技术，工人被解雇。技术排挤出的工人会迅速在原部门或在其他地方重新就业，能使技术性失业自动降低到最低程度。这一理论来源于一些经济学家的自动理论。

一般来说，技术性失业有以下特点：

①产品的需求弹性越大，对失业的影响越小。

②工资的弹性越大，对失业的影响越小。

③以新方法生产现有产品与生产新产品的技术比较影响程度大。

④技术进步对非熟练工和半熟练工的影响大。

⑤技术进步所替代的工人的平均年龄越高，对失业的影响越大。

因此，解决技术性失业最有效的办法是推行积极的劳动力市场政策，强化职业培训，普遍地实行职业技能开发。

（2）季节性失业。季节性失业是由于季节性的生产或市场的变化等原因而引起生产对劳动力的需求出现季节性波动，从而导致劳动者就业岗位的丧失。季节性失业产生的原因是：一些行业和部门对劳动力的需求随着季节的变化而波动，如农业、旅游业、建筑业、航运业等；还有一些行业随季节的不同，会产生购买的高峰和低谷，如服装业、制鞋业、汽车业等；某些行业，当工厂重新改组以适应产品样式变化时，对生产工人的需求下降，如新型汽车的出现、新潮服装的出现等。

季节性失业与摩擦性失业相似，在劳动力生产处在劳动力供求均衡状态时，也会存在这种类型的失业。季节性失业有以下特点：

①地理区域性。具有鲜明季节变化的地区与季节变化不显著的地区，这种类型的失业程度有较大的差异。

②行业性。一些行业是明显的“季节性行业”，这种行业因季节影响导致就业波动大。

③规律性。这种类型的失业有明显的高峰和低谷之间的差异，而并不是均匀地分布在全年。

④失业持续期的有限性。完全由季节变换而失业的劳动者，一般情况下不仅知道何时失业，而且知道失业期限有多长。

季节性失业虽然是一种正常的失业，但它也给社会带来两个不良影响：一是季节工人的就业时间短，收入受到影响；二是工人的季节性失业不利于劳动力资源的有效利用。

为减少季节性失业，政府应加强对季节性失业的预期工作，以利于季节性工人尽早做出就业淡季的安排。此外，应制订一个合理补助计划：一方面可以减少季节性工人的生活困难，另一方面应刺激其重新寻找工作。

9.2 失业的衡量及社会承受力

9.2.1 失业的衡量

9.2.1.1 对显性失业的衡量

一般说来，我们主要用失业率和失业持续期来考察。

（1）失业率。失业率是最常用的测度标准，是失业人数与社会劳动力人数之和之比。用公式表示，即：

失业率（%）=失业人数÷（就业人数+失业人数）×100%

失业率可按性别、年龄、所受教育程度等分组资料计算。按某一标准计算时，分母应与分子的范围相一致，所计算出的失业率可以反映某一特定群体的失业程度。

失业率基本上能够准确反映失业状况，具有重要意义：第一，失业率是国民经济周期变动的显示器，失业率降低则预示着国民经济向好的方向发展，而失业率持续升高则意味着国民经济的衰退期即将来临；第二，失业率是国民经济运行效率的衡量指标，奥肯法则表明失业率与国民生产总值呈反方向变化；第三，失业率与国民的物质和文化生活质量具有紧密联系，失业率低，国民的物质和文化生活水平就相对较高；反之，人们的物质和文化生活水平就会下降。

当然，用失业率反映失业情况并进一步说明国民经济的发展情况也存在一定的局限性：第一，可能因为一些自愿失业者、失业兼职者被统计为失业人数而高估失业程度；第二，可能因为一些沮丧的失业者（经过长期而艰辛的寻职努力而失败，被推出劳动力市场的人）、大部分劳动力利用不充分者未能统计到失业人数中而低估失业率；第三，失业率没能说明失业者的收入分配情况，如他们的收入是否超过了贫困线；第四，不能反映就业者的情况好坏等。

（2）失业持续期。失业持续期是指失业者处在失业状态的持续时间，一般以周（星期）为时间单位，通常计算平均失业持续期。其计算公式为：

平均失业持续期=∑失业者×失业周数÷失业人数

平均失业持续期主要取决于劳动力市场组织及职业介绍所的数量、构成劳动力的人员分布情况、失业者寻找工作的要求和能力以及职业的种类和提供就业的机会。该指标反映的情况是：第一，反映失业的程度和解决失业问题的难度。失业持续期短，说明失业问题较轻，为一种正常失业，解决失业问题的难度较小；反之，说明失业问题严重，是一种非正常失业，解决的难度大。第二，反映劳动力流动情况。在失业率既定的情况下，失业持续期越短，说明劳动力流动的速度越快；失业持续期越长，说明劳动力流动的速度越慢。第三，反映人口、经济运行的惯性等。平均失业持续期相对较短的，一般为正常失业，它是经济的动态性的一种反映。如果在失业率相同的情况下，平均失业持续期延长，则表明劳动力市场中存在长期失业者。

利用平均失业持续期指标可以计算年失业率，其公式为：

年失业率＝该年度有失业经历的人占社会劳动力总额的比例×平均失业持续期（周）÷52（周）

年失业率取决于失业人数所占社会劳动力的比例和平均失业持续期。由此可见，失业的严重程度取决于两方面因素：一是失业人数所占的比重；二是实际的失业周数。这就把那些正在经历短期的可能是不严重失业的人同那些长期失业者作了区分，从而能更真实地反映出经济的失业状况。

失业率与就业率的变动，都与劳动力参与率（简称劳参率）相关。劳参率是现实劳动力数量与总人口之比。劳参率的增加可以导致失业人口和就业人口同时上升。因此，有时失业率的上升并不意味着就业人口的下降。

自然失业率又称为均衡失业率，是指在整个劳动力市场既不存在过多的劳动力供给，也不存在过多的劳动力需求的失业率。尽管人们关注失业问题，但要完全消除失业是不可能的，即使人们对目前的工作状况基本感到满意，也不意味着充分就业得以实现。因此在劳动力的范畴内，有些失业是不可避免的。例如，因工作转换和初次寻找工作而引起的摩擦性失业、季节关系引起的季节性失业等都是正常的失业现象。不论在什么样的经济条件下，这种类型的失业都存在，这种失业与总需求没有直接联系。如果除此之外没有其他类型的失业存在，就可以说已经实现了充分就业，而在劳动力市场达到均衡，实现充分就业时的失业率就是自然失业率。

9.2.1.2　对隐性失业的测度

对隐性失业的测度主要有直接法和间接法两种方法。

（1）直接法：

①劳动生产率法。即通过测定劳动的边际生产率或边际劳动生产率来直接测定隐性失业量或过剩劳动力量。

②工作率法。即通过比较劳动供给主体所希望的就业时间和实际的就业时间来测定剩余劳动力。采用这种方法要直接咨询劳动者本人的意见。

（2）间接法：

①最佳劳动投入法。这种方法首先在理论上设定投入在一定生产资料上必需的最佳人员（或时间），然后，通过与实际就业人员（或时间）比较来推算过剩劳动力。使用这种测定法的难处就是测定最佳劳动人员（或时间）的数额。

②最佳人口法。这是一种比较人口密度的方法。采用这种方法首先要运用人口学等学科的理论，拟定出理论上的最佳人口密度，然后将它与实际人口密度进行比较，推算出过剩人口，然后比较在生产资料一定时能够保证标准收入的最少人口和实际人口。

③理论收入法。这种方法是先拟定出收入标准，然后比较在生产资料一定的条件下能够保证标准收入的最少人口和实际人口。

9.2.2　失业的影响

失业对社会的影响可以从积极和消极两方面进行分析。

9.2.2.1 失业的积极影响

一定量的失业对社会、个人而言都有积极的影响。从社会的角度看，一定量的失业是必需的。第一，失业可以为经济周期发展提供劳动需求的“蓄水池”。当经济处于收缩阶段时，将会排斥劳动力，出现失业问题；而经济处于扩张阶段时，可为经济发展提供急需的劳动力。第二，失业的强迫机制，会使劳动者不断提高自身素质，从而提高社会就业质量。第三，有利于提高工作效率，因为高效率的工作并不能保证所有的劳动者全部就业，特别是现代科技在发展过程中出现科技对劳动的替代，提高生产率是一个必然的趋势。如果保证每一个劳动者都就业，则就业的效率就会很低，失业的威胁必然使劳动者为获得或保持就业岗位而努力工作。第四，失业是劳动力资源优化配置所必须付出的代价。

从劳动者个人角度而言，一定时间的失业是人尽其才所必需的。按照职业匹配理论，劳动者只有通过大量搜寻，才能找到与自己气质、性格、能力、知识、爱好等相适应的职业，因搜寻而导致的一段时间内产生的失业，对劳动者个人而言是利大于弊的。此外，现代科学技术的发展是日新月异的，劳动者为适应经济技术的发展变化而不断提高自身素质已成必需，而这在某种程度上将以一定时间的失业为代价。

9.2.2.2 失业的消极影响

失业对社会经济的消极影响是其主要方面。根据奥肯定律，失业是一种资源低效率配置，造成经济总量的损失。失业既可以视为劳动力资源的浪费，又可以视为社会产出的损失。它意味着生产达不到充分就业时的水平，不符合充分利用一切资源发展经济的原则，降低了整个国家为公众提供福利的能力。也就是说，失业是社会人力资本的损失，直接堵塞了人力资本创造新价值的道路。

失业将扩大收入分配的差距，加剧两极分化。高失业率会造成失业与贫困的恶性循环，因为就业能力低的人收入低并且容易失业。

失业直接影响劳动者精神需要的满足程度。失业即丧失劳动收入，使失业者承受着巨大的压力。这种压力不仅来自家庭，亦来自社会。就业并通过劳动谋生是人最重要的社会经济特征，这个特征的丧失会极大地挫伤劳动者的自尊心和自信心，直接影响失业者的生活方式和社会交往方式，阻碍劳动者精神需要的满足。根据强化刺激分析，对人造成最大压力的三个层次依次是：第一层是死亡的威胁；第二层是入狱的威胁；第三层是失业。失业对人的心理压力是仅次于死亡和被捕的第三层威胁。许多失业者形成了复杂或变异的心态，如不满、自卑、失落、悲观厌世、慌乱、埋怨等心态。

失业将在一定程度上影响社会治安，甚至危及社会稳定。事实说明，失业率的上升往往会引起犯罪率的上升。

当然，失业的负面影响是多方面的，特别是非正常失业更是如此。正因为如此，社会各界都将降低失业率作为一个极为重要的社会政策目标加以研究。什么样的失业率是社会可接受的，这取决于失业的社会承受力。

9.2.2.3 社会影响和经济影响

失业产生的影响还可以分为社会影响和经济影响。

失业的社会影响虽然难以估计和衡量，但它最易为人所感受到。失业威胁着作为社会单位和经济单位的家庭的稳定。没有收入或收入遭受损失，户主就不能起到应有的作用。家庭的要求和需要得不到满足，家庭关系将因此而受到损害。西方有关心理学研究表明，解雇造成的创伤不亚于亲友的去世或学业上的失败。此外，家庭之外的人际关系也受到失业的严重影响。一个失业者在就业的人员当中失去了自尊和影响力，面临着被同事拒绝的可能性，并且可能要失去自尊和自信。最终，失业者在情感上受到沉重打击。

失业的经济影响可以用机会成本的概念来理解。当失业率上升时，会使经济中本可由失业工人生产出来的产品和劳务损失。衰退期间的损失，就像是众多的汽车、房屋、衣物和其他物品被销毁掉。从产出核算的角度看，失业者的收入总损失等于生产的损失，因此，丧失的产量是计量周期性失业损失的主要尺度，因为它表明经济处于非充分就业状态。

9.2.2.4　失业的社会承受力

失业的社会承受力究竟有多大，主要取决于三个因素：第一，取决于失业的社会保障制度完善程度。如果失业者的社会保障制度比较完善，失业的社会承受力则比较大；反之，则比较小。第二，取决于家庭负担系数的大小。家庭负担系数是指每一个就业者所负担的人口数。家庭负担系数越大，社会对失业的承受力则越小。第三，取决于消费物价的上涨率。如果消费物价上涨较快，上涨幅度较大，失业的社会承受力则较小；反之，则较大。

当然，影响社会失业承受力的因素还有很多，如失业者失业时间的长短、医疗与其他社会保障制度的完善程度，以及失业者个人积蓄或家庭积蓄的多少等。

当社会的失业率超过其社会承受力的时候，社会经济就存在严重的矛盾。这种矛盾发展到极端就是对政权的威胁，社会经济就不可能发展。因此，政府必须高度重视就业在政府宏观经济管理中的中心目标地位。

9.3　失业与通货膨胀

宏观经济中，就业水平和工资是反映劳动力市场变动的基本变量。虽然就业率是直接度量就业水平的指标，但在通常情况下，人们更习惯使用失业率这个间接指标来反映就业水平，以观察就业水平的反向变动。通货膨胀与失业是存在于当代经济中的一个非常重要的问题，它不仅存在于发展中国家，也存在于经济发达的国家。因此，失业与通货膨胀成为宏观经济学研究的主要问题，也成为劳动经济学宏观分析的主要问题。

9.3.1　通货膨胀与工资膨胀

9.3.1.1　通货膨胀的概念

经济学界关于通货膨胀的解释多种多样。一个受到学术界大多数人认可的理解是：通货膨胀是指物价总水平普遍而持续地上升。此处的“通货”泛指在流通领域内充当流通手段或交换媒介而被广泛接受的货币。“通货”应当包括铸币、纸币、电子货币和活期存款等。

我们可以从以下几个方面去理解通货膨胀：

（1）通货膨胀是物价总水平的上升。在以交易为特征的市场经济中，随着商品的生产以及交易总量的增加，在货币流通速度既定的情况下，价格不变，流通中的货币量要增加。此类通货的增加并不算通货膨胀。

（2）通货膨胀下物价的增加是指全社会中物价水平的普遍上升，而并非某种或某几种商品物价的上涨。如果某部分物价水平上升，而另一部分物价水平下跌，极有可能会使一般物价水平稳定，因而也不能将此种情况称为通货膨胀。

（3）通货膨胀并不是指物价水平的一般性上涨，而是指物价上涨已达到了一定程度。如每年物价水平上升幅度低于2%，只能说明是物价持续上涨，不能算成是通货膨胀。

（4）通货膨胀是持续一定时期的物价上涨。如果第一、二季度物价上涨，而第三、四季度物价下降，从全年分析，一般物价水平可能稳定，因此，不能将这种物价一时上升的情况称为通货膨胀。

9.3.1.2　工资膨胀的概念

工资膨胀指的是经济的总工资膨胀，其膨胀率是整个经济中小时工资综合测量值的年增长百分率。即使每项工作的工资不变，平均小时工资也会发生变化。可以从以下四种情况进行说明：

（1）企业改用较多的高工资的熟练工人，而放弃使用较多低工资的非熟练工人，平均小时工资也会增加；

（2）劳动力年龄结构分布发生变化，工资较低的劳动力增加，平均小时工资就会下降；反之，工资较高的劳动力增加，平均小时工资就会上升；

（3）就业者从某个低工资行业（如零售商业）流出，流入使用较多低工资劳动者的行业（如建筑业），平均小时工资就会加；

（4）其他条件不变的情况下，工人的加班时间延长将会引起平均小时工资的增加。

如果把上述因素加进整个经济的平均小时工资，就可以看出工资有膨胀的趋势。因为产业及职业的不同，使得其平均小时工资在整个经济的总工资中所占份额的比例不同，我们将它们进行加权平均，可得出各群体工人的工资额，然后用来除以工作时间，即得出平均小时工资。

从宏观角度分析，工资的增长首先会受市场劳动力供求关系的制约。当劳动力供过于求时，工资膨胀率下降；反之，劳动力供不应求时，工资膨胀率则上升。另外，工资膨胀率还受雇主所追求的利润水平制约，当雇主雇佣某一类劳动力时，直到雇佣的最后一名工人对总产出所带来的增值额等于其边际生产率为止，以保证其获得最大利润。此后，他不会再增加工资。不仅如此，他还会利用各种替代效应减少工人的雇佣数量，以扼制工资上升趋势。

在现实经济中，工资必须经常调整。首先，可以根据经济整体发展状况，随着劳动生产率的提高而提高。但通常情况下，工资的增长率不会超过劳动生产率的增长速度。其次，工资指数化，即按生活费指数来调整工资，以保证实际工资不下降，保证劳动力的生产与再生产。但是，这种机制可能会带来成本驱动型的物价上涨，工资和物价互相刺激，轮番上升，造成工资与物价同时膨胀。

9.3.2 关于失业与通货膨胀关系的理论

9.3.2.1 凯恩斯主义的观点

凯恩斯基于20世纪30年发生的大危机的背景，提出了失业与通货膨胀不会并存的观点。凯恩斯提出：在实现充分就业之前，不会发生通货膨胀。如果发生了通货膨胀，一定是已经实现了充分就业。但某些国家在第二次世界大战结束后的实际情况却挑战了凯恩斯的观点，经济学家便试图从另外的角度对失业与通货膨胀做出解释。最早研究失业与通货膨胀关系的是英国经济学家菲利普斯，他通过对英国1861—1957年期间失业率和货币工资变动率变动情况的研究，指出宏观经济政策能够有效地减少失业，并绘制出了一条反映失业率与货币工资率变化关系的曲线，即菲利普斯曲线。后来一些新古典综合派的经济学家运用美国的资料进行了类似的研究，并提出了失业与通货膨胀存在着交替关系的理论，即失业率低时，通货膨胀率则高；失业率高时，通货膨胀率则低。依据学者们的观点，政府如果想要实现较低的通货膨胀率，就必须以较高的失业率为代价。从宏观调控上看，就是当失业率超过临界点（社会经济所能承受的最大限度）时，政府应该实施扩张性需求管理政策；而当通货膨胀率超过临界点时，政府应该采取紧缩性管理政策，其目标是使通货膨胀率与失业率都处于一个安全的区域。

20世纪60年代的美国经济证明宏观经济政策确实有效地控制了通货膨胀、降低失业率，并促进了经济的增长。但到了20世纪70年代，失业和通货膨胀同时显著上升，宏观经济政策又变得无能为力了。于是，一些经济学家认为，宏观经济政策不可能永久地改善失业状况，如果降低失业率，就必然要以通货膨胀的风险为代价。

9.3.2.2 弗里德曼的观点

弗里德曼是货币主义的代表，他主要从“自然失业率”假设出发，对资本主义经济中失业与通货膨胀的关系进行了详细的说明。弗里德曼认为，经济中的失业并不是凯恩斯所说的非自愿失业，而应是同自然失业率有关的失业。他将失业率分为自然失业率和市场失业率：自然失业率是指不存在货币因素干扰，在劳动力市场和商品市场的自发作用下，处于均衡状态的失业率；市场失业率则是市场上实际存在的失业率。自然失业率是一个动态的概念，会随着劳动力市场的竞争程度以及市场信息的公开程度而发生变化。货币主义者还认为失业与通货膨胀之间呈交替关系的理论是错误的，它不符合长期经济变动的情况。

9.3.2.3 理性预期学派的分析

预期是指对未来经济变量数值的预测，分为理性预期和适应性预期。理性预期是指人们对未来经济变量的变动做出合乎理性从而也是正确的预测；而适应性预期则是指人们依据过去的经验或误差来修正对未来的预测。理性预期学派认为，做出经济决策的经济主体是最有理性的；经济主体在做出预期前可以得到有关信息，且在预测时不会犯错误，即从总体上看，某一经济变量的未来预期与未来实际情况是一致的。我们预期的通货膨胀率与以后发生的通货膨胀率是一致的，无论是长期还是短期，失业率与通货膨胀率之间都不存在交替关系，政府的干预政策都是无效的。可见，理性预期学派主张的扩大就业的方法不是设法去控制失业率，而是尽量减少政府干预。

9.3.3 菲利普斯曲线

菲利普斯曲线是宏观经济分析中研究失业与通货膨胀关系的一个十分重要的工具。菲利普斯在其论文中提出了两个重要结论：一是失业率与货币工资增长率是反向相关的，即当失业率高时，相应的货币工资变动率较低甚至为零；而当失业率较低时，货币工资的变动率往往较大。二是上述关系在相当长的时间内是稳定的。菲利普斯把他的研究结果用曲线的形式描绘出来，如图 9. 1 所示。

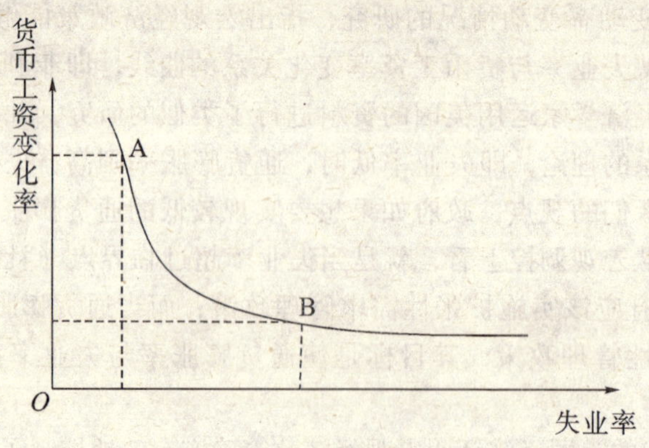

图 9. 1　菲利普斯曲线

如图 9. 1 所示，横轴为失业率，纵轴为货币工资变动率。曲线斜率为负，反映出失业与工资变动率逆相关的关系。这并不是一条直线，而是向原点凸出，上部较陡，下部平坦。这意味着失业率相当高时，例如在 A 点，失业率下降 1 个百分点只伴随着货币工资的较少增加，但连续多个百分点的下降（例如在 B 点）会使工资的增加越来越大。西方经济学家把失业率与货币工资变动率之间这种此消彼长、相互交替的曲线称为菲利普斯曲线。

菲利普斯曲线既可以用工资变动率表示，也可以用相应的物价变化率即通货膨胀率来表示。菲利普斯之后的许多经济学家大多使用通货膨胀率，因为他们认为通货膨胀率对经济政策更为明显及重要。无论使用什么通货膨胀率指标，失业与通货膨胀之间都存在同样的负相关关系。

菲利普斯曲线符合 20 世纪 50 ~ 60 年代西方国家的实际情况，并为宏观运用货币政策或财政政策提供了依据。但进入 20 世纪 70 年代以后，却出现了另一番情况，即失业与通货膨胀之间不存在交替关系。

9.3.4 短期菲利普斯曲线与长期菲利普斯曲线

到 20 世纪 70 年代，失业率与工资、价格之间的交替关系，在短期内存在，但从长期来看，两者的关系是一致的。于是，理性预期学派对菲利普斯曲线提出了新的观点，即引入预期的因素。所谓预期，就是在产生通货膨胀的情况下，人们根据过去的通货膨胀率来预期未来的通货膨胀率，并把这种预期作为指导未来经济行为的依据。例如，上一年的通货膨胀率是10%，人们据此预期下一年的通货膨胀率也不会低于10%。这样，他们就以此作为下一年工资增长的基础，即下一年的工资增长率为10%。理性预期学派根据其提出的预期因素，提出了短期菲利普斯曲线与长期菲利普斯曲线。

短期菲利普斯曲线是指：在短期内，预期的通货膨胀率可能低于以后实际发生的通货膨胀率。此时，工人所得到的实际工资的增长率可能会低于以后实际发生的通货膨胀率，从而，在此期间实际利润增加，刺激投资，就业增加，失业率下降。这里确实存在通货膨胀与失业的交替关系。但这毕竟是短期的，即在预期的通货膨胀率低于以后实际发生的通货膨胀率的短期中出现的。因此，在短期中，政府通过财政扩张和扩大货币发行量，即使通货膨胀率上升也是可以减少失业的。

而在长期经济过程中，工人会根据实际发生的情况不断调整自己的预期，因此工人预期的通货膨胀率与实际发生的通货膨胀率终究会一致。工人经过一段时间劳动后，会要求增加名义工资，以维持实际工资不变，通货膨胀就不会起到减少失业的作用。这就是长期菲利普斯曲线。如图9.2所示，这时的曲线是垂直的，即无论通货膨胀率如何变动，失业总是在自然失业的水平之上。所以宏观经济政策在长期中是无效的。

短期菲利普斯曲线和长期菲利普斯曲线可用图9.2表示。

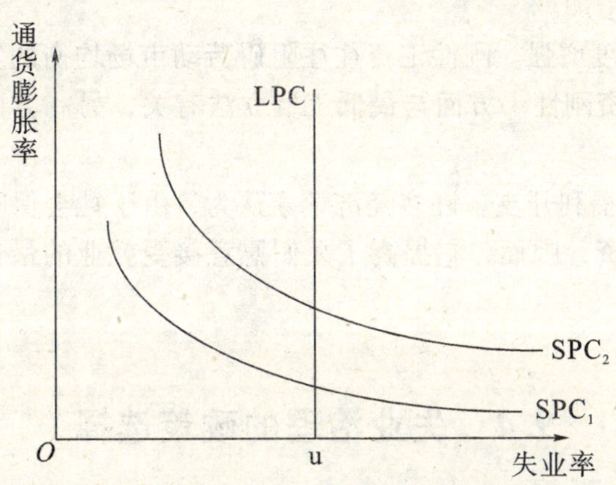

图9.2　短期菲利普斯曲线与长期菲利普斯曲线

在图9.2中，SPC_1 和 SPC_2 分别表示为不同的短期菲利普曲线，LPC为长期菲利普斯曲线。短期菲利普斯曲线向右下方向倾斜，表明失业与通货膨胀率之间存在交替关系，长期菲利普斯曲线是一条从自然失业率u出发的垂直线，说明长期的失业率是自然失业率，失业率与通货膨胀率不存在交替关系。

9.3.5　自然失业率

自然失业率是弗里德曼借用瑞典经济学家维克赛尔的“自然利息率”这一范畴而提出来的。维克赛尔认为，经济中存在着两种利息率，即货币利息率和自然利息率，它随着资本的供给和需求的变动而变动。自然利息率又称均衡利息率，它是指资本供给和对资本的需求均衡情况下的利息率。它既不会使一般物价水平趋于上升，也不会使一般物价水平趋于下降。

“自然失业率”在经济中是始终存在的。自然失业率包括了我们前面所说的摩擦性失业、结构性失业和季节性失业，它们合在一起构成所说的自然失业。自然失业率通常是与通货膨胀联系起来定义的。确切地说，自然失业率就是通货膨胀不变（既不上升也不下降时）的失业率。

可见自然失业率并不是劳动力市场中的一个常量，而是一个经常变动的量。大量事实表明，菲利普斯曲线向右上方移动，就是自然失业率不断提高的表现。自然失业率的水平主要受到以下因素的影响：

（1）劳动力人口构成发生变化。一般来说，劳动力中不同的年龄组有着不同特点的失业率，不同的性别在失业率方面也存在着差异。如果那些失业率较高的组别在劳动力中占着很大的份额，那么自然失业率便会上升。实际情况表明，在劳动力结构中，妇女、青少年和半就业的工人所占的比重越来越大，他们不断地进入劳动市场，又不断地离开劳动市场。他们比较频繁地变换工作，就使得平均失业率有了上升的趋势。

（2）技术进步的速度。技术进步是影响经济结构、产业结构的重要力量。特别是发展中国家，在实现本国工业化、现代化的过程中，都面临着深刻的结构调整，传统的经济结构已不再适应现代经济发展的需要。正是因为技术进步速度加快，导致了技术性、结构性失业的增加。

（3）工资刚性程度增强。刚性工资往往阻碍劳动市场均衡的实现，从而间接地提高了自然失业率。工资刚性一方面与最低工资立法有关，另一方面也与工会在工资谈判中的作用增大相关。

（4）稳定的社会福利开支。许多经济学家认为，由于社会保险制度为工人提供了一个可接受的低限工资，因而，它提高了人们愿意接受就业的最低工资，最终在一定程度上增加了失业。

9.4 失业治理的政策选择

失业是一个严重的经济问题，它使人力资源浪费，造成当事人收入损失，家庭收入水平下降，居民购买力下降。同时又是一个社会问题，如果失业队伍过于庞大，会给社会带来不稳定因素。解决失业问题，制定切实可行的治理政策是我国经济建设中的一个重要任务。

9.4.1 主动的失业治理政策

主动的失业治理政策可以从四方面展开：一是合理可行的政策引导；二是从劳动力的供给角度做文章，使劳动力的供给在总体数量上、结构上、质量上符合对劳动力的需求；三是修复劳动力市场的调节功能，对劳动力供求进行调节；四是提高宏观经济活动水平。

9.4.1.1 政策引导

对于我国当前所面临的失业危机，政府应该采取合理可行的政策使我们不但能够减轻短期内失业带来的危害，而且能够避免长期中重新出现类似问题。我们可以从以下几点入手来解决：

（1）调整产业结构，大力发展第三产业和新兴行业。国际产业结构的演进规律表明，第三产业既是增加值比率上升最快最大的产业，又是吸纳劳动力人数最多的产业。有学者指出，第三产业就业比例每提高1个百分点，就可多吸纳150万人就业，而从各种现实数据可知，我国第三产业尚未充分发挥其吸纳劳动力的潜能。我们既要保障金融、通信、房地产、信息服务和社会服务这些正蒸蒸日上的行业的利益，又要加大投入，发展新兴产业，以适应知识经济时代竞争的需要，如电子信息技术、生物工程等具有关联度高、带动能力强的特点的行业的利益。虽然此类行业直接吸纳的劳动力数量有限，但是其相关产业或职业所需劳动力数量则是相当大的，从长远的角度来看，这必将成为吸纳劳动力就业的重要行业和部门。

（2）营造良好的政策环境，促进私营和个体经济的健康发展。在许多发达国家中，中小企业都在各自的经济活动中扮演着极其重要的角色，因此为社会提供了大量的就业机会，是出口增长的主力军、税收增长的新来源。积极发展此类经济，并不需要政府投入多少资源，主要是靠政策的支持，重要的是要强化政府的扶持力度，创造适宜其发展的平等机会，避免“人为造堵”的情况发生，使他们能获得广泛性的社会服务，受到公平对待。

（3）进一步消除城乡隔阂，实现城乡一体化。农业的发展不仅有效地消化了大量的剩余劳动力，更重要的是还有助于我们消除城乡差别，从而迈上现代化之路。发展农业离不开工业的支持，城乡一体化发展既可以发挥各自的优势，又可以相互弥补不足，相互促进，使得城市和乡村的经济形成一个有机的整体。这样，无疑会成为推动整个国民经济发展，增加就业岗位和解决失业问题的物质力量。

9.4.1.2 劳动力的供给质量

从劳动力供给角度出发思考失业的治理问题，首先我们面临两个问题。第一是对劳动力供给数量的控制。任何形式的失业，表面上都表现为劳动力供给总量大于劳动力需求总量，因此如何控制劳动力的供给规模，使其与劳动力需求大致相对应，是我们亟待解决的问题。第二是劳动力的结构和质量与劳动力需求不匹配的问题。失业治理的第二个问题是如何改变劳动力的供给结构，提高劳动力的质量，使之与劳动力需求相适应，控制和减少劳动力的供给。在经济面临失业率不断上升、失业人数不断增加的情况下，对失业的治理问题首先就是如何减少劳动力供给的问题。为了达到控制和减少劳动力供给的目的，可以从以下几个措施入手：

（1）延长每个劳动者受教育的年限。这一措施可以带来几方面的效应：既可以推迟年轻人进入劳动力市场的年龄；又可以提高每个劳动者的素质，降低结构性失业的可能性；从而提高我国的竞争能力。

（2）开展职业培训。我们已经进入了一个学习型社会，各类工作中所需的技术越来越专业，因此，对职业专用技能的要求越来越高。职业培训不仅对需要转移岗位的失业者是必要的，而且对已经就业者来讲也是重要的。职业培训是伴随终身的学习活动，是提高劳动力质量的方法之一。我们这里讨论的职业培训主要是针对失业者来说的职业培训，其目的是为了提高劳动者的素质，也是为了满足失业者转岗的需求方的要求。因此，从理论上讲，职业培训对消除前面分析结构性失业从而降低自然失业率就具有特别重要的意义。

正因为许多国家认识到了职业培训在治理失业当中的重要意义，因此普遍通过政府的财政补贴以及企业征收的一部分税收来进行职业培训。职业培训在整个就业政策开支中占有相当重要的份额。

（3）针对某群体的帮助措施。失业的风险对一个社会中所有劳动者来讲，并不是一样的，因为总有那么一些人群，特别容易受到失业的侵袭，例如初次就业者、妇女就业者、劳动生产率较低的失业者等。如何使这些特殊的就业者能够被企业接受，面临着两方面的问题：

①在这部分劳动者统一享受平均工资的情况下，如何给招聘他们的企业以适当的优惠，如减免税收、补贴等，使企业在他们的劳动生产率比其他人低的情况下也倾向于吸纳他们。

②设法提高他们的劳动生产率，尤其对于年轻人。当他们的劳动生产率还没有达到正常水平时，企业可以聘任他们为实习生，此期间的就业有一部分时间是用于培训。

9.4.1.3　提高经济活动水平

通过提高经济活动水平来促进就业，从而减少失业，其理论基础是凯恩斯的失业理论。凯恩斯失业理论指出，失业主要是因为有效需求不足。因而，治理失业的一个有效措施就是刺激经济的有效需求，从而提高经济活动水平。当前，许多经济学家对于治理失业仍持这样的观念：经济的持续增长是治理失业的根本性药方。

促进就业的宏观经济政策首先是通过刺激投资、政府支出和出口等变量，从而带来整个国民收入的提高，以此引起消费需求的增长，整个国民经济活动水平提高（即经济的增长）。在这个过程中，失业率降至最低。

9.4.1.4　通过制度建设，创造就业岗位

解决就业问题的实质就在于创造就业岗位。但现行的体制和制度还存在着不少不利于人们创造就业机会的现象，如限制劳动力随意流动的户籍制度及某些行业的准入制度，如银行、铁路、高速公路、电力等不允许私人经营的行业。这些都决定了我国能否建立一个创造就业岗位的机制和制度环境，是我们再就业工程成功与否的关键，包括降低制造就业岗位的成本；对所有经济成分实行国民待遇原则，创造一种公平竞争的环境。政府有关部门应把精力放在创造岗位机制的激励上，比如对大学生创业提供优惠条件，鼓励民间资本进入新兴产业和进军国际市场等。我国想要实现持续性就业，就要从制度创新的角度入手。

9.4.2　被动的失业治理政策

治理失业的被动措施有一般的失业保障和社会援助。其理论基础是，就业水平是

由一个国家的经济活动水平决定的，是不能改变的，所有试图改变就业水平的措施都将影响市场本身的运作机制，最后会受到市场机制本身的报复，失业率终究会回到治理以前的水平。但由于失业问题给社会与经济生活带来实实在在的障碍，甚至还会涉及一个国家的社会公平，一部分就业者在经济增长过程中享受着收入不断增长带来的愉悦，而另一部分失业者却在丧失职业的同时，失去了获得工资的机会。既然就业水平本身是难以改变的，所有试图改变就业水平的措施，轻则影响效率，重则造成宏观经济的进一步不平衡。因此，政府对失业问题所能做的，就是事后的失业保障和失业救济工作，以此来维持失业者最基本的生活水平，为其在劳动力市场上的再就业提供一个缓冲期。

9.4.2.1 失业保障

普遍的失业救济保险计划的设立主要有三个原因：

（1）提高劳动力市场效率。传统理论中经常争论说，当一个人失业时，通过向其提供失业救济就可以使这个潜在的工作者有足够的时间来找到一份能发挥其才干的工作，从而提高劳动力市场效率。这个观点无疑是有一定分量的。如果一个受过良好教育的人，由于缺乏收入而接受一份不能充分发挥其才能的工作，这将是一种潜在的损失。如果有足够时间，他可以在别的地方找到一份能充分发挥其才华的工作。尽管这个理论已经被广泛接受，但是，有关其实用性却缺乏实证。

（2）提供失业收入保障。人们自愿加入保险的原因是担心风险。为了避免将来失业带来的长期收入减少而产生潜在的巨大痛苦，支付少量的保险金就是一种颇具诱惑力的主张。工人失业之后符合一定的条件，他们有权利自动享有一定的救济收入。当加入失业保险计划的成员面临相同失业风险时，他们所获得的保险救济金与其所缴纳的保险费的多寡成正比。参与保险计划成员的预期回报为零，也就是说平均每个成员希望获得的救济金的期望值等同于所缴纳保险费期望成本。

（3）协助政府的社会援助支出达到有效目的。工人失业后，领取失业救济往往需要具备一定的条件。通过限制领取，无论在其水平和可供量上，失业救济都要比基本社会援助更具价值。因此，政府的失业救济金就得发给符合条件的有限的一部分人。

9.4.2.2 社会援助

社会援助的设立是为了那些不能得到以保险为基础的救济金和赚取足够收入的人，作为最后依靠的保障制度。消除贫困是被社会普遍接受的目标，人们早已认识到应确保每个人都有基本的生活资源。为了帮助人们顺利地进入劳动力市场，最低生活标准的保障将增加人们的自尊和为生活而积极奔波的热情。

被动政策也有主动性影响：

一方面，被动政策即失业保障和失业救济所需要的基金最终是由就业者来支付的，因此失业保障和失业救济基金的数额大小就会影响到就业者的劳动成本。因为失业保障和救济的金额逐年上升，使得劳动成本不断上升，而后者又导致失业的进一步增加，失业人数的增加反过来又加剧了失业保障和救济金的支出负担，于是，失业和失业保障处于一种难解难分的恶性循环之中。

另一方面，被动失业治理政策对就业水平也有正面效应。一般来说，如果失业者从失业保障和救济获得的收入中，其边际消费倾向高于就业者，那么向就业者和雇主征税，把这部分收入转移给失业者，就能产生比就业者自己消费更高的消费水平。如果这时处于经济资源利用不足的失业状态，消费支出的提高就可以刺激总需求，从而带来就业的增加。由此可见，被动的失业治理政策也不是纯粹被动的。

9.4.3 西方经济学家对失业治理的最新思考

法国著名的非均衡经济学家马兰沃和比利时非均衡经济学家德雷兹等人在1993年秋，发起成立了一个失业问题国际研究小组，成员中还有美国著名的经济学家索洛以及英国的两位经济学家。他们发表了一份《就业和社会凝聚力》的研究报告。接着，法国政治学院教授费都西等13位经济学家联名签署的《促进就业宣言》又在《新经济学家》杂志发表了，提出了一些治理失业的良策。

（1）在劳动力市场的供给与需求中，价格扮演一个重要的角色。

（2）每天8小时和一周5天的工作制阻碍了就业的增长，应调整工作时间长度。各国经济学家都认为，工作时间规定的僵化可能使失业增加，要改变目前统一的作息时间规定，使劳动时间更加灵活，就有可能大幅度提高劳动生产率。

（3）控制技术进步在短期内对就业存在负面影响。技术进步对经济和就业的影响，可分为短期影响和长期影响。在短期，技术进步对就业的影响是负面的，如出现机器替代劳动力和电脑替代劳动力的情况。技术进步使许多传统的工作岗位消失。但从长期看，技术进步不仅不减少就业，而且可以创造很多新的工作岗位。因此这些经济学家认为，目前失业的加重是新生产技术体系产生的必然结果。信息技术的产生到发展可被划分为三个阶段。目前处于第一阶段，劳动力被取代，劳动时间被缩短。第二阶段是创造的就业岗位与被替代的就业岗位均衡。第三阶段是新技术大规模创造新市场、新就业岗位的时代。政府需要采取政策协调，以减少负面影响，加速向第二、第三阶段转移。同时缩短劳动时间，以便使劳动者有更充裕的时间消费新产品和新服务。

本章小结

所谓失业，是指劳动力供给与劳动力需求在总量上或在结构上的失衡所形成的，具有劳动能力并有就业要求的劳动者处于没有就业岗位的状态。根据失业的表现及成因，可将失业划分为摩擦性失业、技术性失业、结构性失业、季节性失业、周期性失业和隐性失业等失业类型。失业虽有一定的积极意义，但更大的是消极影响，其高低取决于由失业社会保障制度、家庭抚养系数、消费物价上涨率、失业时间的长短、医疗与其他社会保障制度的完善程度，以及失业者个人积蓄或家庭积蓄的多少等原因所综合决定的社会承受力。菲利普斯曲线描述了失业率与货币工资变动率之间此消彼长、相互替换的关系。

复习与思考

一、关键概念

失业　失业率　自然失业率　菲利普斯曲线

二、思考题

1. 失业有哪些类型?

2. 测度失业的方法有哪些?

3. 为什么说摩擦性失业是劳动力市场的特征?

4. 决定失业承受能力的因素有哪些?

5. 怎样认识失业的积极影响?

三、小资料

美国失业人数创新高，失业者处境艰难

美国申请失业救济金人数创新高

8月12日，美国劳工部公布的一份报告显示，截至8月7日的一周中，美国首次申领失业救济金人数环比增加，同时创下近6个月来新高。美国劳工部称，8月7日当周初次申请失业救济金人数较前一周增加2 000人，升至48.4万人，这是连续第二周增加。而此前经济分析师预计，可能降至46.5万人。这再次表明美国劳动力市场依然疲软。

在该数据公布前，美国联邦储备委员会（FED）调降了对经济前景的预期，已给投资者造成恐慌。初次申请失业救济金人数上升加重了股市的忧虑，美国股市因此连续三天下跌。此外，劳工部初次申请失业救济金报告显示，8月7日当周初次申请失业救济金人数4周均值增加14 250人至47.35万人。像初次申请失业救济金人数一样，该数据创下2月20日以来的最高水平。

另据《纽约时报》报道，包括一些州和地方政府在内的很多美国雇主，甚至一些私营公司，目前都在削减薪水和福利，以尽量避免裁员，以应对无法预期的经济难关。美国一些地方和州政府以及一些公司，为了节省开支，都在挤压雇员，让他们干同样多的活而少拿钱。这被看成为了避免裁员而做出的最后努力。报道提到，最新公布的一份报告显示，由于雇员工作时间减少，6月份的薪资总额略有下降。报道还说，很难统计有多少雇主在减薪，因为政府没有这方面的数据记录。经济学家们表示，特别是在公共领域，下令减薪的雇主虽然不多，但是与日俱增。一位经济分析师感叹说："数据情况不佳，初次申请失业金人数与预期相悖，这令市场感到担忧。"

众多失业者无法还贷失去住房

最新地产调查显示，美国就业市场持续不景气给房地产市场增加了新的压力。许多失业者因为无力还贷而失去房屋赎回权，这种"双失"的美国人数量在7月份有所增加。银行收回的房屋数量几乎创下新的记录。专家指出，就业市场如果不出现明显改善，情况还会继续恶化。

美国地产研究公司8月12号发布7月份房屋失赎统计报告说，7月份全美共有

32.5万栋房屋进入失赎程序，这包括还贷违约通知、计划拍卖和银行收回。这个数字比6月份增加了4%，全美平均每397栋房屋就有一栋受到了影响。报告说，这是全美进入失赎程序房屋数量连续第17个月保持在30万栋以上。

值得注意的是，7月份全国被贷款机构和银行收回的房屋数量有9.3万多栋，比6月份增加了9%，比去年同期增加了6%。这个数字仅比今年5月份9.37万栋的最高水平低1%，几乎创下历史新记录。该公司资深副总裁里克·沙加分析说，这个趋势如果延续，年底被银行收回的房屋数量就会突破百万。他说："银行收回房屋数量以空前的速度增长，7月份有9.3万多栋房屋被银行收回，这几乎开创新记录，到年底，被银行收回的房屋数量会超过100万。"

经历长期失业会令人身心交瘁

美国皮尤研究中心发布的最新调查报告显示，此次经济危机导致的大范围失业人群面临经济和精神双重痛苦；而长期失业则会对个人在经济状况、情感和就业信心方面造成更深的负面影响。皮尤研究中心在这份调查报告中说，与短时间丢掉工作相比，长期失业会对个人形成更深刻的经济乃至情感影响。调查发现，长时间找不到工作的人除了丧失收入，还有可能丢掉朋友，丧失自尊。

该中心执行副总裁保罗·泰勒说，长期失业者的确蒙受更大的伤害。他说："从某些方面看，（调查的）整体结果并不特别出人意料。比较长期失业和短期失业，我们发现长期失业对于个人的财务状况、情绪健康以及他们对职业前景的态度都会产生更大的影响。例如，那些在这次衰退中失业6个月或更长时间的人当中，有大约44%的人表示衰退严重影响到他们的生活；而在短期失业者中，只有3成的人这么说。"

劳工统计局的数据显示，到2010年6月时，失业者丢掉工作的中位时间长度为25.5周，相当于近一半的失业者已经寻找工作长达6个月甚至更长时间。此前的最高记录为1983年5月时的12.3周。那个数字还不及现在的一半。通过政府发布的数据可以看到，这次危机的一个显著特点在于高失业率，其中失业6个月或更长时间的人特别多，占失业人群的大约一半。这是劳工统计局自第二次世界大战结束后开始统计这方面数据以来，比例最高的一次。

皮尤研究中心今年曾在全国范围对810名18岁到64岁的失业者进行了调查。该中心结合调查结果和劳工统计局数据进行分析后，撰写了这份报告。报告发现，56%的长期失业者表示，其家庭收入在衰退期间下降，而失业3个月以下者和未失业者这样说的比例分别只有42%和26%。泰勒说："国家面临的问题包括持续居高不下的失业率。失业水平达到近10%。而现在，在这10%的人里，有近一半的人失业长达6个月或更久。这就给我们提出这样的问题：他们如何并且何时能重新进入就业市场？是否会影响到他们今后几年甚至几十年的职业生涯？"

皮尤研究中心建议，美国政府应将重点放在解决失业问题特别是解决长期失业人群的问题上。

［资料来源］人民网，2010-08-14.

10 社会保障

本章学习目标

建立健全社会保障制度对于修补市场机制的缺陷、调节收入分配、维护社会公平和社会稳定、促进社会经济发展都有重要意义。本章旨在了解社会保障的含义、特征和功能；回顾社会保障的形成与发展；把握社会保障的相关理论与政策；弄清社会保障的基本内容。

10.1 社会保障概述

10.1.1 社会保障的含义

“社会保障”一词最初使用于美国1935年的《社会保障法》，1941年签署的《大西洋公约》中两次使用了这一概念。1944年第二十六届国际劳工大会发表的《费城宣言》正式采用了“社会保障”一词。其后，国际组织在其一系列的公约、建议书等文件中沿用了这一概念。

联合国国际劳工组织对社会保障下的定义是：社会保障是指社会通过采取一系列的公共措施为其成员提供保护，以便与由于疾病、生育、工伤、失业、伤残、年老和死亡等原因被停薪或大幅度减少工资而引起的经济和社会贫困进行斗争，并提供医疗和对有子女的家庭实行补贴。

中国学者一般认为：社会保障是指国家通过立法和行政措施设立的保护社会成员基本生活的安全项目以及机制、制度和事业的总称。国家为了保持经济和社会稳定，依据保护与激励相统一的原则，当公民在年老、疾病、遭遇灾害而面临生活困难的情况下，通过国民收入分配和再分配，由政府和社会依法给予物质帮助和社会服务，以保障公民的基本生活需要。

由于社会保障要受到政治、经济、社会乃至文化等诸多因素的影响，各国具体国情的差异又使其在社会保障制度的实践中出现很大差异，对社会保障的认识和界定也很自然地存在着很大差异。因此，当代世界对社会保障的界定存在多样化，同时也是各国国情差异与各国社会保障制度多样化相吻合的一种客观现象。

10.1.2 社会保障的特征

社会保障既是政府对全体社会成员承担的社会责任，又是全体公民根据宪法而应享有的基本权利之一。社会保障具有以下特点：

10.1.2.1 公平性

社会保障所要达到的主要目标之一就是实现分配的公平，从而维持社会的稳定和经济的持续发展。社会保障的公平性主要表现在：一是保障范围的公平性，即通常不会有对保障对象的性别、职业、民族、地位等方面的身份限制；二是保障待遇的公平性，即社会保障一般只为国民提供基本生活保障，超过基本生活保障之上的需求通常不能从社会保障途径获得解决；三是保障过程的公平性，即社会保障维护着社会成员参与社会竞争的起点与过程的公平，同时，通过社会保障资金的筹集与保障待遇的给付，又缩小了社会成员发展结果的不公平。

10.1.2.2 社会性

社会保障之所以有别于家庭保障与职业（或机构）福利，是因为它不是封闭运行的，而是面向整个社会开放，并通过社会化机制加以实施的制度安排。因此，社会化是现代社会保障制度的重要特征。它主要表现在制度的开放性、筹资社会化、服务社会化、管理与监督社会化等方面。

10.1.2.3 福利性

社会保障的福利性特征，即相对于社会成员个人而言，其在社会保障方面的支出要小于在社会保障方面的收入。这一特征的形成，主要是因为除社会保障参与者或受益群体外，政府、雇主及社会各界还在一定程度上分担着个人的生活保障责任。福利性作为社会保障制度的一个基本特征，决定了社会保障虽然可以引进一定的市场机制，但它在本质上却是市场机制无法调控的。因此，我们可以自由讨论社会保障制度的范围与水平问题，并适当控制其范围与水平，但在政策实践中却不可能否定这一制度的福利性色彩。

10.1.2.4 法制规范性

社会保障制度的法制规范特征，主要体现在法律的规范与强制方面。首先，法律的强制规范为社会保障的运行提供了必须遵守的行为准则；其次，政府只能根据法律的规范与授权，并在法律允许的范围内对社会保障制度的运行进行干预；最后，即使不是由政府直接管理而由民间举办的社会保障事务（如慈善公益事业），也必须由相应的法律、法规来规范，才可能健康发展。因此，尽管社会保障体系的强制性因民间参与程度的提升和政府责任的控制而存在弱化趋势，但法制规范性这一特征将始终不会改变。

10.1.3 社会保障的功能

社会保障的功能，是指社会保障包括其各个子系统及其具体项目在实施过程中发挥出来的实际效能和作用。主要有以下几点：

（1）稳定功能。通过建立社会保障制度，国家为社会成员的基本生活提供相应的保障，首先是能够帮助陷入生活困境的社会成员从生存危机中解脱出来，其次则是能够满足社会成员对安全与发展保障的需要。可见，社会保障能够防范与消化社会成员因生存危机而可能出现的对社会、对政府的反叛心理与反叛行为，能够保障社会成员在特定事件的影响下仍然可以安居乐业，从而有效地缓和乃至消除引起社会震荡与失控的潜在风险，进而维系着社会秩序的稳定和正常、健康的社会发展。

（2）调节功能。在第一层次上，社会保障有效地调节着公平与效率之间的关系，社会保障水平愈高、规模愈大，意味着国家在公平方面的强制力愈强。在第二层次上，社会保障调节着国民收入的分配与再分配。社会保障资金来源于国民收入的分配与再分配，并通过税收或征费或转移性支付给予保证，进而分配给受保障者。在第三层次上，社会保障调节着国民经济的发展，它甚至被称为国家的福利投资。

（3）促进发展功能。社会保障促进发展的功能主要表现在：一是能促进社会成员之间及其与整个社会的协调发展，使社会生活实现良性循环；二是能够促进遭受特殊事件的社会成员重新认识发展变化中的社会环境，适应社会生活的发展变化；三是能够促使社会成员物质与精神生活水平的提高，使其更加努力地为社会工作；四是能够促进政府有关社会政策的实施；五是能够促进社会文明的发展。可见，社会保障在社会成员与社会发展中的促进作用是十分明显的。

10.2 社会保障的形成与发展

社会保障是随着人类社会的产生而产生的。自古以来，总有一部分社会成员需要政府、社会或其他人的援助才能避免生存危机。为了维护社会稳定、缓和阶级矛盾，在很早以前，各种社会制度就制定并实施过诸如救灾、济贫等社会政策。但现代意义的社会保障制度是生产社会化和市场经济发展的产物，作为一种正式的社会经济制度，是在100多年的发展历史过程中形成的，而且仍在不断发展之中。现代社会保障制度的发展可分为以下几个时期：

10.2.1 社会保障制度的萌芽期

现代社会保障制度在很大程度上是从英国的《济贫法》演进而来的。15世纪末，一方面，英国资本主义开始迅速发展，随之而起的“圈地运动”导致大量农民失去土地，涌入城镇。被剥夺的小生产者除了一部分转化为雇佣劳动者外，其他的则沦为贫民、乞丐、盗贼和流浪者。另一方面，工业化又使封建的、宗法的社会关系和家庭关系荡然无存。中世纪那种对自己成员的病、老、丧葬给予一定救济的行会组织已经解体，大批游民涌入城市造成诸多社会问题。英国于1601年颁布了《伊丽莎白济贫法》（简称旧《济贫法》），其主要基点是对无业游民实行政府救济和强迫劳动。虽然这些法律是为了最大限度地减少由于饥饿而产生的社会不安定而制定出来的，但是，就其承认公共责任、使用公共资金而言，却是意义重大而又影响深远的。

1834年，英国颁布了《〈济贫法〉修正案》（简称新《济贫法》），进一步承认社会救济是公民应该享有的合法权利。政府负有实施救济、保障公民生存的责任。旧《济贫法》和新《济贫法》均实行强迫劳动与贫困救济相结合的原则，是宗教团体慈善救济的扩大化。新《济贫法》坚持的是一项“不够格”（Less Eligibility）的原则，即一定要使依靠救济的贫民的状况比最低一级的靠工资为生的人的境况要差，其强调有劳动能力的个人必须对自己的经济安全承担责任。新《济贫法》首次体现了现代社会保障的重要特征，即互济性和受益人的权利与义务的一致性，被看成是现代社会保障制度的萌芽。

10.2.2 社会保障制度的形成期

直接促进现代意义上的社会保障制度形成和发展的是西方的“福利国家论”。最早宣传“福利国家论”的是19世纪70年代统治德国经济学界的新历史学派，他们提出了改良主义的社会经济政策，其中包括了颁布劳动保险法、孤寡救济法，改革财政赋税制度等。这些理论和主张成为俾斯麦政府推行社会保障制度的重要依据。此外，英国费边社会主义提出了所谓的“市场社会主义”理论：通过国家对私人企业的国有化实现租金（包括利润和地租）以及利息的社会化；对非劳动所得的收入征收累进所得税；制定全国最低生活标准，通过议会实行对贫民和失业者的救济，等等。

现代意义上的社会保障制度首先在德国产生，有着其深刻的政治、经济和社会的原因。19世纪中叶以后，德国已成为继法国之后的欧洲无产阶级革命中心。俾斯麦在残酷镇压工人运动的同时，也逐渐意识到了对工人阶级进行安抚的重要性。他公开宣称：社会保险是一种消除革命的投资，一个期待养老金的人是最安分守己的，也是最容易被统治的。俾斯麦实行的社会改革中的一项主要措施就是建立社会保险。经过议会长时间辩论，德国于1883年通过了《疾病保险法》，1884年通过了《工伤事故保险法》，1889年通过了《老年与残疾保险法》。这三个社会保险计划都是强制性的，其权利和义务受到法律保证。这意味着工人、雇主和国家都在起着作用，并对整个社会保障计划的管理有着发言权。资金的来源是由雇主和雇员分摊缴纳的保险费，这使工薪劳动者受到一种有稳定资金来源的补助制度的保护。

从20世纪初到30年代，欧美各国先后在工伤、疾病、养老、失业保险等诸多方面通过了立法，它们大部分以德国社会保险计划为典范，同时又相互参照。奥地利于1887年建立工伤保险，1888年建立疾病保险，1906年建立养老保险，1920年建立失业保险；丹麦于1891年建立养老保险，1916年建立工伤保险；挪威于1894年建立工伤保险；意大利于1898年建立工伤保险，1919年建立养老和失业保险；英国于1908年建立养老保险，1911年建立疾病保险；法国于1910年建立养老保险；瑞典于1913年建立养老保险，1916年建立工伤保险；加拿大于1908年建立工伤保险，1927年建立养老保险。

10.2.3 社会保障制度的发展期

1929年至1933年，席卷资本主义国家的严重经济危机造成了巨大的社会震荡：生产大量过剩，无数工厂倒闭，大批工人失业，阶级矛盾迅速激化，社会危机一触即发。

西欧国家中有些原来被搁置或拖延的立法得以迅速通过，许多项目在原来基础上进一步扩大了保障的范围和程度。时任美国总统的罗斯福实施了著名的“罗斯福新政”。新政的一项主要措施是建立统一的社会保障制度。1935 年 8 月，美国国会通过了《社会保障法》，美国虽然比欧洲发达资本主义国家实行社会保障政策晚得多，却是世界上第一个制定《社会保障法》的国家。美国最初的社会保障项目有五个：老年社会保险、失业社会保险、盲人救济金保险、老年人救济金保险、未成年人救济金保险。此后，《社会保障法》经过若干次的修改，不断增加社会保障项目，扩大保障覆盖面，提高保障水平。如果说德国是把社会保障制度作为政治工具来利用的话，那么美国则是把它作为反危机的工具来利用的。美国建立社会保障制度是为了提高居民个人消费能力，刺激总需求，这是适合当时资本主义世界生产相对过剩情况的。而具体到退休金制度，当时主要的经济方面的考虑是鼓励老年人退休，以便为年轻人腾出工作岗位，以解决失业问题。虽然社会保障制度是被作为社会政策来实施的，却是作为反经济危机和需求管理的工具来利用的。

10.2.4 社会保障制度的繁荣期

第二次世界大战结束后，西方主要资本主义国家在庇古福利经济学和凯恩斯国家干预经济理论的影响下，把发展社会保障制度作为缓解社会矛盾、维护社会安定和促进经济发展的基本国策。在这一时期，福利国家纷纷出现，英国是最典型的例子。

1941 年，英国成立以经济学家贝弗里奇教授为主席的社会保障服务委员会，着手制定战后社会保障计划。该委员会于第二年提出了《社会保险和有关服务》的报告，即著名的“贝弗里奇报告”。该报告主张通过建立一个社会性的国民保障制度，对每个公民提供七个方面的社会保障：儿童补助、养老金、残疾津贴、失业救济、丧葬补助、丧失生活来源的救济、妇女福利。“贝弗里奇报告”得到战时联合内阁和战后工党政府的原则批准。在第二次世界大战结束后的三年中，英国政府通过并实施了《国民保险法》、《国民卫生保健服务法》、《家庭津贴法》和《国民救济法》等六部社会保障法案。1948 年 7 月，英国首相艾德礼率先宣布英国已建立起“福利国家”。从此，“福利国家论”在西方世界被大力推广，在推动欧洲各国积极发展社会保障事业方面起着很大的作用。

继英国之后，其他一些发达国家，如瑞典、荷兰、法国、意大利等国，先后参照“贝弗里奇报告”，建立和完善了本国的全面、广泛的社会保障体系，先后宣布实施“普遍福利”政策，并宣布建成“福利国家”，把社会保障事业推向了繁荣时期。

10.2.5 社会保障制度的改革调整期

这一阶段是从 20 世纪 70 年代中期至今。以 20 世纪 70 年代中期为界，工业化国家的社会保障制度经历了一个由盛而衰的过程。1973 年至 1975 年资本主义世界面临了第二次世界大战结束之后最严重的经济危机。以 1973 年石油危机为开端的经济滞胀宣告了战后前所未有的经济繁荣的结束，支持社会保障制度迅速扩展的物质条件随之丧失。随着人口老龄化的到来，福利的过度消费，公共开支项目下的社会保障开始出现入不敷出的支付困难，导致许多人的不满。这些批评意见认为社会保障项目太多是政府预算不断扩大的重要原因，这种状况反过来导致20世纪70年代的通货膨胀和创纪录的高失业，并造成了一个长期坐享其成的福利阶层。社会保障一时成为众矢之的，西欧发生了“福利国家危机”，美国出现了“福利困境”，等等。

社会保障制度改革的主要措施有：增加社会保障收入，调整财务结构，包括提高社会保险缴费率，改革医疗保险缴费办法，扩大就业，达到增加收入的目的；紧缩保障支出，改革福利制度，即通过降低保险金的给付水平，谨慎运用保险金的指数调节机制，严格保险给付条件，调整法定退休年龄，达到紧缩保障支出的目的。福利国家的改革是开源节流的改革，一些国家在实施治标办法的同时，也在探索治本办法，主张国家大大减少对经济生活的干预，不再以国家为主体实施社会保障制度，主张恢复充分自由的市场竞争机制，把国有化保险计划私有化，把已经社会化的社会保障制度再私有化，以便充分发挥个人和私营经济组织的积极性，使经济和社会生活更充满活力，最终消除“普遍福利”政策的种种问题。

10.3 社会保障的相关理论与政策

10.3.1 西方社会保障的基本理论

社会保障制度是市场经济发展的需要，有它存在的理论基础。在西方经济学中，社会保障制度发展的不同时期，不同的经济学流派从不同的角度对社会保障问题进行了理论阐述，从而形成了西方社会保障经济理论，并使这一理论逐步系统化。下面就对西方主要的社会保障理论进行简单的介绍。

10.3.1.1 社会保障制度产生阶段的基本理论

西方社会保障理论经历了一个从否定社会救济到主张社会福利的思想发展过程，具体内容包括三个方面：德国历史学派提倡国家福利的社会保障思想、英国的费边社会主义思想和福利经济学关于福利保障的思想。

（1）德国新历史学派。德国新历史学派又被称为“讲坛社会主义”，是19世纪70年代在德国开始流行的一种改良主义思潮。其主要代表人物有施穆勒、布伦坦诺等人，他们认为国家是集体经济的最高形式，是公务机关，在进步的文明社会中，国家的公共职能应不断扩大和增加，凡是个人努力所不能达到或不能顺利达到的目标，都理应由国家实现。1872年，新历史学派在爱森纳赫召开会议，并组织了“社会政治协会”，他们提出要增进社会福利，实行社会改革，并通过工会组织来调整劳资之间的矛盾，主张由国家来制定劳动保险法、孤寡救济法等。这些主张成为德国政府实行社会保障制度的依据。

新历史学派的政策主张包括：国家的职能不仅在于安定社会秩序和发展军事实力，还在于直接干预和控制经济生活，即经济管理的职能；国家的法令、法规、法律至上，决定经济发展的进程；经济问题与伦理道德是密切相关的，人类的经济生活并不是仅仅局限于满足本身物质方面的欲望，而且还应满足高尚的、完善的伦理道德方面的欲望；劳工问题是德意志帝国面临的最严峻的问题；国家应通过立法，实行包括社会保险、孤寡救济、劳资合作以及工厂监督在内的一系列社会措施，自上而下地实行经济和社会改革。

新历史学派的这些主张，后来经制度学派宣传而在美国得到发展，并得到欧洲一些国家的部分认可，这是西方资本主义国家初级社会保障的思想基础。

（2）英国的费边社会主义。费边社会主义是英国资产阶级的一种改良主义思潮。主要代表人物有萧伯纳、韦伯等。他们于1884年成立费边社，提出实行费边社会主义，主张温和缓进，反对无产阶级革命运动；主张改善社会福利，认为缩短工时，限制雇用童工、女工，改善车间工作条件等，为“集体主义对个人贪欲的限制”，是向社会主义过渡；主张对非劳动所得征收累进所得税；主张制定“全国最低生活标准”；主张通过资产阶级议会，对贫民和失业者，包括病人、残疾人、老年人实行救济。费边主义者企图通过这种缓和的、渐进的改良办法，实现所谓的“社会主义”。同一时期，英国经济学家和改良主义者霍布森主张以“社会福利”作为经济研究的中心问题，通过税收政策或国有化措施，使“剩余价值”归政府所有，用于“社会福利”。

1938年成立的新费边社，目的仍在于研究各种计划和经济问题，继续宣传改良主义的思想。费边社会主义对于英国开始社会保险理论研究以至于在第二次世界大战结束后实行社会福利政策产生了重大影响。

（3）庇古的福利经济学。阿瑟·赛西尔·庇古是英国著名经济学家，西方旧福利经济学的创始人。1912年，庇古出版了《财富和福利》一书，1920年又把该书扩展为《福利经济学》，这本书系统地论述了福利经济学理论。庇古主张，国家实行养老金制度和失业救助制度，建立了福利经济学的社会保障经济理论。他运用边际效用递减规律，以18世纪末和19世纪初英国哲学家边沁的功利主义理论为基础，依据边沁所提出的“最大多数人的最大福利”这一功利原则论述了社会保障政策的经济意义。庇古假定，在收入分配中有一个货币收入的边际效用递减规律在起作用，因此具有收入再分配性质的社会保障政策可以扩大一国的“经济福利”，因为收入再分配过程中穷人得到效用的增加要大于富人效用的损失，社会总效用会增加。

庇古主张增加必要的货币补贴，改善劳动者的劳动条件，使劳动者的患病、残疾、失业和养老能得到适当的物质帮助和社会服务。并且向收入高的富人征收累进所得税，向低收入劳动者增加失业补助和社会救济，以实现收入的均等化，从而增加普遍的福利效果。同时，实行普遍的养老金制度，或按最低收入进行普遍补贴的制度，通过有效的收入转移支付实现社会公平。

庇古的福利经济学和收入均等化理论对西方国家的社会保障政策产生了重要的影响，为社会保障制度的建立奠定了理论基础。

10.3.1.2 社会保障制度形成与发展阶段的基本理论

西方社会保障理论的第二个发展阶段是在两次世界大战之间。它标志着福利型社会保障思想的确立，这一阶段有代表性的理论主要包括凯恩斯的社会需求理论和贝弗里奇的社会福利政策等。

（1）凯恩斯的有效需求理论。约翰·梅纳德·凯恩斯是英国著名经济学家，在其代表作《就业、利息和货币通论》中，凯恩斯抛弃了传统的建立在萨伊定律基础之上的充分就业观点，认为资本主义国家经济发展或者萧条及其就业水平是由社会有效需求决定的。他从反危机的角度研究社会保障问题，认为经济危机是国民收入没有全部转化为社会有效需求，即社会有效需求不足引起的，而社会有效需求不足又是由“消费倾向”、“对资本未来收益的预期”和对货币的“流动性偏好”三大心理因素造成的。因此，反危机的根本点是要采取各种措施刺激社会有效需求。由于资本主义经济不存在自动均衡社会有效需求的机制，因此这种均衡要借助于政府的力量来实现，政府通过兴办各种公共事业、发展社会福利、对失业提供社会救济等，都可以提高社会的消费倾向，增加社会有效需求，达到充分就业、缓解和消除经济危机的目的。凯恩斯的社会需求理论成为当时和后来一段时期内西方福利国家社会保障制度的理论依据。

（2）贝弗里奇的福利国家计划。贝弗里奇提出了一个题为《社会保险及有关服务》的报告，后人称之为“贝弗里奇报告”。这个报告体现了贝弗里奇的社会保障思想。贝弗里奇认为，英国社会政策应以消灭贫困、疾病、肮脏、无知和懒散五大祸害为目标，主张通过建立一个社会性的国民保障制度，对每个公民提供七个方面的社会保障，即儿童补助、养老金、残疾津贴、失业救济、丧葬补助、丧失生活来源救济、妇女福利。社会保障有三种方法，即社会保险、社会救济和自愿保险。这三种方法分别适用于不同的社会保障要求：社会保险用于满足居民的基本需求；社会救济用于满足居民的特殊需求；自愿保险用于满足居民较高层次的需求。前两种保障方式都是以满足基本生活需求为目的的，对超出基本生活水准的需求则由参加私人举办的自愿性保险来满足。

报告中提出了社会保障必须坚持六项原则：一是补贴标准一致的原则，即对相同情形的受保对象发放的生活资料的补贴标准应该一致，不能有高有低；二是费用标准一致原则，即受保对象缴纳保险费的标准应该一致；三是充分原则，即为受保对象提供的补助金必须充分，能保证其基本生活需要；四是全面和普遍的原则，即保障范围和对象应该全面，能覆盖全体社会成员；五是统一原则，即社会保障要实行统一管理；六是区别对待原则，即对不同收入、不同需求、不同保障对象在保障政策上要区别对待。

“贝弗里奇报告”得到战时联合内阁和战后工党政府的原则性批准。在第二次世界大战结束后的三年中，英国政府通过并实施了《国民保险法》、《国民卫生保健服务法》、《家庭津贴法》和《国民救济法》等六部社会保障法案。可以说，贝弗里奇不仅在理论上确立了社会保障的主要内容、基本功能与原则，而且说明了社会保障在实际运行中的机制。贝弗里奇的社会保障理论为西方现代社会保障理论的发展奠定了基础，是西方社会保障理论发展史上的一个里程碑，贝弗里奇本人也因此获得了“福利国家之父”的称号。

10.3.1.3　社会保障制度改革调整时期的基本理论

在西方社会保障理论的多样化发展阶段，西方学者就社会保障制度的改革进行了论战，形成了一些新的理论，具体内容包括三个方面：民主社会主义的福利国家论、新自由主义的福利市场化和中间道路论等。

（1）民主社会主义的福利国家论。民主社会主义是第二次世界大战结束后以英国工党为代表的思想流派。1951 年在德国法兰克福召开的“社会党国际”成立大会上，各旧社会民主党联合发表了《法兰克福宣言》，此后民主社会主义被传播到许多国家。民主社会主义主张用国有化和计划经济来推进福利国家政策，提倡劳资合作，强调通过超额累进税对收入和财富进行再分配，以实现收入均等化和社会公平。

对社会福利，民主社会主义强调平等与民主化，认为福利国家的发展是工业文明和政治民主发展的必然结果，因为工业化不仅带来了前所未有的财富，也产生了大量的社会问题；认为福利实际上能够不通过暴力革命的方式达到消除贫困和实现平等的社会的目标，能够培养利他主义、互助精神和社会一体化思想。民主社会主义还认为，福利也是一个以国家的经济繁荣为目的的投资，可以刺激消费和生产，从而促进经济发展。因此，民主社会主义者主张实行全面的社会保障计划。民主社会主义者并不完全排斥私人服务，但不提倡私人提供社会保障，以避免政府忽视国家福利的提供。

（2）新自由主义的福利市场化。与民主社会主义者相反，新自由主义者是明确反对福利国家政策的。他们认为，以个人自由为基础的私人企业制度和自由市场制度是迄今为止所能选择的最好制度，国家过多地干预经济忽略了市场的能动作用，也妨碍了个人的自我独立。20 世纪 70 年代以后，福利国家暴露出一些前所未有的问题，经济发展遇到了困难。在这样的社会经济背景下，人们很自然地要对国家干预与福利国家制度进行反思，再加上撒切尔、里根等政治人物的推动，新自由主义理论在西方国家越来越有市场，进而成为影响国家社会经济政策及社会保障政策的重要因素。

新自由主义者认为，福利服务市场化是最好的选择，应当降低并转移国家的作用，让市场发挥主导作用。政府应当提供最基本的福利，但必须放弃那些不可能实现的关于建立平等和公正社会的目标。同时他们认为，国家在社会保障制度方面的作用应当是受制约的而不是无限制的，是推进而不是提供，是鼓励竞争而不是垄断，进而主张国家应当建立内部竞争市场，在购买和出售服务上让不同的经济成分参与竞争。

（3）中间道路论者的共同参与论。中间道路理论是介于民主社会主义与新自由主义之间的一种理论，是基于三个基本假设建立起来的：第一，资本主义的最全面的管理，比起其他任何可选择的体系，最有可能产生最有效的经济结果；第二，资本主义产生了许多自己不能解决的问题，导致了贫困、不可容忍的不平等和失业；第三，政府的行为能最大可能地解决这些问题，能结束贫困，降低不平等，实现充分就业。

在社会保障方面，中间道路论者不怀疑国家在福利领域的主导作用，他们十分强调社会稳定和秩序，认为稳定与秩序是全部社会生活的基础，而不公平和贫穷不仅剥夺了个人的自由和保障权利，而且对国家和社会的稳定构成了威胁和挑战。因此，国家的主要责任应当是保障社会的稳定和维护社会秩序，这就需要国家提供相应的社会保障。然而，中间道路论者不赞成国家过多地提供福利，认为这样会造成对国家的依赖，并侵蚀人们的生活意志和自我负责精神。他们主张国家负责应当与个人负责并重，社会保障应当是政府、非政府组织和个人共同参与的。其中国家应当针对的是有选择的对象，以帮助最需要帮助的社会成员，同时提倡发展私人的和志愿的福利事业作为对国家福利的补充，以便社会成员有一定的选择服务的权利。

10.3.2 马克思关于社会保障制度的理论

马克思主义的社会保障理论是社会主义国家建立社会保障制度的理论基础，而马克思主义的社会保障理论又是以其社会再生产理论为基础的。马克思认为，物质资料再生产是人类生存和发展的物质基础，而物质资料再生产是劳动者和劳动资料结合的过程；在进行物质资料再生产的同时，进行着劳动力的再生产；只有在再生产中将劳动力源源不断地再生产出来，社会再生产才能不断地进行下去。

劳动力再生产包括劳动者的体力再生产和智力再生产。前者是劳动者体力恢复和身体素质提高的过程，后者则是劳动者劳动技能和知识更新和发展的过程。劳动力再生产的基本手段是消费，包括个人消费和社会消费。在商品经济条件下，消费的条件主要从两个方面得到满足：一是由个人通过提供资本或劳动从市场上获取；二是那些没有劳动能力、就业机会和财产的社会成员，只能由政府通过社会保障来满足他们的基本消费需求。在工业化以前，劳动力再生产主要是通过家庭进行的，而在机器大生产出现后，劳动者的劳动风险逐渐增加，失业、工伤等都使家庭保障越来越无法应付新的风险，因而劳动力再生产的要求也越来越多地依赖社会保障来进行。

马克思主义还认为，在社会主义条件下，每个社会成员的生活都必须有保障。而对那些丧失劳动能力的社会成员的生活保障，则应由社会在产品分配给个人之前作必要的扣除。马克思在《哥达纲领批判》一文中全面阐述了社会主义社会的社会总产品分配理论，指出，在社会主义社会，为了发展社会生产，社会产品在分配给社会成员之前，应该有三项扣除：第一，用来补偿消费掉的生产资料的部分。第二，用来扩大再生产的追加部分。第三，用来应付不幸事故、自然灾害等的后备基金和保险基金。社会总产品扣除上述三项后的剩余可以用于消费，但在将其分配给个人之前，还必须从中扣除同生产没有关系的一般管理费用，用来满足社会共同需要的部分，如为丧失劳动能力的人设立基金。马克思关于社会产品分配的扣除原理，从社会分配的角度论述了社会保障基金必须在社会产品分配给个人之前做储备性的扣除，这一理论也成为社会主义国家社会保障的重要理论基础。

10.4 社会保障的基本内容

社会保障制度是一个庞大的社会政策和立法体系，其构成和内容在理论和实践上都是一个不断发展的过程。社会保障的范围先是以病、残、老、死和生育为主要内容，以后逐渐扩展到对失业后的生活保障、社会救济和社会福利等方面。

社会保障的构成和内容还依各国的国情不同而不同。不同的国家有不尽相同的社会保障项目，即使同一项目，在不同的国家也可以有不同的名称，而同一名称的项目可能有不同的内涵和外延。因此，不同国家的社会保障体制实施的内容也都是自成体系的。例如，英国的社会保障体系主要由社会保险、社会救助、家庭补助、保健服务、社会服务构成；瑞典的社会保障体系主要由社会保险、保健服务、义务教育、家庭福利、职业培训构成；而日本的社会保障体系则由公共救助、社会福利、社会保险、公共卫生及医疗、老年保健构成。我国目前的社会保障体系主要由社会保险、社会救助、社会福利和社会优抚构成。

10.4.1 社会保险

10.4.1.1 社会保险的含义

社会保险是政府通过立法强制实施，运用保险方式处置劳动者面临的特定社会风险，并为其在暂时或永久丧失劳动能力、失去劳动收入时提供基本收入保障的法定保险制度。

社会保险的内涵决定了它具有强制性、社会政策目的性、共济互助性和社会性。强制性是指社会保险由政府强行建立和实行。一经国家立法确定保险范围，其范围内的所有企业和劳动者同社会保险机构之间即建立了社会保险关系，不必事先订立契约认可。社会政策目的性是指劳动者基本生活的保障，即当他们失去劳动能力或中断收入时，能获得必要的物质帮助，从而安定社会秩序，促进经济稳定和社会进步。共济互助性是指人与人之间在社会生活中相互帮助的社会行为，主要表现为被保险人缴纳的保险费，在保险范围内进行地区之间、企业之间，或强者与弱者、老年人与年轻人之间的调剂和收入再分配。社会性是指社会保险的实施范围很广，可以把劳动者普遍面对的风险都列入相关的保险项目。

10.4.1.2 社会保险的主要项目

（1）养老保险。世界各国的养老社会保险大体有三种模式：第一种是国家统筹模式，该模式一般出自社会主义国家。该模式的主要特征是，资源来源于国家财政划拨，根据工龄年限和退休时工资确定不同比例的退休金额，保险对象是国有单位职工（部分集体单位职工）。第二种是强制储蓄模式，以新加坡、智利等少数发展中国家为代表。其资金来源于雇主、雇员或雇员个人缴费，设立雇员预算基金账户，国家不直接进行财政资助，仅在税收、利率等方面给予政策支持。该模式社会化程度高，覆盖面宽，养老保险管理机构作用重大。第三种是投保资助模式，这是世界上多数国家实行的养老金保险模式。其养老金来源于雇主、雇员和国家三方，国家颁布法律，强制劳资双方按一定比例共缴养老保险金，国家在税收、利率等方面给予支持，当养老保险金出现赤字时，国家财政直接补漏，因此该模式的资金来源稳定、可靠。养老金一般分为普遍养老金（对象是所有达到年龄的公民都可享有最低生活水平，条件是必须缴纳了一定时间的养老保险金）、雇员退休金（对象是工资劳动者，享受条件是定期缴纳养老保险金）、企业补充退休金（除上述两种退休金外，为提高员工的养老保险待遇而由企业设立的追加或辅助性养老金）。

（2）失业保险。各国失业保险制度可概括为以下四种类型：第一，国家强制性保险。由政府规定实施范围，范围之内所有人员都必须参加失业保险。第二，非强制性失业保险。分为两类，一类是由工会等团体自愿建立，会员参加，政府提供大量资助，如瑞典，只要参加工会，就自动参加了失业保险；另一类是参加商业性的失业保险金。第三，失业补助制度。适用于经济状况经调查达到规定标准的失业者以及无资格享受正常失业保险金的失业者。如澳大利亚、新西兰、阿根廷就实行单一的失业补助制度。第四，强制性或非强制性的失业保险与失业补助相结合的制度。即在规定期限内失业者领取稍高的失业保险金，规定期限结束后仍未就业，则领取较低的失业补助金；或在强制范围内的失业者享受失业保险金，在范围之外的其他失业者领取失业救助金。保险资金的筹集方式可有：国家、集体与个人三方共同负担；国家财政全部支付；雇主与雇员共同负担；国家和雇主分担；全部由雇主负担；全部由雇员负担。失业保险的待遇包括失业津贴、失业救助金和补充失业津贴。

（3）医疗保险。医疗保险是社会对因疾病、负伤等事故丧失劳动能力的劳动者提供的医疗服务和经济援助。医疗社会保险按风险选择的主体不同，可分为个人医疗保险、团体医疗保险和国家医疗保险；按承保风险的性质分为疾病保险、伤害保险、分娩保险等；按损失的性质分为死亡与残废保险、收入损失保险、医疗费用保险。医疗保险覆盖范围各国规定不同，原则上包括所有的工资劳动者；医疗保险的待遇包括疾病津贴、医疗服务（体检、门诊、住院、医疗用药等费用由医疗保险机构支付）、被抚养者补助（因劳动者病残，对其配偶和子女的经济补助）、病假；医疗保险的享受条件是按投保时间和一定的就业期限决定。

（4）工伤保险。工伤是指对因公受伤（包括职业病的伤害）而暂时或永久失去劳动能力的劳动者给予经济补助和帮助的一种社会保险制度。世界各国实行的工伤保险大致有三种类型：第一，国家统一实行强制性的工伤保险。雇主按照国家统一规定必须定期向工伤保险机构缴费，由工伤保险机构支付医疗费用及残障赔偿金等费用。这是最普遍的类型。第二，国家强制雇主向商业保险公司投保雇主责任险，为其雇员遭受工伤事故时提供基本保障。第三，国家规定雇主必须对其因工受伤的雇员赔偿经济损失。雇主可通过向保险公司投雇主责任保险或参加雇主团体的互助保险以及从自有资金中为受伤员工提供经济赔偿。

（5）生育保险。生育保险是国家通过一定的手段（一般是国家立法），筹措一定的基金，对生育子女期间暂时丧失劳动力的职业妇女给予一定的经济补偿，保障其生活、工作和健康权利的一种社会保险制度。生育保险待遇范围涉及产假、生活津贴和医疗服务补偿。其保险期限范围涉及生育事件前后。

10.4.2 社会救助

10.4.2.1 社会救助的含义

社会救助是指国家或社会对因各种原因导致无法维持最低生活水平的社会成员提供的能满足最低生活需求的社会保障制度。这一概念包含以下几层含义：第一，社会救助是国家和社会对社会成员在需要获得最起码的物质帮助时，所应负的一项基本社会责任。第二，社会救助只在公民不能维持最低限度生活标准时才发挥作用。第三，社会救助是在经过严格审查之后提供满足最低限度生活需求的货币和实物，仅以维持公民基本生存为限。

10.4.2.2 社会救助的内容

（1）自然灾害救助。自然灾害救助是在公民遭受自然灾害袭击而造成生活无着落时，由国家和社会提供急需的最低生活水平的救济和帮助。自然灾害救助支出在我国社会救助中占有很大比例，是我国社会保障体系中不可或缺的组成部分。

(2) 失业破产救助。失业破产救助是在公民因失业或破产而生计断绝时，由国家和社会提供维持最低生活水平的救助项目。失业破产救助的对象一般是指未能在社会保险覆盖下面临失业或破产时的社会成员，亦是指即便参加失业保险，但失业保险金仍不能保障家庭基本生活，或失业期限较长而转入领取失业救济金者。失业破产救助的保障水平只是维持最低生活水平。在社会保险制度覆盖面狭小和特定的经济体制转轨的背景下，失业破产救助对于稳定社会发挥着极为重要的作用。

(3) 孤寡病残救助。孤寡病残救助是指在公民因个人的生理原因或其他原因丧失劳动能力而断绝收入来源时，由国家和社会向其提供维持最低生活的救助项目，它是社会救助的最基本内容。通过对孤寡老人、孤儿寡母、重病或重残无劳动能力者提供维持最低生活水平的社会救助，从而对社会弱者实施必要的基本保护措施。

(4) 城乡困难户救助。城乡困难户救助是在公民因伤残、疾病或因家庭人口多、缺乏劳动能力及劳动技能，或处于贫困地区，无法维持最低生活水平时，由国家和社会予以救助的项目。除上述一般原因外，社会急剧变化也使部分劳动者生活处于暂时困难状态，需要进行社会救助。

10.4.3 社会福利

10.4.3.1 社会福利的含义

社会福利是指国家和社会通过各种福利计划和福利津贴为社会成员提供旨在保障其基本生活，提高物质文化生活水平的项目的总称。社会福利是一个十分广泛的概念，涉及社会、经济、文化等诸多领域，但总体上可视为现代社会保障制度的一个子系统。一般而言，社会福利的几个基本点包括：第一，社会福利是由国家、集体、社区共同兴办的社会服务性事业。第二，社会福利通过提供资金帮助和服务，不仅有助于保障社会成员的基本生活，而且有助于改进社会成员的生活质量，提高物质文化生活的总体水平。第三，社会福利注重福利设施的兴建和提供各类服务，而不仅限于提供直接的物质帮助，它通过物质与精神、有形与无形的服务的结合，为社会成员提供范围广泛的社会福利项目。第四，社会福利具有浓厚的福利文化色彩，受各国社会、经济、历史、文化的制约而差异甚大。中国的社会福利制度在提供的社会津贴、职业福利及社区服务方面具有浓厚的福利文化制约的诸多特点。

10.4.3.2 社会福利的内容

(1) 社会津贴。社会津贴是国家因经济、社会政策调整或其他因素而设定的对社会成员提供资金和物质帮助的社会福利项目。如为适应经济结构和经济、社会政策调整的需要，为使社会成员享受到经济、社会的发展成果，国家采取不同形式的物质补贴和资金补贴，以体现一定的社会政策目标。如国家在住房、粮油方面的补贴和副食补贴、物价补贴及各式各样的津贴等。社会津贴一般具有普遍性，社会成员大都能够享受到社会补贴。但由于我国二元经济结构的格局，城乡社会成员在享受社会津贴时，事实上存在着较大的差异性。

（2）职业福利性。职业福利是以业缘关系为基础，行业、职业及单位向职工和家属提供的福利待遇。尤其在中国的社会福利制度中，由于受中国传统文化及其长期心理积淀的深沉影响，职业福利一直占据着非常重要的地位。实施职业福利的出发点在于增强本行业、本系统、本单位的凝聚力，营造职工的认同感和行业群体意识，消除职工的后顾之忧。职业福利通常以业缘关系作为享受资格，对维系职工与行业和单位的关系起到了经济与精神纽带的作用，它注意提高职工生活质量，尤其是提供各类福利项目及福利设施。事实上，行业、单位的职业福利状况已构成行业或单位社会声望的重要标志。

（3）社会服务。社会服务是国家和社会通过社区组织和福利机构为人民群众提供的各种福利性服务。社会服务主要在社区范围内，并通过基层社区组织去推行，因而具有很强的地缘关系特征。社会服务通过社区组织福利事业和福利企业，对于帮助群众解决实际困难，提供生活和服务上的方便，提高生活质量，尤其是帮助生活上有特殊困难的孤老残幼，具有十分重要的作用。社会服务既提供资金方面的服务，亦提供生活服务设施，从物质生活和精神照顾的层面，服务于社区成员，因而社会服务是范围广泛和形式多样的社会服务制度。

概而言之，社会福利制度通过社会津贴、职业福利和社会服务等方式为社会成员提供范围广泛、形式多样的物质帮助和生活服务，满足社会成员不同层面的生活需要。社会津贴、职业福利、社会服务三者构成有一定交叉关系的福利网络，其中社会津贴由国家统一制定推行，范围最为广泛，构成社会福利的重要基础。在此基础上，分别通过体现业缘关系的职业福利和体现地缘关系的社会服务、社区服务等不同层面的福利及服务项目服务于社会成员，构成与社会保险、社会救助有一定区别的社会福利网络体系，在现代社会生活中发挥着不可或缺的重要作用。

10.4.4 社会优抚

社会优抚是社会保障体系中一种带有褒扬、优待和抚恤性质的特殊制度。政府依照法律对那些为保卫国家或维护社会秩序做出贡献或牺牲的人员及其家属在物质上给予优待和抚恤。它面向的是备受尊敬和爱戴的特殊群体，如军人、军属、烈属、见义勇为者等。社会优抚项目包括：军地两用人才培训费、复转军人就业安置费、伤残军人抚恤金、军属优待费、烈属抚恤金、见义勇为伤残抚恤金等。社会优抚工作的范围包括：制定优抚法规和政策；开展拥军优属和褒扬烈士和见义勇为者的活动；实施审批烈士和见义勇为者评定伤残等级行政管理；管理抚恤、补助及优待金的发放事宜；开展国防教育和褒扬见义勇为行为的活动；扶持优抚对象发展经济，解决困难；兴办优抚事业等。

本章小结

社会保障制度是国家和社会对社会成员在年老、生病、死亡、伤残、失去劳动机会或因自然灾害面临生活困难时给予物质帮助，以保障每个公民的生活需要和维持劳动力再生产的一种制度。它是为了解决工业化发展过程中所带来的社会劳动问题，也就是劳动力市场运行中的一些问题而产生的。现代的社会保障是与市场机制相互制约、相互促进的社会安全制度，它对劳动力市场的安全运行起到了积极的作用。

复习与思考

一、关键概念

社会保障　社会保险　社会救助　社会福利　社会优抚

二、思考题

1. 如何理解社会保障制度的含义？
2. 社会保障对劳动力市场有哪些影响？
3. 我国社会保障制度包含哪些内容？
4. 社会保障体系有哪些特点？
5. 我国社会保险、社会救助、社会福利和社会优抚的异同点有哪些？

11　劳动关系与劳动法律关系

本章学习目标

了解劳动关系和劳动法律关系的含义；弄清劳动关系的基本要素及劳动关系的运行和调整机制；把握劳动法律关系的构成要素和劳动法律关系的特点。

11.1　劳动关系概述

11.1.1　劳动关系的含义

劳动关系是一种社会关系，属于生产关系的范畴，广泛存在于经济社会从业人员以及社会组织或社会团体相互交往的活动中。劳动关系的表现形态尤其在工业经济领域以及由工业化进程带动发展的社会公共部门和服务部门具有典型特征。在法定劳动年龄内，当劳动者就业于某用人单位时，便开始置身于劳动关系之中。

劳动关系是指人们在劳动过程中形成的相互关系。广义的劳动关系是指劳动者与各类企业、个体工商户、事业单位等用人单位及双方代表组织之间的社会关系，以及对这一关系有直接影响的其他社会关系。狭义的劳动关系仅指劳动者与经营者或用人单位在实现劳动过程中建立的社会经济关系。

11.1.2　劳动关系的基本要素

11.1.2.1　劳动关系的主体

狭义的劳动关系主体包括两方：一方是劳动者和工会，另一方是经营者和经营者所代表的组织。二者构成了劳动关系的主体，也是我们主要的研究对象。在劳动关系的发展过程中，政府通常通过立法介入而影响劳动关系，目前政府调整、监督和干预作用在不断增强，因而政府也应当是劳动关系的主体之一。因此，劳动关系主体应该包括劳动者、劳动者团体（工会）、经营者、经营者代表组织（雇主协会）和政府。

在传统的劳动关系中，劳动者与经营者之间关系的主要内容是：在工作场所，劳动者在经营者的指挥和安排下使用经营者提供的生产工具从事劳动，并以此从经营者那里获得工资等形式的劳动报酬。现代劳动关系领域发生了很大变化，但是劳动者付出劳动并获得劳动报酬、经营者安排劳动者劳动并支付报酬的基本形式并没有发生变化。

11.1.2.2　劳动关系的载体

指现实劳动关系赖以存在的现实物质生产过程或社会经济的组织过程。这一过程成为现实的基本条件，是劳动者同生产资料的结合。这个结合过程的中断和分离，便会导致物质生产过程或社会经济组织过程的停滞，同时使劳动关系出现中止或解除。因此，劳动者同生产资料的结合及其具体状况，对现实物质生产过程或社会经济的组织运行以及对劳动关系的现实状况有着重大的影响。

11.1.2.3　劳动关系的本质特征

按照马克思主义的理论，生产资料的归属即占有方式决定着生产关系的性质，进而决定着劳动关系的本质特征。这一理论，对于区分和判断我国公有制经济领域与非公有制经济领域中的劳动关系性质的差异及不同形态特征具有现实意义。此外，某种社会制度下的劳动关系，无论其具体类型有何本质上的差异，在根本上都要受到其所处社会的政治、法律和经济制度的制约。

11.1.2.4　劳动关系的交往过程

劳动关系的交往过程指劳动关系主体在交往中涉及的有关事项。现实中，劳动关系双方交往事项大量集中在有关就业条件、劳动报酬、劳动标准、劳动保护、社会保险和福利等方面。这表明，劳动关系首先是一种经济利益关系。除此之外，劳动关系双方交涉事项还涉及政治、法律、文化、教育、环境保护以及企事业经营管理和社会公共事务的民主参与等事项。

以上所述四个方面是一个统一体。只有综合把握这些要素，才能理解和掌握劳动关系的基本概念，才能在实践中进一步分析和研究劳动关系在我国企事业、行业、产业和社会不同层面呈现出的具体特征，才能了解世界各国有关劳动关系在概念表述、适用范围和表现形态等方面存在的差异。

11.1.3　劳动关系的运行与调整

11.1.3.1　劳动关系的运行

劳动关系的运行是指劳动关系形成和存续的动态过程。它表现为劳动关系的发生、延续、变更、中止和终止等一系列环节，以及在这些环节之间，劳动主体和用人主体相关权利和义务的实现。劳动关系运行过程中的各个环节分别由不同的事实引起和构成，并分别对劳动者和用人单位实现相互权利和义务起决定和制约作用。

（1）劳动关系的发生。劳动关系的发生，是指劳动者和用人单位按照一定的方式确定劳动关系，从而产生相互间权利和义务的活动。劳动关系的发生，表明劳动者实现了就业，用人单位实现了对劳动力的需求，它是劳动关系运行的起点。目前，劳动关系建立采用合同方式，即用人单位和劳动者通过订立劳动合同确定劳动关系。按照这种方式，用人单位通过发布招聘书或刊登广告，或由用人单位通过劳动力市场与劳动者相互选择，在平等自愿、协商一致的基础上签订劳动合同，明确双方的权利和义务。一般来说，劳动合同签订之日就表示双方的劳动关系正式发生，这种方式也是市场经济国家确定劳动关系的基本方式。

（2）劳动关系的延续。劳动关系的延续，是指劳动关系存在的有效期延长。即既存劳动关系在原有有效期限届满后仍然存续一定期限。在该期限内，劳动者和用人单位继续享有和承担原劳动关系存在时完全相同或基本相同的权利和义务。我国劳动关系延续的情形主要有：①劳动合同期限届满后，劳动者与用人单位经协商续订劳动合同；②从事接触职业病危害作业的劳动者未进行离岗前职业病健康检查，或者疑似职业病病人在诊断或者医学观察期间；③患病或者非因工负伤，在规定的医疗期内；④女职工在孕期、产期、哺乳期；⑤在本单位连续工作满十五年，且距法定退休年龄不足五年的。

(3) 劳动关系的变更。劳动关系的变更，是指劳动关系主体双方在劳动关系中确定的内容及客体变动，即劳动关系主体双方已有的相互权利和义务及其指向的对象，在劳动关系存续期间所发生的某些变化。劳动关系的变更可以由劳动者与用人单位在建立劳动关系时事先约定，当约定条件出现时进行变更；也可以在劳动关系运行中，某些因素导致劳动关系变更；还可以因行政决定、仲裁裁决或法院判决而做出变更。实践中，变更比较多的是劳动者劳动岗位、职务、工种、工资等的变动。

(4) 劳动关系的中止。劳动关系的中止是指劳动关系存续期间，由于某种因素导致劳动关系主体双方主要权利和义务在一定期限内暂时停止行使和履行，待中止期限届满后又恢复以前的正常状态。实践中，劳动关系中止的情形主要有：经双方协商一致、劳动者涉嫌违法犯罪被限制人身自由、发生不可抗力、劳动者应征入伍、劳动者履行国家规定的法定义务等。

劳动关系的中止不同于劳动关系的变更，它不是对权利和义务的部分变动，而是一种对权利和义务有期限的停止状态。劳动关系的中止不是劳动关系的消灭，而是劳动关系的一种特殊运行状态，中止期限届满后即恢复原形，且劳动关系中止时，劳动主体双方一般还保持一定的权利和义务关系。建立劳动关系中止制度的最大意义在于，在解除或终止劳动关系之外，为劳动者与用人单位提供另外一条科学、公平且合理处理劳动关系双方矛盾的途径，这样有利于消除劳资双方的矛盾纠纷，稳定劳动关系，促进社会和谐。

(5) 劳动关系的终止。劳动关系的终止，是指劳动关系主体双方权利和义务的消灭，它是劳动关系运行的终结。实践中，劳动关系终止主要有以下情形：①劳动合同期满；②劳动者开始依法享受基本养老保险待遇；③劳动者死亡，或者被人民法院宣告死亡、失踪；④用人单位被依法宣告破产；⑤用人单位被吊销营业执照，责令关闭、撤销或者用人单位决定提前解散。应当指出的是，劳动关系的终止并不意味着劳动关系主体双方权利和义务的全部消灭，某些特定的内容在劳动关系终止后仍然要存续一定时间。

11.1.3.2 劳动关系的调整

劳动关系的调整，是指由国家规定的劳动关系调整机关及其工作人员，依其职权范围和法定程序，运用劳动法律、法规或政策去规范劳动关系，以实现国家对劳动关系调整的一项专门活动。它是我国劳动法及其相关法律、法规实施的重要内容和形式，也是我国建立与完善社会主义法制的重要组成部分。在我国，实施调整劳动关系法律的主体，主要是政府机关、企业劳动争议调解委员会、劳动争议仲裁委员会、工会、企业主管部门和人民法院及其工作人员。这些机关或组织分属于行政机关、群众组织、准司法机关和司法机关，它们依其各自不同的权限，以自己的名义，实施各项法律规范。

(1) 劳动关系调整的基本原则。劳动关系的调整原则，是指在劳动关系建立、发展、终止过程中人们应遵循的基本准则，它决定着调整劳动关系的方向，贯穿于劳动关系调整的全过程。调整劳动关系的原则，对于调整劳动关系的每一个环节都具有指导和统率作用，是有着普遍约束力的行为规则。它对于调整劳动关系具有涵盖的全面性、高度的权威性和极强的稳定性等特征。在我国，这些原则集中反映了我们党和国家对经济发展的政策和管理体制，既体现了我国的社会主义本质，又体现了灵活性，具有鲜明的特点。具体说来，在市场经济条件下，调整劳动关系的基本原则主要有下述内容：

① 适应市场经济的原则。建立市场经济体制是我国经济体制改革的目标模式。我国企业的改革当然也只能在适应市场经济要求之下进行。劳动关系的调整作为现代企业改革的一部分，它也只能在适应市场经济的前提下进行。换句话说，它也只能将适应市场经济作为自己必须贯彻的基本原则之一。

劳动关系的调整贯彻适应市场经济的原则，就是要求培育和发展劳动力市场，尤其是要形成城乡统一的劳动力市场，为国有企业双方主体之间实行市场化配置和调整奠定基础。在我国城镇地区，劳动力市场已经进入发展的关键时期，但城镇政府的某些做法确实还有值得商榷的地方，如某些地区限制农民工进入城镇劳动力市场的做法。培育和发展劳动力市场，尤其是形成城乡统一的劳动力市场，就是要让我国企业经营者与劳动者都能通过市场自由用人、自由择业，并能通过市场调整彼此之间的劳动关系，真正逐步实现劳动关系的市场化。

② 借鉴成熟经验的原则。市场经济发达国家在其企业劳动关系的发展历史中积累了许多成熟的经验。它们在企业劳动关系的运作、企业劳动立法、企业劳动合同、企业集体谈判和集体合同以及企业工会等方面都有不少值得我们总结和学习的地方。应该说，这是全人类的宝贵财富。借鉴发达国家的成熟经验，目的是让我国企业劳动关系的调整少走弯路，加快企业劳动关系的调整步伐，尽快在企业劳动关系领域上与国际通行做法接轨。

因此，借鉴市场经济发达国家企业劳动关系发展的成熟经验，是我国企业劳动关系调整必须贯彻的另一个基本原则。

③ 符合我国国情的原则。借鉴市场经济发达国家劳动关系发展的成熟经验，并不是说可以照搬这些经验，而是在消化吸收的基础上，建立符合中国国情劳动关系的调整体系。应该说，这也是我国劳动关系调整中需要贯彻的一个基本原则。

同时，我国又是一个处于经济转轨时期的发展中国家，整个经济的产业结构和就业结构中不合理的现象还严重存在，社会分配不公的现象也较为严重，导致职工的素质不高，职工的劳动积极性很难发挥出来。正是这样一种背景才决定了我国劳动关系的调整工作必须从我国的实际国情出发，在借鉴国外经验的基础上，努力探索和建立符合中国国情的、切实可行的劳动关系调整机制；否则，照搬国外的模式和做法，就有可能事与愿违，使我国劳动关系的调整陷入困境。

④ 循序渐进的原则。规范化、市场化、契约化和法制化是发达市场经济国家企业劳动关系的基本特征，也是我国企业劳动关系的发展方向。我国企业劳动关系的调整，在很大程度上就是要建立和健全企业劳动关系的调整机制，逐步实现企业劳动关系的规范化、市场化、契约化和法制化。而我国企业劳动关系所具有的过渡性和复杂性的特征，决定了调整工作本身要有一个发展过程，不可能一蹴而就、一步到位。这就是说，循序渐进也是我国企业劳动关系调整工作必须贯彻的基本原则之一。

我国劳动关系的调整贯彻循序渐进的原则，要求在新旧体制转换的过程中，对我国劳动关系中的各种问题要审时度势，分清轻重缓急，逐步建立劳动关系的调整体系。在此基础上，及时预防、调解和处理企业中职工与经营者之间的各种劳动问题，提高职工的劳动积极性，促进企业和整个经济的发展，维护社会稳定。应该说，这也是我国企业劳动关系调整的根本宗旨。

⑤ 促进经济发展和社会进步的原则。经济的发展和社会的进步，既是人们从事生产劳动的重要目标之一，又是人们进行生产劳动不可缺少的环境条件。保护劳动者和用人单位的权益，维护和发展稳定和谐的劳动关系，建立良好的劳动秩序，调动劳动者的积极性，提高劳动生产率，促进生产力发展，最后都要落实到经济发展和社会进步上来。劳动关系作为生产关系的重要组成部分，从调整社会关系的全局和局部的观点看，调整劳动关系只能是社会关系的局部，而经济发展和社会进步才是全局。这两者是不可分割的，是相互作用的。如果经济发展缓慢、生产力水平低下、综合国力薄弱，无论是劳动者还是用人单位，都会缺少权益保护的物质基础或者只能在低水平上循环。没有社会的进步，国家的文明程度和劳动力素质很低，也就很难维持劳动关系的和谐稳定。因此，调整劳动关系，必须放眼全局，把促进生产力发展、增强综合国力和推动社会文明进步作为出发点。

⑥ 劳动关系主体权利和义务统一的原则。劳动关系是劳动者与用人单位之间在实现劳动过程中的权利和义务关系，劳动关系主体双方在实现劳动过程中各自既行使权利，又履行义务。调整劳动关系实际上就是根据法律、法规或制度，对劳动关系主体的权利和义务进行规范。在劳动关系中，一方面，劳动者负有将其劳动力交付给用人单位使用的义务，其主要表现是：参加用人单位组织的劳动，完成用人单位安排的劳动任务，且在劳动过程中遵守用人单位制定的劳动纪律。另一方面，劳动者在让渡劳动力使用权给用人单位的同时，仍保留着劳动力的所有权，这就要求用人单位在享有使用劳动力权利的同时，仍保留着劳动力再生产和履行劳动义务以外人身自由的义务，其表现是：向劳动者支付劳动报酬和其他物质待遇，保证劳动者休息，保护劳动者在劳动过程中的安全和健康。

在劳动关系中，劳动者和用人单位都享有权利和负有义务，双方的权利和义务相互对应，彼此依存，即一方权利的实现要以另一方义务的履行为保证，一方的义务又是对另一方权利的体现。这不仅表现了劳动关系主体之间对劳动过程的共同支配，而且反映了主体间相互制约的辩证关系。因此，在协调劳动关系时，权利和义务的规范处于同等重要的位置，并且相辅相成、相互统一。

（2）劳动关系调整机制。劳动关系的调整机制，是由一系列的法律、制度和运行方式构成的。三方协商是劳动关系的基本格局，是劳动关系政策的重要原则，而集体谈判制度和工人民主反映了构成劳动关系的两个主体——用人单位和劳动者的自行协商，这是劳动关系调整机制的基础环节。通过主体自行协商和集体谈判，尽量达成双方均可接受的协议，以保障双方的合法权益，促进劳动关系的和谐稳定。劳动立法、劳动监察以及劳动争议的处理主要反映了在市场经济条件下，政府对劳动关系的调整和影响。

① 三方协商机制。劳动关系专家张安顺在他的《论劳动关系三方协商机制》一文中解释说：劳动关系三方协商机制是实行市场经济国家长期以来处理劳动关系的基本格局和制度，是国际上解决劳动关系问题的一种行之有效的形式。其基本内容是国家（以政府劳动行政部门为代表）、职工（以工会组织为代表）和企业（以企业组织为代表）三方，就劳动标准、劳动关系、处理劳动争议等以劳动关系为主的社会经济政治、法律的制定和实施等有关问题进行协商，其目的是实现三方权力分享、增进了解、取得共识。

三方协商一般是围绕一些宏观的问题，在国家一级进行，比如对涉及调整劳动关系的法律、法规、规章和政策的制定提出意见和建议并监督实施，对具有重大影响的集体争议或群体性事件进行调查研究，提出解决的意见和建议。但也有一些协商是在行业一级或地区范围内进行的。从协商的问题看，可以划分为两类：一类是关于普通的经济和社会问题的协商，如重要的劳动立法和社会经济、社会政策等；另一类是关于各种特殊性质的技术方面问题的协商，如职工安全和卫生、职工培训等。目前，协商的内容主要集中在推进和完善平等协商、集体合同制度以及劳动合同制度；企业改制改组过程中的劳动关系；企业工资分配政策研究；最低工资、工作时间和休息休假、女职工和未成年工特殊保护、社会保障、职业技能培训等劳动标准的制定和实施；劳动争议的预防；企业民主管理和工会组织建设；其他劳动关系调整等问题上。

从社会现实和客观效果看，三方协商的应用有效地确认集体谈判的权利，加强了政府、雇主、工人的相互合作，在一定程度上缓和了劳资矛盾，减少了劳资纠纷，保护了工人的一些权益，稳定了劳动关系，这对于维护社会稳定、促进经济发展和社会进步都起到了十分重要的作用。

② 劳动立法。从劳动立法的效力范围看，其调整的范围涉及劳动关系的一切方面。现代意义上的劳动法，是指工业社会发展到一定阶段，国家为维护和保障劳动者的利益而制定的调整劳动关系及与之密切相关的其他社会关系的法律规范的总称。

从劳动立法的内容看，世界各国劳动法基本上包括劳动关系的一切方面：第一，就业安全法，保障劳动者就业权利。就业保障权的范围在逐步扩大，包括了生存权、工作权、就业自由权、职业训练权、受教育权等方面。第二，劳动标准法，对劳动条件最低标准给予法律规定，直接保护劳动者利益。它包括了未成年工、女工、学徒、工资、工时、劳动者退休、安全卫生、灾害赔偿、劳动检查等立法。上述劳动标准随着社会生产力水平的提高和社会进步而不断调整，总的趋势是向着有利于劳工的方面调整。第三，劳动关系法，直接规范、调整劳动关系。包括工会法、团体协约法、劳动合同法、劳动者参与管理法、劳动争议法。这些法规不仅明确规定了劳动关系的建立、维持和终止，而且规定了保护劳动者权利的必要手段和措施，对集体劳动争议和罢工、闭厂等劳动关系中的特殊行为也做出了规定。劳动关系立法的发展趋势是，劳动者权利在逐步扩大并受到国家立法的保护，如劳动者参与企业管理的方面，被几乎所有国家的劳动关系法认同。第四，社会保险法（又称劳动福利法）。战后社会保障体制发展为融社会保险、福利和救济为一体的综合保障体系，与之相关的立法包括劳动福利、劳动教育、劳动保险、社会保障等立法，社会保险日益法制化。

③ 劳动争议的处理。劳动争议是指劳动法律关系双方当事人关于劳动权利和劳动以外的争执。劳动争议产生的原因是多方面的，根本原因在于劳动关系双方的利益冲突。当双方在相关利益上不能达成一致时，就会导致劳动争议。劳动争议是劳动关系处于不协调或不平衡状态的表现，会对社会的进步、经济的发展和人们的生活造成不良的影响。目前，市场经济国家普遍采用立法形式，建立了包括和解、调解、仲裁和审判等一整套的劳动争议处理程序。第一，谈判和解。谈判和解是指雇主和雇员按立法规定，采用和平手段来解决双方的冲突。其具体做法是：工会代表和雇主代表根据双方之间的集体协议，组成一个争议处理委员会，双方代表人数相等，依照已定的程序进行全面谈判。双方代表共同讨论工资、工时、劳动条件等工人提出的争议内容。如果双方互相妥协，达成协议，则争议得到解决。这是一种比较有效的解决方法。第二，调解和调停。当产生劳动争议时，或者争议双方谈判破裂后，便采用调解或调停的方式。调解和调停时由争议双方或法律指定的第三者介入争议，以帮助双方达成协议为目的，为其提供劝说和和解的过程。第三，仲裁。劳动争议仲裁是指仲裁机构依据劳动法律、法规和事实，对双方当事人之间的争议内容进行评判，从而对争议做出最终裁决。生效的裁决对双方当事人具有法律约束力，任何一方不得违背，否则要承担相应的法律责任。第四，审判。劳动争议审判是指法院依照司法程序，对劳动争议进行审理并做出判决的诉讼活动。审判是处理劳动争议的最终的最有力的手段。

④ 劳动监察。劳动监察是劳动监察机构代表国家行使劳动监察职权，通过其监察活动，采取强制性措施保证各项劳动法律、法规实施的劳动法律制度。行使劳动监察权的主体主要是政府，由国家劳动行政机关代表国家行使劳动监察权。其特点是独立于劳资关系之外，以第三者的立场落实国家的劳动政策并监督法律的执行，协调劳资关系，促进生产和经济发展。劳动监察是劳动关系调整机制的监控器，能够及时纠正违法行为，维护劳资双方合法权益，化解潜在的劳动争议。它不限于职工安全卫生方面的监督检查，而是对所有劳动关系基准政策和劳动合同执行情况的全面监察，可以在一定程度上减轻劳动争议处理工作的压力，还能宏观地为预警系统提供多方面、多层次的劳动关系情报资料，一旦发现劳动关系中存在着不稳定、不和谐的隐患，就采取有力措施予以排除。因此，劳动监察是调整劳动关系的重要基础。

⑤ 集体谈判制度。集体谈判是职工代表（通常是工会）与经营者代表（雇主）之间，就双方建立劳动关系所涉及的工作期限、工作任务、工作条件、工作时间、劳动报酬、福利待遇、社会保险、劳动保护、终止劳动关系的条件以及其他有关的劳动问题进行谈判。谈判的结果是签订集体合同或集体协议。集体谈判是市场经济国家广泛

采用的一种由劳资双方协商确定和自行调整劳资关系的主要手段，也是劳资关系调整机制的基础环节。近年来，随着工人参与权的扩大，集体谈判的内容也有所增加，有的已包括企业人事和投资等问题。集体谈判有不同层次、不同级别，实行最普及的是企业级、行业及产业级的集体谈判。日常大量的劳资关系问题，特别是利益划分问题，以规范的集体谈判制度加以经常性调整。从这个意义上讲，集体谈判是协调劳资关系，缓解劳资矛盾的有效手段。所以，在市场经济发达国家，它已为各方所普遍接受。实践表明、集体谈判这种较为和缓的、非直接对抗型的方式，相当有效地缓解了劳资之间的矛盾，减少了劳动争议，在一定程度上维护了社会和经济秩序的稳定。因此，政府从最初对集体谈判乃至集体协议采取不承认态度，转变为以立法形式给予确认，并给予保护。

上述几方面是成熟的市场经济中劳动关系调整机制的主要内容，对正在向市场经济过渡的我国具有重要的参考价值。

11.2 劳动法律关系

法律是一个社会规范体系，由国家制定或认可，并用强制力保证实施，以体现国家意志。法律的调整对象是社会关系，根据调整的社会关系不同，又可以划分为不同的法律部门，如宪法、民法、刑法、经济法、公司法等。每个法律部门总是以一定范围的社会关系作为其特定调整对象。

劳动是人类最基本的活动，人们在劳动过程中，不仅与自然界发生关系，而且人们彼此间也要发生一定的关系，人与人之间的关系是实现生产劳动的前提。劳动关系就是在劳动领域中产生的社会关系。由于任何一种社会关系都与劳动有直接或间接的联系，所以劳动关系是各种社会关系的核心。

劳动关系可以从广义和狭义两方面理解。从广义上理解，劳动关系是与劳动有联系的所有社会关系；从狭义上理解，劳动关系是一定范围的劳动关系。劳动法律关系是一种狭义的劳动关系，它只调整一定范围的劳动关系。

11.2.1 劳动法律关系概述

11.2.1.1 劳动法律关系的含义

劳动法律关系，是指劳动者与用人单位依据劳动法律规范，在实现社会劳动过程中形成的权利和义务关系。它是劳动关系在法律上的体现，是劳动关系为劳动法律规范调整的结果。

11.2.1.2 劳动法律关系的构成要素

（1）主体。劳动法律关系的主体，一方是劳动者，且劳动者必须是自然人，包括具有劳动能力的中国公民、外国人和无国籍人；另一方是用人单位，包括企业、事业、机关、团体、民办非企业单位等单位及个体经营组织。

（2）内容。即劳动法律关系的主体双方依法享有的权利和承担的义务。

（3）客体。劳动法律关系主体双方的权利和义务共同指向的对象，即劳动者的劳动行为。

11.2.2 劳动法律关系的特点

（1）劳动法律关系只限于劳动者与用人单位在劳动过程中所发生的关系。当事人一方固定为劳动力所有者和供给者，称为劳动者；另一方固定为生产资料占有者和劳动力使用者，称为用人单位（或雇主）。双方以直接运用劳动能力、实现劳动过程为目的，劳动是这种关系的实质内容。劳动者在劳动过程中及其前后都是劳动力所有者，在劳动过程中还是劳动力支出者，所提供的劳动是有偿劳动；用人单位以占有生产资料即劳动力吸收器作为其成为劳动力使用者的必要条件。

（2）劳动法律关系的内容以劳动力所有权与使用权相分离为核心。在劳动关系中，劳动力所有权以依法能够自由支配劳动力并且获得劳动力再生产保障为基本标志，劳动力使用权则只限于依法将劳动力用于同生产资料相结合。一方面，劳动者将其劳动力使用权让渡给用人单位，由用人单位对劳动力进行分配和安排，以同其生产资料相结合；另一方面，劳动者仍然享有劳动力所有权，用人单位在使用劳动力的过程中应当为劳动者提供保障劳动力再生产所需要的时间、物质、技术、学习等方面的条件，不得损害劳动力本身及其再生产机制，也不得侵犯劳动者转让劳动力使用权的自由和在劳动力被合法使用之外支配劳动力的自由。

（3）劳动法律关系是人身关系属性和财产关系属性相结合的社会关系。由于劳动力的存在和支出与劳动者人身须臾不可分离，劳动者向用人单位提供劳动力，实际上就是劳动者将其人身在一定限度内交给用人单位，因而劳动关系就其本来意义说是一种人身关系。由于劳动者是以让渡劳动力使用权来换取生活资料，所以，用人单位要向劳动者支付工资等物质待遇，这是一种通行的商品等价交换原则的等量劳动相交换。就此意义而言，劳动关系同时又是一种财产关系。

（4）劳动法律关系是平等性质与不平等性质兼有的社会关系。劳动者与用人单位之间通过相互选择和平等协商，以合同形式确立劳动关系，并可以通过协议来续延、变更、暂停、终止劳动关系。这表明劳动关系是一种平等关系，即平等主体间的合同关系。然而，劳动关系当事人双方在劳动力市场上处于实质不平等状态，即劳动者处于弱者地位；并且，劳动关系一经缔结，劳动者就成为用人单位的职工，用人单位就成为其劳动力的支配者和劳动者的管理者，这使得劳动关系又具有隶属性质，即成为一种隶属主体间的以指挥和服从为特征的管理关系。

（5）劳动法律关系是对抗性质与非对抗性质兼有的社会关系。劳动者与用人单位在利益目标上存在冲突，前者追求工资福利最大化，后者追求利润最大化，这在一定意义上是成本与利润的矛盾。因而，双方之间的对抗性非常明显，这种对抗性在一定条件下还会酿成社会危机。但是，双方之间也是一种利益伙伴关系，彼此的利益处于相互依存的共生状态，甚至有的利益目标，如劳动者的就业保障目标与用人单位的发展目标之间，具有相对的一致性。在劳动关系中，对抗性与非对抗性处于此消彼长的不断变动状态。对抗性表明协调劳动关系的必要性，非对抗性表明协调劳动关系的可行性。

综上可见，劳动关系是劳动法律关系产生的基础，劳动法律关系则是劳动关系在法律上的反映。但是，劳动法律关系并不等同于劳动关系，二者是有区别的：①范畴不同。劳动关系属于经济基础范畴，劳动法律关系属于上层建筑范畴 。②前提不同。劳动关系的形成以劳动为前提，劳动法律关系的形成以劳动法律规范的存在为前提。③内容不同。劳动关系的内容是劳动，劳动法律关系的内容则是法定的权利和义务。

本章小结

劳动关系，是指劳动者与各类企业、个体工商户、事业单位等用人单位及双方代表组织之间的社会关系，以及对这一关系有直接影响的其他社会关系。劳动关系包含主体、载体、本质特征和交往过程四个基本要素。只有综合把握这四个要素，才能在实践中进一步分析和研究劳动关系在我国企事业、行业、产业和社会不同层面呈现出的具体特征，并且了解世界各国有关劳动关系在概念表述、适用范围和表现形态等方面存在的差异。劳动关系的运行表现为劳动关系的发生、延续、变更、中止、终止等一系列环节，并在劳动主体和用人主体相关权利和义务中得以实现。在劳动关系的调整机制中，三方协商是劳动关系的基本格局，自行协商和集体谈判是劳动关系调整机制的基础环节，而劳动立法、劳动监察以及劳动争议的处理则主要反映在市场经济条件下，政府对劳动关系的调整和影响。劳动法律关系，是指劳动者与用人单位依据劳动法律规范，在实现社会劳动过程中形成的权利和义务关系。它是劳动关系在法律上的体现，是劳动关系为劳动法律规范调整的结果。

复习与思考

一、关键概念

劳动关系　劳动法律

二、思考题

1. 什么是劳动关系和劳动法律关系？二者有何联系和区别？
2. 劳动关系是由哪些基本要素构成的？
3. 劳动关系的运行有哪些环节？
4. 简述市场经济条件下调整劳动关系的基本原则。
5. 简述劳动法律关系的特点。
6. 结合实际，论述我国劳动关系调整机制。

参考文献

1. 卢昌崇，高良谋. 当代西方劳动经济学［M］. 大连：东北财经大学出版社，1997.

2. 赵履宽，杨体仁，等. 劳动经济学［M］. 北京：中国劳动出版社，1998.

3. 张抗私，周鹏，姜广东. 当代劳动经济学［M］. 北京：经济科学出版社，2000.

4. 温海池. 劳动经济学［M］. 天津：南开大学出版社，2000.

5. 杨宜勇，等. 就业理论与失业治理［M］. 北京：中国经济出版社，2000.

6. 马培生. 劳动经济学［M］. 北京：中国劳动社会保障出版社，2002.

7. 张琪. 劳动经济学［M］. 北京：中国统计出版社，2003.

8. 赵领娣，付秀梅. 劳动经济学：理论、工具、制度、操作［M］. 北京：企业管理出版社，2004..

9. 曾湘泉. 劳动经济学［M］. 北京：中国劳动社会保障出版社，2005.

10. 杨河清. 劳动经济学［M］. 北京：中国人民大学出版社，2006.

11. 王守志. 现代劳动经济学［M］. 北京：首都经济贸易大学出版社，2007.

12. 袁伦渠. 劳动经济学［M］. 大连：东北财经大学出版社，2007.

13. 李中斌，万文海，郑文智，等. 劳动经济学［M］. 北京：中国社会科学出版社，2007.

14. 胡学勤. 劳动经济学［M］. 北京：高等教育出版社，2007.

15. 中国人民大学劳动人事学院. 劳动经济学［M］. 上海：复旦大学出版社，2010.

16. 马歇尔. 经济学原理（上）［M］. 朱志泰，译. 北京：商务印书馆，1964.

17. 伊万诺夫，麦奇科夫斯基. 劳动经济学［M］. 袁伦渠，等，译. 北京：生活·读书·新知三联书店，1981.

18. 摩尔根. 劳动经济学［M］. 杨炳章，等，译. 北京：工人出版社，1984.

19. 弗里曼. 劳动经济学［M］. 刘东一，等，译. 北京：商务印书馆，1987.

20. 岛田晴雄. 劳动经济学［M］. 杨河清，等，译. 北京：北京经济学院出版社，1989.

21. 舒尔茨. 人力的资本投资［M］. 吴珠华，译. 北京：北京经济学院出版社，1991.

22. 舒尔茨. 报酬递增的源泉［M］. 姚志勇，刘群艺，译. 北京：北京大学出版社，2001.

23. 贝克尔. 人力资本［M］. 梁小民，译. 北京：北京大学出版社，1987.

24. 伊兰伯格，史密斯. 现代劳动经济学——理论与公共政策［M］. 6版. 刘昕，译. 北京：中国人民大学出版社，2000.

25. 皮埃尔·卡赫克，安德烈·齐尔贝尔博格. 劳动经济学［M］. 沈文恺，译. 上海：上海财经大学出版社，2007.

26. 奥利·阿申费尔特，理查德·莱亚德. 劳动经济学手册：第2卷［M］. 曹阳，等，译. 北京：经济科学出版社，2010.

附：复习与思考题参考答案

1. 劳动经济学的研究对象是什么？

劳动经济学这一研究与劳动有关的经济问题的学科，主要研究的是劳动力和劳动力市场的现象和运行规律，其主要任务就是认识劳动力市场的种种复杂现象，理解并揭示劳动力供给、劳动力需求，以及工资和就业决定机制等对劳动力资源配置的作用原理。总之，现代劳动经济学是研究市场经济制度中的劳动力市场现象及劳动力市场运行规律的科学。

2. 什么是劳动力和劳动力市场？

劳动力即人的劳动能力，是指蕴藏在人体中的脑力和体力的总和。劳动力市场是通过劳动力供需双方相互选择而自动配置劳动资源的体系，包含了实现劳动力资源配置的机制和形式。

3. 劳动力具有哪些特征？

其一，劳动力与劳动力所有者不可分割。

其二，劳动力的形成与再生产是社会劳动的结果。

其三，劳动力在劳动过程中起着能动性的作用。

4. 如何理解劳动力供给的含义？

劳动力供给，或叫劳动供给，是指劳动者在一定的劳动条件下愿意并且能够提供的劳动能力的总和。

5. 分析劳动力供给通常有哪些假设？

有关劳动力是否同质的假设；有关劳动者出售劳动力的市场环境的假设；有关劳动力供给主体的目标假设。

6. 影响劳动力个人供给的主要因素有哪些？

个人劳动供给是指劳动者个人一生中各个阶段向社会提供的劳动总量。要了解个人劳动供给，必须从两个方面进行考察：一是不同年龄阶段劳动供给的差别；二是退休年龄的决定。

7. 何谓收入效应和替代效应？

工资率的提高不仅使个人的收入得到增加，而且对闲暇时间和劳动时间的选择也同时发生相应的变化。工资率的变化同时带来两种效应：收入效应与替代效应。收入效应：如果工资率提高，劳动者将选择增加劳动时间以取得更多收入；替代效应：工资率提高到一定水平，劳动者收入大大增加以至于有较多储蓄时，劳动者将减少劳动时间而增加闲暇（休闲）时间。工资率的变化对劳动供给决策主体的最终影响完全取决于两种效应的相互关系。

8. 何谓个人劳动力供给的无差异曲线？

如果主体对于劳动收入与闲暇的组合的评价或选择，出现这样一种情况：A 种组合与 B 种组合对他提供的效用相同，他不能区别何种组合的效用高或何种组合的选择顺序在前，此时，A、B 两种组合对于主体来说是无差异的。那么，将与 A 点所示的劳动收入与闲暇的组合具有相同效用的所有组合点连接起来，所得到的曲线即为无差异曲线。

9. 个人劳动力供给受到哪些约束？

个人在劳动力供给的决策中，个人的资源约束条件是给定的。

10. 描述个人的、家庭的和市场的劳动力供给曲线。

（画图详细描述，略）

11. 劳动力参与率的含义是什么？哪些因素影响劳动力参与率的变化？

劳动力参与率是指一定范围内的现实劳动力占该范围的劳动适龄人口（或潜在劳动力）的比例。它反映一定范围内的人口参与市场性劳动的程度，是研究劳动就业状态的重要统计指标。

一般说来，影响劳动力参与率的因素包括以下几方面：宏观经济状况、产业结构与产业政策、社会经济制度、教育事业的发展状况、家务劳动的社会化、机械化水平、人口的年龄（性别）结构和劳动适龄人口规模、工资政策与工资关系、工资水平的高低、个人非劳动收入、居民家庭生产率的变化等。

12. 什么是人力资本？人力资本的独特性质是什么？

从个体角度定义：人力资本是个人通过对生存、学习性投资以及学习性劳动而凝结在人体内，能物化于商品和服务，增加其效应，并以此获取收益的一种资本价值形式。从群体角度定义：人力资本是指存在于一个国家或地区人口群体每一个人体之中，后天获得的具有经济价值的知识、技术、能力和健康等质量因素之和。

人力资本的独特性质有：依附性、难以度量性、价值增值性、社会性、可变性。

13. 人力资本的类型有哪些？

人力资本的类型分为：教育人力资本、健康人力资本、知识人力资本、能力人力资本、通用人力资本和专用人力资本五种。

14. 人力资本投资的概念以及特征是什么？

人力资本投资是指通过货币、实物资本、商品和时间等资源对人的投资，增加人的生产与收入能力的一切活动。人力资本投资与物质资本投资一样，是一种真正的投资行为，具有投资的一般性质。

人力资本投资具有以下特征：①人力资本投资对象或客体不是物，而是人。②人力资本投资具有多个投资主体。③人力资本投资的重要形式是消费。④人力资本投资主体与客体具有同一性。⑤人力资本投资的重要因素是时间。⑥人力资本投资具有相继性。⑦人力资本投资风险较大。

15. 人力资本投资形式有哪些？

人力资本具有各种形式，因此人力资本投资也相应地具有不同的形式。舒尔茨认为人力资本有五种形式，即健康保健、在职培训、正规教育、成人教育以及适应就业变化形式所引起的移民。人力资本投资大体上可分为两种：一种是主要影响现在福利的投资，另一种是影响未来福利的投资。我们认为，人力资本投资的形式主要包括以下几种：①各级学校正规教育；②职业技术培训；③健康保健；④迁移与流动；⑤在职培训。

16. 如何理解人力资本投资决策的一般模式？

不同投资主体的投资重点不同，其决策模式却基本一致，都是基于对人力资本投资成本和收益的比较分析。对投资者而言，只有当未来预期收益超过投资成本的时候，投资才会实现。

投资的成本是逐年发生的，收益是预期的事情，所以应当把预期值按一定的折现率折现后，作为决策的依据。我们分别计算出投资预期收益现值、人力资本投资预期成本现值，再将两者做比较，就可以知道人力资本投资主体是否决策选择投资。

17. 如何理解劳动力需求的含义？

所谓劳动力需求，是指企业在某一特定时期内，在某种工资率下愿意并能够雇佣的劳动量。劳动力需求是企业雇佣意愿和支付能力的统一，两者缺一不可。社会物质产品（服务）的需求是一种绝对需求。在市场经济中，企业之所以雇佣劳动力，是因为劳动力与其他生产要素相结合，就能为市场提供产品和服务。因此，劳动力需求产生的直接基础在于产品（服务）的需求，故劳动力需求是由产品需求派生而来的，是一种派生性需求。因为劳动力需求的派生性质，所以，在其他条件不变时，劳动力需求水平随市场产品需求的变动而变动。

18. 何谓劳动力需求弹性？

工资率变化造成的规模效应和替代效应使得劳动力需求朝着相反的方向变化。对工资率和劳动力需求之间的这种关系进行定量分析，可以从绝对数量和相对数量两个方面展开。从相对数量的角度把握工资率和劳动力需求量函数的敏感度时，人们经常使用“劳动力需求弹性”这一概念，即工资率的变化和劳动力需求变化的比例关系。劳动力需求弹性可以表述为：工资率变化1%时，劳动力需求变化百分之几。用公式表示是：$E=\frac{\Delta L\%}{\Delta W\%}$。

19. 工资率和产品需求的变化如何对劳动力需求产生影响？

在其他因素固定的条件下，工资（成本）越高，企业的利润越少。对于以盈利为基本目的的企业来说，只有当启用一个人为企业带来的价值高于为此而支付的成本的时候，企业才具有对劳动力的需求。因此，在其他条件一定时，工资率与劳动力需求成反方向变化。工资率提高，劳动力需求减少；工资率降低，劳动力需求增加。

市场经济条件下，市场对企业商品的需求，是制约企业生产规模的决定性因素。只有商品具有市场销路，商品价值才能得以实现，企业再生产过程才能得以维持并扩大。可见市场需求制约企业的生产规模，从而影响企业对劳动力的需求。市场需求增加，企业对劳动力的需求随之增加；市场需求减少，企业对劳动力的需求必然减少。

20. 在考察劳动力需求时通常有哪些假设条件？

（1）市场的假设条件：企业劳动力需求分析的市场条件，是完全竞争的市场结构，这是一种竞争不受任何阻碍和干扰的市场结构。

（2）生产的假设条件：在这里假设企业的生产目标是不变的，其目标是利润的最大化，同时也不对利润进行严密的经济学分析，它只是指总收益减去总成本的差。

21. 试分析完全竞争条件下的企业短期劳动力需求。

因为是完全竞争的市场，产品价格不变，劳动的边际产品价值等于劳动的边际产品收益。设劳动的边际产品收益为MRP，劳动的边际产品价值为VMP，产品的价格为P，则有：MRP = VMP = MP · P。即在完全竞争的市场结构中，资本等生产要素不变，唯一可变的生产要素是劳动投入，那么，由于增加单位劳动而给企业增加的收益为劳动的边际产品价值，它等于劳动的边际产品乘以价格。短期，企业唯一可以改变的生产要素是劳动投入，故可变的成本也就是工资。增加单位劳动投入所增加的成本称为边际成本，若用MC表示，则MC = W。企业要实现利润最大化的目标，必须使其边际收益等于边际成本，即：MRP = MC。因为MRP = MC、MC = W，所以，在完全竞争的条件下，短期企业劳动需求决定的原则是：MRP = VMP = MP · P = MC = W，也就是MRP = VMP = W，即企业为了实现利润最大化的目标，其劳动力需求的决定必须遵循劳动的边际产品收益等于工资率的原则。

22. 非营利企业的劳动力需求有哪些特点？

非营利企业是指不以盈利为目的的生产性企业。社会或国家希望这些企业把盈利保持在特定的数量水平上，用减免税收或财政补贴等办法来鼓励此类企业生产一些社会或国家需要的商品或劳务。非营利企业的行为可分为两类：一类是潜在利润为正的企业行为，另一类是潜在利润为负的企业行为。社会兴办潜在利润为正的非营利企业的主要目的是利用低工资扩大就业，我国的以生产自救型为目的的企业和以安置残疾人就业为目的的福利工厂就属于这类企业。而兴办潜在利润为负的非营利企业的目的则是生产一些需把价格控制在低水平上的特殊商品和劳务。

23. 影响社会劳动力需求的因素有哪些？

（1）工资率：工资率提高，劳动力需求减少；工资率降低，劳动力需求增加。

（2）企业商品的市场价格：在其他条件一定时，企业商品的市场价格与企业劳动力需求成同方向变化趋势，即商品市场价格提高，劳动力需求增加；市场价格降低，劳动力需求减少。

（3）企业商品的市场需求：市场需求增加，企业对劳动力的需求随之增加；市场需求减少，企业对劳动力的需求必然减少。

（4）企业资本、技术等生产要素的成本：在劳动与其他生产要素可替代的情况下，其他生产要素价格提高的速度快于工资率提高的速度，企业的劳动力需求就增加；其他生产要素价格提高的速度慢于工资率提高的速度，企业的劳动力需求就减少。

24. 如何理解古典均衡的概念？

均衡概念最初借用自物理学，指的是一个系统的特殊状态，即相互对立的各种力量同时对该系统发生作用，当合力为零时系统所处的相对稳定的状态。

古典经济学认为，处于均衡状态时，相互对立中的任何一种力量在各种条件制约下不再具有改变现状的动机或能力。所以，当相互对立的力量不再具有改变现状的能力或动机时，才实现了真正的均衡。在均衡概念的背后，是实现了行为主体的利益最大化。

25. 如何理解现代均衡的含义？

（1）一般意义上的经济均衡。经济学中最初定义的均衡，特指市场均衡。从这个意义上说，如果不存在市场，也就无所谓均衡；在计划经济条件下，只能有“平衡”，而不会有均衡。但是，现代经济学对均衡概念的第一个补充，就是将这个概念应用于对各种经济形态的分析，将市场均衡条件一般化，用其来概括非市场经济中的各种状态，比如计划经济中的某些情况。因此，现代经济学所说的均衡已不仅仅是“市场均衡”，而是一般意义上的“经济均衡”。

（2）凯恩斯失业均衡。20 世纪 30 年代凯恩斯宏观理论分析出现以后，逐步形成了“失业均衡”的概念。按照古典均衡概念，“失业均衡”是一个悖论：失业意味着劳动力市场上供给大于需求。这时，即使在商品市场和资金市场都存在着供求均等，从这个经济体系来看仍然存在着超额供给，因而是非均衡的，而不是均衡的。

（3）非均衡概念。非均衡理论认为，在现实中，价格并非像传统理论说的那样可以随时根据供求关系迅速调整，有时是因为制度结构的原因而被固定或其运动受到限制，有时则仅仅是由于信息不完全而得不到及时的调整；同时，由于市场中并非处处存在瓦尔拉斯定义的那种“叫价人”，人们不可能等到一切价格都调整到均衡值上再进行实际的交易，因此他们在遇到供求不均等的情况下，往往首先进行“数量调节”，根据自己在一定价格下所能买卖的数量来调整自己在其他市场上的供求数量。总之，一方面，数量调整敏捷度快于价格调整敏捷度；另一方面，对每个个别行为来说，价格是外生变量，是既定的交易条件，而交易数量则是自己所能控制的内生变量。因此，市场运动的结果，往往是非均衡的，变量之间是不均等的，理想的供给不总等于有效需求，理想的需求也不总等于有效供给。

26. 劳动力市场完全竞争的条件是什么？

完全竞争，又称纯粹竞争，是指不受任何阻碍和干扰的市场情况。完全竞争劳动力市场的假定条件是：

（1）劳资双方是理性的并分别追求效用最大化和利润最大化。

（2）劳资双方对他们赖以生存的劳动力市场环境具有充分的信息，信息分布均匀，不存在信息不对称的情况。

（3）劳动力具有同质性，企业提供的工作机会及其他非货币特征方面也具有同质性。

（4）劳动力市场上供需双方位数众多，并且双方均无组织性，是工资接受者。

（26）劳动力流动无制度障碍，流动成本为零。

27. 结合图形说明劳动力市场动态均衡的三种类型。

（1）劳动力供给弹性小于劳动力需求弹性。劳动力的供求弹性是蛛网理论分析的基本条件，在劳动力供给弹性小于劳动力需求弹性的条件下，工资率与劳动力供给量的波动会越来越小，最后恢复均衡。其图形成为收敛型蛛网。

（2）劳动力供给弹性大于劳动力需求弹性。劳动力供给弹性大于劳动力需求弹性意味着工资率的变动对劳动力供给的影响大于对劳动力需求的影响。其含义即已表明，劳动力供给量变动对工资率变动的反应程度大于劳动力需求对工资率的反应程度。此种波动称为“发散型蛛网”。

（3）劳动力供给弹性等于劳动力需求弹性。在这种情况下，供给曲线和需求曲线的斜率相同，即劳动力的供给量和劳动力的需求量对工资变动的反应程度是相同的。此时工资和就业量的波动既不是收敛型的即越来越小，也不是发散型的即越来越大，而是在同一波动程度上变动起点的工资率和终点的工资率并在同一点上相交，从而形成一个循环，形成“封闭型蛛网”。

28. 内部劳动力市场的主要特征是什么？

（1）内部劳动力市场主要以管理规范和制度为调节手段。它是一个层级组织，其人力资源的配置过程完全被纳入到管理规范。与此同时，外部市场则通常以价格为调节手段，而内部市场则利用特有的习惯与传统作为非正式规则施加潜移默化的影响。

（2）内部劳动力市场有利于减少交易成本，包括因信息不对称而造成的各种招募、筛选与培训成本及因经济当事人的机会主义行为而导致的风险成本。

（3）内部劳动力市场的就业合约一般较长，这是其最典型的特征之一。企业在完成初次雇佣后，往往通过心理契约维系就业关系的稳定性，为劳动者在企业内提供职业生涯长期发展的机会，不会轻易解雇员工。即使经济不景气或企业面临经营困难时，也不会立即将多余的员工“退回”社会，而是通过一系列内部优化重组的措施来应对困境。与此相对应，员工通常也很少流动或“跳槽”。这与外部劳动力市场上供求关系的频繁波动形成反差。

（4）内部劳动力市场的工资决定机制也具有特点。工资是与工人的长期绩效相联系的，即所谓的“年功工资”的分配制度。内部劳动力市场也有助于实现长期激励相容，它通过工作阶梯与内部职位晋升制度、资历导向的薪酬制度等一套长期激励机制，来确保企业的长期动态效率。

29. 结合实际，谈谈劳动力市场均衡的意义。

（1）使劳动力资源实现最优分配。在完全竞争的市场结构中，劳动力市场实现均衡，劳动力资源就能得到最有效分配。在给定资源与总需求水平的前提下，社会产出也能取得最高水平。这是劳动力市场均衡的重要意义之一。只有经济社会所有行业、部门、地区劳动力市场都统一地实现了均衡，劳动力资源才能得到最优配置，经济社会的产出也才能实现最大化。

（2）使同质劳动力能获得同等报酬。劳动力市场均衡的这个意义表现在同质劳动力能获得同样的工资，不存在任何职业的、行业的和地区的工资差别。完全竞争市场结构的基本假设指出：劳动者具备完整的信息，各类流动成本为零且不存在任何制度性障碍，劳动力是同质的，即都存在或不存在对当前特定技能的任何预先投资，其他劳动或工作条件一样，等等。自由流动和完全竞争，必然导致没有任何工资差别。

（3）实现充分就业。劳动力市场均衡的第三个意义是指在劳动力市场具有充分弹性的前提下，使经济社会实现充分就业。当社会平均工资率高于均衡工资率时，劳动力供给过剩，即出现失业状况；当社会平均工资率低于均衡工资率时，造成劳动力供给不足，即存在职位的空缺。当社会平均工资率等于均衡工资率时，既不存在供给过剩，亦不存在供给不足，此时劳动者都能找到就业机会，企业也都能雇佣到它们所愿意雇佣的劳动力。经济社会在均衡时，实现了充分就业。

30. 简述劳动力流动的主要类型。

（1）社会组织之间内部的流动。它是指劳动者择业中在各类工种及职位间进行的流动。此类内部的流动多数发生在专业人员身上，他们更多考虑的是专长的发挥和经济收入的增长，此类流动最为普遍。

（2）职业之间的流动。它是指劳动者的职业变动而住所不变，当劳动者发现更适合自己的工作时，会流向自己最满意的职业。这既包括类似职业的变动，比如会计人员转职做审计人员；也包括不同职业间的流动，比如教师转职做公务员。

（3）地域之间的流动。它是指地域变动而职业不变，包括地区间流动或国家间流动。比如从A市的劳动力市场转到B市的劳动力市场，或研究人员从一国转移到另一国继续进行研究。

（4）特定劳动力群体的流动。它是指特定劳动力进入劳动力市场的流动，主要是指学生毕业之后，集中进入劳动力市场的流动，或是女性劳动者为了照顾家庭，主动退出劳动力市场的流动。

（5）失业与就业之间的流动。它是指失业者重新就业，或者就业者失去工作机会的此类流动。多数情况下，就业转为失业属于非自愿流动，主要受经济周期波动及劳动力供求状况的影响。

31. 影响劳动力流动的因素是什么？

影响劳动力流动的宏观方面因素有：经济发展水平的差异、地域间劳动力供求的不平衡、经济周期引起的流动波动。微观方面因素有：年龄因素、与工作匹配的意愿、迁移距离、职业与技术等级。

32. 劳动力流动一般有什么规律？结合中国国情加以论述。

（1）劳动力从农业部门流向非农业部门。经济越发达、科技越进步，农业劳动力流向非农业部门的速度就越快，同时，农业劳动力的转移也加快了经济现代化和市场化的进程。

（2）体力劳动流向脑力劳动。脑力在生产发展及社会产品中所占的比重越来越大，因此，在劳动力总数中，脑力劳动者占的比重上升，成为财富的主要创造者。

（3）第一、第二产业流向第三产业。随着科技进步和劳动生产率快速提升，第一和第二产业的劳动力逐渐减少，转而从事金融业、运输保险业、商业等第三产业的劳动力逐渐增加，即从事非直接物质资料生产的劳动人口在总劳动人口中的比重上升。

（4）农业劳动力流向城市。农村劳动力流向城市是社会分工不断完善和生产力发展的必然结果。农村劳动者随着农业劳动生产率的不断提高而退出劳动力市场，转而变成从事工业、商业等其他工作的非农业人口，不断聚集在一起，扩大了城市的范围，从而推动了城市化的进程。因为城市使产业、技术、科学、劳动力、资金集中在一起，产生了一种新的聚集效益，所以农村劳动力流向城市，逐渐实现人口城市化，是社会经济发展的一个趋势。

33. 劳动力流动的意义是什么？我们应该如何利用？

（1）可以产生最佳的经济效益。社会和组织想要获得最佳的经济效益，就必须实现劳动力与生产资料的最佳组合，这需要劳动力流动来实现。随着市场经济体制的建立，劳动力流动渠道逐步畅通，未被充分利用的劳动力得以流向合适岗位，实现人尽其才。

（2）利于提高劳动者的地位。劳动力可以流动，是劳动者作为劳动力的所有者产权的根本体现。如果劳动者无法自由选择适合自己的职业，那就剥夺了劳动者对自己所拥有的劳动力的所有权和支配权，劳动者失去了他的主体地位。劳动力可以自由流动，意味着劳动者具备了劳动力所有者和人格主体的资格，劳动者的地位也就大大提高了。

（3）使人力资源得到充分利用。劳动力流动对劳动力市场的运行和劳动力资源的合理利用有重要影响。劳动力流动具有劳动者选择职业、企业选择劳动者的双重内在特性，这样可以使劳动者和职位日益接近最佳搭配，从而使企业内部劳动力资源得到充分合理的利用。

（4）保证劳动力市场的活力和效率。劳动力流动给市场带来了生机和效率，以适应不断变化的需求和产业调整，成为经济发展的重要保障。劳动力自由迁移和流动是保证劳动力市场有效运行的重要条件，也是完全竞争市场的内在要求。

（5）可避免劳动力的积压浪费。当今劳动者可以自由地在劳动力市场上流动，避免了劳动力的积压浪费。

34. 劳动力流动的条件是什么？

劳动者在流动之前会对流动收益与流动成本进行比较，这是劳动力流动的最基本依据。

35. 简述劳动力流动的理论模型的类型及内容。

（1）刘易斯的二元结构模型。美国经济学家、诺贝尔经济学奖得主刘易斯是第一个提出劳动力流动模型的经济学家，他描绘了剩余劳动力由农业部门向现代工业部门流动的模型。他在研究经济发展问题时认为，广大的发展中国家是二元的经济结构。就生产部门而言，一个是以现代方法进行生产的、以城市为中心的工业部门；另一个是以传统工艺生产的、以农村为中心的农业部门。传统农业部门劳动的边际生产率较低，劳动力存在大量剩余，且工资率较低；现代工业部门劳动的边际生产率较高，工资远远高于农业部门。在不受限制的情况下，城市现代工业部门只要保持一种高于农村工资率的收入水平，就可以从传统农业部门源源不断地获得劳动力。刘易斯的劳动力流动模型，充分说明了工业部门是吸引劳动力的源泉，剩余劳动力的流动可以带来农业收入的提高和农业的进步。

（2）拉尼斯—费景汉的劳动力流动模型。美国发展经济学家拉尼斯和美籍华人费景汉，在刘易斯模型的基础上进行了进一步探索。他们认为，应该充分注意农业的进步问题，当农业的边际生产率提高时，现代工业部门所需的农业劳动力的供给就不会具有完全的弹性，而是具有有限的弹性。因为随着农业劳动生产率的提高，农业劳动部门工资率上升，其对劳动力的需求也在逐步增加。

（3）托达罗的劳动力流动模型。托达罗在对刘易斯二元结构经济模型提出批评的基础上，构建了自己更加接近于发展中国家现实的模型。他将两部门理论单独应用于分析城市，认为在城市中同时并存着传统部门和现代部门。一国经济由“农业部门”、“城市中的传统部门”、“工业部门”（城市中的现代部门）所构成。托达罗提出的政策建议是：发展中国家应注重小规模劳动密集型产业的发展。

36. 工资的本质是什么？

工资是以货币形式按期付给劳动者的劳动报酬。国际劳工组织《1949 年保护工资条约》对工资的定义是：“工资”一词指不论名称或者计算方式如何，由一位雇主对一位受雇者，为其已经完成和即将完成的工作或已提供或将要提供的服务，可以货币结算并由共同协议或法律或条例予以确定而凭书面或口头雇佣合同支付的报酬或收入。

37. 古典的工资理论有哪些？现代的工资理论有哪些？

古典的工资理论有：①配第的工资理论；②杜尔阁的工资理论；③斯密的工资理论；④大卫·李嘉图的工资理论；⑤约翰·斯图亚特·穆勒的工资理论。近现代的工资理论有：①克拉克的边际生产力工资理论；②马歇尔的均衡工资理论；③劳资谈判工资理论。

38. 工资水平的影响因素都有哪些？

影响工资水平的因素有：①国民收入及其分配状况；②劳动生产率；③人口与劳动力数量。

39. 劳动报酬的形式有哪些？

答：劳动报酬的形式有：①基本工资；②奖金；③补贴或津贴；④福利。

40. 阐述我国现行的工资制度。

我国以等级工资制为基础，采取计件工资、计时工资和工资加奖励、津贴等工资形式。工资制度要随着生产设备、工艺过程、劳动组织、劳动条件的变化适时进行调整和改革。我国现行的工资制度主要包括：①工资等级制度；②工资调整制度；③工资支付制度；④工资基金管理制度。

41. 比较计时工资和计件工资之间的区别。

计时工资是依据劳动者的工资标准和工作时间的长度来支付工资报酬的形式。其计算公式是：计时工资 = 工资标准 × 实际工作时间。

计件工资是依据劳动者创造的劳动成果数量以及计件单价来支付工资的报酬形式。其计算公式为：计件工资 = 计件单价 × 合格产品数量（或作业量）。

区别（略）。

42. 影响就业的因素有哪些？

人口因素、科学技术进步因素、经济因素、劳动制度因素、心理因素、国家宏观政策因素。

43. 改革开放前我国传统的就业制度有哪些特点？

（1）劳动者就业由政府包揽。

（2）劳动力配置靠行政调配，而非市场（价值规律失效）。

（3）企业没有用工自主权，只能执行国家用工计划。

（4）工资、福利、保障全部由国家负担，企业没有分配自主权，而且员工的收入在很长一段时间都被压抑在一个较低的水平，不能反映劳动的价值。

（5）劳动力流动受到严格控制，企业不能辞退员工，人员实行“能进不能出”。

44. 试评价传统就业理论。

西方传统就业理论对于工资率的变动对劳动力供求的影响，以及阐述适当控制工资增长对刺激投资、加快经济发展、增加就业的作用方面具有重大的理论意义，它开创了从微观角度分析就业问题的先河。但是，由于它过分相信工资率的调节作用，认为仅仅依靠物价、工资率的伸缩性就能自动地实现充分就业，特别是忽视总需求不足对社会生产的破坏性。

45. 简述凯恩斯理论关于就业的主要观点。

凯恩斯指出，在总需求与总供给均衡时，劳动力市场不一定正好达到均衡。如果总供给与总需求均衡所决定的就业量正好是劳动力市场上的均衡就业量，即在总供给与总需求达到均衡时，劳动力市场也正好达到均衡的话，那么，此时的均衡就业量也就是充分就业量，经济处于“充分就业均衡”这样一种状态上。凯恩斯认为，一般来说，均衡就业总量是小于充分就业量，其根源是有效需求不足。

46. 失业有哪些类型？

失业的类型主要有：①摩擦性失业；②技术性失业；③结构性失业；④季节性失业；⑤周期性失业；⑥隐性失业。

47. 测度失业的方法有哪些？

对失业的衡量分为对显性失业和隐性失业的衡量。对显性失业主要是通过失业率和失业持续期的衡量，而对隐性失业的测度可以使用直接法和间接法。

48. 为什么说摩擦性失业是劳动力市场的特征？

因为摩擦性失业的水平取决于出入劳动力市场的流量和失业者找到工作的速度，而这个速度是由现行经济制度决定的，制度变化会影响摩擦性失业水平。同时，信息发达程度和失业者找到工作的速度，与信息传递方式和劳动力市场制度相关，也与求职者对新职业的适应程度有关。

49. 决定失业承受能力的因素有哪些？

失业的社会承受力主要取决于三个因素：第一，失业社会保障制度的完善程度；第二，家庭抚养系数的大小；第三，消费物价上涨率。

50. 怎样认识失业的积极影响？

一定量的失业对社会、个人而言都有积极的影响。从社会的角度看，一定量的失业是必需的。因为，第一，失业可以为经济周期发展提供劳动需求的“蓄水池”。当经济处于收缩阶段时，将会排斥劳动力，出现失业问题；而经济处于扩张阶段时，可为经济发展提供急需的劳动力。第二，失业的强迫机制，会使劳动者不断提高自身素质，从而提高社会就业质量。第三，有利于提高工作效率。因为高效率的工作并不能保证所有的劳动者全部就业，特别是现代科技在发展过程中出现科技对劳动的替代，提高生产率是一个必然的趋势。如果保证每一个劳动者都就业，则就业的效率就会很低，失业的威胁必然使劳动者为获得或保持就业岗位而努力工作。第四，失业是劳动力资源优化配置所必须付出的代价。

从劳动者个人角度而言，一定时间的失业是人尽其才所必需的。按照职业匹配理论，劳动者只有通过大量搜寻，才能找到与自己气质、性格、能力、知识、爱好等相适应的职业，因搜寻而导致的一段时间内的失业，对劳动者个人而言是利大于弊的。此外，现代科学技术的发展是日新月异的，劳动者为适应经济技术的发展变化而不断提高自身的素质已经成为必需，而这在某种程度上将以一定时间的失业为代价。

51. 如何理解社会保障制度的含义？

在我国，社会保障是指国家通过立法和行政措施设立的保护社会成员基本生活的安全项目以及机制、制度和事业的总称。国家为了保持经济和社会稳定，依据保护与激励相统一的原则，对公民在年老、疾病、遭遇灾害而面临生活困难的情况下，通过国民收入分配和再分配，由政府和社会依法给予物质帮助和社会服务，以保障公民的基本生活需要。

52. 社会保障对劳动力市场有哪些影响？

具有扶优助弱的作用；是劳动力再生产和物质资料再生产的必要保证；能增加人们生活的安全感；是实现社会公平、消除贫困、共同富裕的重要手段；能激励人们努力工作，提高效率。

53. 我国社会保障制度包含哪些内容？

我国目前的社会保障体系主要由社会保险、社会救助、社会福利和社会优抚构成。

54. 社会保障体系有哪些特点？

公平性、社会性、法制规范性、福利性。

55. 我国社会保险、社会救助、社会福利和社会优抚的异同点有哪些？

社会保险是政府通过立法强制实施，运用保险方式处置劳动者面临的特定社会风险，并为其在暂时或永久丧失劳动能力，失去劳动收入时提供基本收入保障的法定保险制度。社会保险的内涵决定了它具有强制性、社会政策目的性、共济互助性和社会性。

社会救助是指国家或社会对因各种原因导致无法维持最低生活水平的社会成员提供的能满足最低生活需求的社会保障制度。

社会福利是指国家和社会通过各种福利计划和福利津贴为社会成员提供旨在保障其基本生活，提高物质文化生活水平的项目的总称。

社会优抚是社会保障体系中一种带有褒扬、优待和抚恤性质的特殊制度。政府依照法律对那些为保卫国家或维护社会秩序做出贡献或牺牲的人员及其家属在物质上给予优待和抚恤。它面向的是备受尊敬和爱戴的特殊群体，如军人、军属、烈属、见义勇为者等。

56. 什么是劳动关系和劳动法律关系？二者有何联系和区别？

（1）劳动关系是指人们在劳动过程中所形成的相互关系。

（2）劳动法律关系，是指劳动者与用人单位依据劳动法律规范，在实现社会劳动过程中形成的权利与义务关系。它是劳动关系在法律上的体现，是劳动关系为劳动法律规范调整的结果。

（3）二者的联系：劳动关系是劳动法律关系产生的基础，劳动法律关系则是劳动关系在法律上的反映。二者的区别：①范畴不同。劳动关系属于经济基础范畴，劳动法律关系属于上层建筑范畴。②前提不同。劳动关系的形成以劳动为前提，劳动法律关系的形成则以劳动法律规范的存在为前提。③内容不同。劳动关系的内容是劳动，劳动法律关系的内容则是法定的权利与义务。

57. 劳动关系是由哪些基本要素构成的?

劳动关系的构成要素：①劳动关系的主体。②劳动关系的载体。③劳动关系的本质特征。④劳动关系的交往过程。

58. 劳动关系的运行有哪些环节?

劳动关系的运行是指劳动关系形成和存续的动态过程。它包含劳动关系的发生、劳动关系的延续、劳动关系的变更、劳动关系的中止、劳动关系的终止等环节。

59. 简述市场经济条件下调整劳动关系的基本原则。

调整劳动关系的基本原则：①适应市场经济的原则。②借鉴成熟经验的原则。③符合我国国情的原则。④循序渐进的原则。⑤促进经济发展和社会进步的原则。⑥劳动关系主体权利与义务统一的原则。

60. 简述劳动法律关系的特点。

劳动法律关系有以下特点：①劳动法律关系只限于劳动者与用人单位在劳动过程中所发生的关系。②劳动法律关系的内容以劳动力所有权与使用权相分离为核心。③劳动法律关系是人身关系属性和财产关系属性相结合的社会关系。④劳动法律关系是平等性质与不平等性质兼有的社会关系。⑤劳动法律关系是对抗性质与非对抗性质兼有的社会关系。

61. 结合实际，论述我国劳动关系调整机制。

劳动关系的调整机制，是由一系列的法律、制度和运行方式构成的。三方协商是劳动关系的基本格局，三方协商是劳动关系政策的重要原则，主体自行协商和集体谈判是劳动关系调整机制的基础环节。劳动立法、劳动监察以及劳动争议的处理主要反映了在市场经济条件下，政府对劳动关系的调整和影响。调整机制包括：① 三方协商机制；② 劳动立法；③劳动争议处理；④劳动监察；⑤集体谈判。

图书在版编目(CIP)数据

劳动经济学/晏华,吕鍠芹主编．—成都:西南财经大学出版社,2011.2
ISBN 978-7-5504-0167-9

Ⅰ.①劳…　Ⅱ.①晏…②吕…　Ⅲ.①劳动经济学　Ⅳ.①F240

中国版本图书馆 CIP 数据核字(2011)第 016580 号

劳动经济学

主　编:晏　华　吕鍠芹

副主编:张潇川

责任编辑:王　利

封面设计:杨红鹰

责任印制:封俊川

出版发行	西南财经大学出版社(四川省成都市光华村街55号)
网　　址	http://www.bookcj.com
电子邮件	bookcj@foxmail.com
邮政编码	610074
电　　话	028-87353785　87352368
印　　刷	郫县犀浦印刷厂
成品尺寸	185mm×260mm
印　　张	14
字　　数	315千字
版　　次	2011年3月第1版
印　　次	2011年3月第1次印刷
印　　数	1—3000册
书　　号	ISBN 978-7-5504-0167-9
定　　价	29.00元